Matthias Schubert

Datenbanken

Matthias Schubert

Datenbanken

Theorie, Entwurf und Programmierung relationaler Datenbanken

2., überarbeitete Auflage

Teubner

Bibliografische Information der Deutschen Nationalbibliothek
Die Deutsche Nationalbibliothek verzeichnet diese Publikation in der Deutschen Nationalbibliografie;
detaillierte bibliografische Daten sind im Internet über <http://dnb.d-nb.de> abrufbar.

Prof. Dr. Matthias Schubert
geboren 1952 in Bonn. Von 1970 bis 1978 Studium der Mathematik an der
Universität Bonn, 1983 Promotion. Von 1983 bis 1986 Softwareentwickler
und Projektleiter bei einer auf Materialwirtschaft und Logistik spezialisierten
Unternehmensberatung in Bad Nauheim, anschließend Projekte im Bereich
Gesundheitswesen und medizinische Informatik bei den städtischen Kliniken
in Darmstadt. Seit 1988 Professor für Mathematik und Informatik an der Fachhochschule in Frankfurt. Dort verantwortlich für die Bereiche Datenbanken
und Objektorientierte Programmierung.

1. Auflage 2004
2., überarbeitete Auflage April 2007

Lektorat: Ulrich Sandten / Kerstin Hoffmann

Der B. G. Teubner Verlag ist ein Unternehmen von Springer Science+Business Media.
www.teubner.de

Umschlaggestaltung: Ulrike Weigel, www.CorporateDesignGroup.de
Druck und buchbinderische Verarbeitung: Strauss Offsetdruck, Mörlenbach
Gedruckt auf säurefreiem und chlorfrei gebleichtem Papier.
Printed in Germany

ISBN 978-3-8351-0163-0

Inhalt

7 Relationale Operatoren als Grundlage aller manipulativen Operationen . 123

8 Die Integrität einer Datenbank und Schlüssel aller Art 165

Hinweis

Ich habe auf meiner Homepage eine Seite mit Materialien zu diesem Buch eingerichtet. Die Adresse lautet: www.datenbankschubert.de

Dort finden Sie:

- **die beiden kompletten Beispieldatenbanken aus dem 5. Kapitel – jeweils im Format einer MS Access Datei zum Herunterladen**

Außerdem sind wir natürlich sehr an Ihrer Meinung, an Ihrer Kritik und an Ihren Fragen interessiert. Deshalb haben Sie auf dieser Seite auch die Möglichkeit, Ihre entsprechenden Mails an den Verlag oder an mich abzusenden. Ich würde mich darüber freuen, mit Ihnen ins „Gespräch" zu kommen.

Vorwort

Dieses Buch habe ich von meinen Schülern gelernt.

Arnold Schönberg, Harmonielehre

Wer sollte dieses Buch lesen?

Dieses Buch entstand aus einem Skript zu einer vierstündigen Vorlesung über Datenbanken an der Fachhochschule Frankfurt am Main. Es war daher zunächst für Studentinnen und Studenten eines Studiengangs Informatik oder eines Ingenieurstudiengangs an Fachhochschulen und Universitäten gedacht. Es ist dann aber ein Buch geworden, das man genauso einem Informatiker in der beruflichen Praxis, der sich (noch) einmal mit Datenbanken oder einzelnen Aspekten von Datenbanken beschäftigen möchte, empfehlen kann. Das System, auf das wir uns dabei schwerpunktmäßig konzentrieren werden, ist das System der relationalen Datenbanken.

Noch ein Buch über Relationale Datenbanken?

Warum wollten wir der Weltöffentlichkeit noch ein weiteres Buch über Relationale Datenbanken vorlegen? Es gibt doch schon eine ganze Menge Literatur zu diesem Thema. Aber Sie werden sehen: da sind einige wichtige Punkte, die für dieses Buch charakteristisch sind:

- Ich führe die gesamte Diskussion über die relationalen Datenbanken im Spannungsfeld der drei verschiedenen Sichtweisen, die an dieser Thematik beteiligt sind: der Sicht des Anwenders, der Sicht des Theoretikers und der Sicht des Informatikers. Ich biete Ihnen immer wieder die Gelegenheit, sich mit einer dieser Sichtweisen zu identifizieren oder aber auch einen potentiellen Gesprächs-, Verhandlungs- oder Entwicklungspartner besser zu verstehen.

- Das Buch ist sehr ausführlich in der Darstellung und bietet zu jedem Punkt zahlreiche Beispiele und Erläuterungen zum besseren Verständnis.

- Ich stelle Ihnen im Netz eine Datenbank zur Verfügung, die Grundlage für alle weiterführenden Beispiele in diesem Buch ist.

- Ich führe im theoretischen Teil den Begriff einer Relationsklasse ein, der das Tabellenkonzept besser verdeutlicht als die „einfache" Relation.

- Wir beschäftigen uns mit Aspekten der physikalischen Speicherung der Daten und der besseren Zugriffsgeschwindigkeiten.

- Das Buch enthält einen ausführlichen SQL – Teil, in dem auch die Kontrolle und Sicherung der referentiellen Integrität diskutiert wird.

- Ich versuche, Ihnen so konkret wie möglich die Herangehensweise an eine Datenmodellierung zu erklären, die auf der grünen Wiese der Anwenderbegriffe beginnt.

Wofür benötigt man Datenbanken?

Datenbanken sind in der gesamten Kommerziellen Datenverarbeitung präsent. Dort tritt immer wieder die Situation auf, dass verschiedene Programme, verschiedene Benutzer, häufig Benutzer, die an ganz verschiedenen Orten in der Welt sitzen, auf einen gemeinsamen, permanent gespeicherten Datenbestand zugreifen müssen. Das muss

- schnell gehen,
- komfortabel programmierbar sein – egal, ob der Zugriff aus Objektorientierten Applikationen oder aus einer in einer Skriptsprache programmierten Anwendung oder noch anders erfolgt,
- mit einer für alle Benutzer einheitlichen Zugriffs- und Verarbeitungslogik erfolgen,
- sicher sein und Systemabstürze und konkurrierende Zugriffe verschiedener Benutzer aushalten,
- möglichst einfach erweiterbar und problemlos neuen Ansprüchen anzupassen zu sein.

Für jeden einzelnen dieser Punkte benötigt man eine Datenbank und jeden einzelnen dieser Punkte werden wir in diesem Buch diskutieren.

Keine Schulung für ein bestimmtes Datenbankprodukt

Sie werden in diesem Buch keine Schulung für ein bestimmtes Datenbankprodukt finden. Ich versuche vielmehr, Ihnen ein grundsätzliches Verständnis für die Praxis **und** die Theorie relationaler Datenbanken zu vermitteln, das Sie in die Lage versetzt, schnell mit **jedem** konkreten Produkt, mit dem Sie arbeiten müssen, vertraut zu werden. Das hat für Sie wichtige Vorteile:

- Sie lernen grundsätzlich und allgemein die wichtigsten Grundlagen und Fragestellungen bei relationalen Datenbanken kennen, ohne dass Ihnen durch spezielle produktspezifische Sichten und Behandlungsweisen der prinzipielle Charakter dieser Probleme, die natürlich auch bei jedem anderen Produkt eine Rolle spielen, verborgen bleibt.

- Sie lernen die für relationale Datenbanken definierten Werkzeuge, Operatoren und Sprachkonzepte kennen, die für die Behandlung dieser Fragestellungen notwendig sind. Diese Werkzeuge sind für die unterschiedlichen Produkte am Markt in ihrem Aussehen ganz unterschiedlich. Und für jedes Produkt gilt: Manche der allgemein definierten Werkzeuge sind bei diesem Produkt nicht vorhanden, nicht implementiert. Andererseits gibt es bei einigen Datenbanksystemen oft Möglichkeiten, die über den allgemeinen Funktionsumfang hinausgehen. Ich möchte Sie in die Lage versetzen,

  - dass Sie eine gute Kenntnis über die für relationale Datenbanken allgemein gültigen Grundlagen und allgemein definierten Werkzeuge haben,
  - dass Sie bei einem bestimmten Produkt schnell herausfinden können, wie (und ob) dort diese Grundlagen und Werkzeuge implementiert sind,
  - und dass Sie schließlich auch konkrete Produkte auf der Basis dieser Eigenschaften hinsichtlich ihrer Qualität und Eignung für Ihre jeweiligen Anforderungen beurteilen können.

Die Theorie

Für die allermeisten Probleme im Bereich der Datenverarbeitung gibt es eine spontane, schnelle Lösung, die nahezu theoriefrei ist. Ich selber gehöre zu der Sorte Informatiker, die dazu neigt, erst „Lösungen" zu programmieren und dann darüber nachzudenken, wie ein möglichst gutes Konzept für diese Lösung aussehen sollte. Das läuft oft folgendermaßen ab:

- Die erste Programmierung des Kern- oder „Lieblingsbereichs" meiner Applikation läuft wunderbar, obwohl mich da schon manchmal Zweifel plagen, ob die weiteren Funktionalitäten, die ja später noch hinzukommen sollen, wirklich integrierbar sind.
- Je mehr ich teste und andere Funktionalitäten hinzunehme, desto mehr muss ich mein ursprüngliches „Konzept", das ich beim ersten Programmieren entwickelt habe, verändern, verbiegen, durch Sonderlogiken unkenntlich machen, sodass am Ende mein ursprüngliches Konzept nicht mehr existiert und das gesamte Programm für

jeden – auch für mich selber – zu einem unübersichtlichen, nicht überschaubarem Moloch geworden ist.

- Wenn ich dann später noch einmal eine Erweiterung, eine Fehlerbeseitigung oder eine andere Änderung an diesem Programmpaket vornehmen möchte, bin ich verloren. Meistens habe ich keine Chance mehr, meine damalige, während des Programmierens entwickelte „Logik" zu durchschauen.

Bereits im privaten Bereich ist dieses Verhalten kontraproduktiv: Es kostet mehr Zeit und ist wesentlich fehleranfälliger als ein Vorgehen, bei dem solide geplant und entworfen wird. Es hat auch nichts mit „Rapid Prototyping" zu tun, es gehört eher zur Abteilung „Rapid Desaster".

Im professionellen Bereich ist solch ein Verhalten geradezu firmenschädigend. Ein großer Teil der Entwicklungsarbeiten findet in Teams statt, ein großer Teil aller weiterführenden Korrektur- und Erweiterungsarbeiten wird von Leuten vorgenommen, die an der ursprünglichen Entwicklung gar nicht beteiligt waren. Hier ist ein theoretisch schlüssiges Konzept lebensnotwendig.

Insbesondere gehört in jede Konzeptphase eines Projektes die so genannte Modellierung der Datenstrukturen der zu Grunde liegenden Datenbank. Und Sie müssen wissen:

- Was genau wird da eigentlich modelliert und
- Auf welche Weise muss die Modellierung dieser Strukturen vorgenommen werden.

Um diese Fragen geht es in den theoretischen Kapiteln.

Die Übungsaufgaben und: Wie man arbeiten soll

Für die Praxis **und** für die Theorie gilt stets: Man lernt nur das, was man selber macht. Es nützt Ihnen gar nichts, wenn Sie dieses Buch und noch zehn andere Bücher über Datenbanken nur lesen. Sie müssen das Gelesene durch die Bearbeitung von Problemen, in denen das Gelernte zur Anwendung kommt, zu einem aktiven, einsetzbaren Wissen machen. Nur in der Bearbeitung solcher Aufgaben wird Ihnen klar, was Sie verstanden oder missverstanden, überhaupt nicht verstanden oder einfach überlesen haben. Nur so finden Sie auch etwaige Fehler in einem Text, die schwerwiegender sind, als die offensichtlichen „Verschreiber". Ich habe Ihnen zu jedem Kapitel Übungsaufgaben zusammengestellt, die Ihnen dabei helfen sollen.

Und von Anfang an gilt: Arbeiten Sie mit anderen zusammen[1]. Zum einen müssen Sie lernen, im Team zu arbeiten, sich auszutauschen, unterschiedliche Ideen zusammen zu führen und größere Aufgaben in Teilbereiche zu unterteilen, die von einzelnen oder von Untergruppen durchgeführt werden und anschließend zu einer Gesamtlösung integriert werden. Ihr ganzes späteres berufliches Leben wird so organisiert sein. Zum anderen sind gut organisierte Gruppen schlauer und kreativer als jeder einzelne von Ihnen. Ich bin sicher: Das gilt für **jeden** einzelnen von Ihnen.

Der Aufbau des Buches

Das Buch besteht aus sieben Teilen:

- Der erste Teil ist eine Einführung, in der ich mich unserem Thema von verschiedenen Seiten aus nähere: von der Seite des Benutzers von Datenbanken, von der Seite der theoretischen Grundlagenbildung und von der Seite der Datenverarbeitung. Jede dieser Seiten hat ihre spezifische Sicht der Datenbanken, jede Seite formuliert eigene Anforderungen an Datenbanksysteme und jede dieser Seiten trägt etwas zu dem endgültigen Produkt bei.

- Der zweite Teil dieses Buchs stellt unsere Beispieldatenbank *Allerhand* vor, die benutzt wird, um alles, was ich Ihnen im Rest dieses Buches erzählen werde, zu illustrieren und an Hand von Beispielen deutlich zu machen. Gleichzeitig gebe ich Ihnen in diesem Teil schon viele konkrete Hinweise und Ausblicke auf das, was wir in den nächsten Teilen genauer besprechen werden. Desgleichen erfolgen mehrere „Vorabversionen" einiger wichtiger Definitionen aus späteren Kapiteln.

- Im dritten Teil des Buches bespreche ich mit Ihnen die Relationale Theorie, die den Tabellen einer relationalen Datenbank und den Zugriffsoperatoren auf diese Tabellen zu Grunde liegt. Ich diskutiere dort nicht nur den Begriff der Relation sondern auch den der Relationsklasse und konsequenterweise diskutiere ich mit Ihnen auch Abbildungen, die mit diesen Relationsklassen arbeiten. Ich finde, erst mit diesen Begriffen wird die theoretische Diskussion schlüssig und ich versuche, diesen Standpunkt ausführlich und mit vielen Beispielen zu erklären. Außerdem diskutieren wir in diesem Teil die klassischen Integritätskonzepte für relationale Datenbanken und die verschiedenen Arten von Schlüsseln und Fremdschlüsseln.

- Im vierten Teil geht es um Fragen der Zugriffsgeschwindigkeit. Was gibt es für Methoden, um die Verarbeitung von großen Mengen von Daten in möglichst kurzer Zeit möglich zu machen? Warum ist das überhaupt ein Problem? Wie gut muss man die verschiedenen Benutzeranforderungen an eine Datenbank kennen, um eine

---

[1] Das gilt natürlich nicht für die abschließende Klausur.

möglichst große Steigerung der Performance zu erreichen? Ich versuche, Ihnen von
der Diskussion dieser äußerst wichtigen Punkte zumindest einen ersten Eindruck zu
geben.

- Der fünfte Abschnitt heißt SQL. Hier besprechen wir sehr ausführlich und mit vielen Beispielen die Definitions- und Manipulationsbefehle der Sprache SQL, die die
  mit Abstand am weitesten verbreitete Programmiersprache für relationale Datenbanken ist. Achten Sie dabei bitte auch auf die Beispiele zur SQL-Gesteuerten Sicherung der referentiellen Integrität beim Einfügen, Verändern und Löschen von
  Sätzen aus einer Tabelle.

- Jetzt erst – im sechsten Teil – diskutiere ich mit Ihnen die verschiedenen Teile, aus
  denen der Modellierungsprozess einer Datenbankstruktur besteht. Ich mache das so
  spät, weil ich will, dass Sie zu diesem Zeitpunkt schon einige Erfahrungen gesam-
  melt haben, die Sie hierbei gut brauchen können. Wer jedoch von Ihnen ungeduldig
  ist und sich schon eher mit diesen Fragen beschäftigen möchte, kann dies gerne tun.
  Die einzelnen Teile (nach der Präsentation der Beispieldatenbank) bauen nicht aufeinander auf und können auch in einer anderen Reihenfolge gelesen werden.

- Im abschließenden siebten Teil besprechen wir das so genannte Transaktionskonzept, mit dessen Hilfe es möglich ist, Datenbankzustände, die beispielsweise durch
  Systemabbrüche unkorrekt geworden sind, in ihrem vorherigen korrekten Zustand
  wiederherzustellen. Dieses Konzept ermöglicht auch die Verwaltung konkurrierender Zugriffe mehrerer Anwender auf ein- und denselben Datensatz.

Die Roadmap

Die Roadmap – die Landkarte – für dieses Buch finden Sie auf der Innenseite des Buchum-
schlags. Die wichtigste Botschaft finden Sie nicht auf dieser Karte: Es lohnt sich durchaus,
dieses Buch von vorne bis hinten in der vorliegenden Reihenfolge durchzulesen.

Aber oft hat man es eilig oder interessiert sich nur für eine bestimmte Fragestellung und weiß
über andere Abschnitte schon Bescheid. Für solche Leser gilt:

- Der erste einleitende Teil (Kapitel 1 bis 4) kann von Lesern, die schon Erfahrungen
  mit relationalen Datenbanken haben, übersprungen werden. Ein gutes Kriterium für
  „genügend Erfahrung" ist die Fähigkeit zur Beantwortung der beiden Fragen:

  1. Was ist ein Datenbankmanagementsystem, was sind seine Aufgaben?
  2. Was ist das Charakteristikum relationaler Datenbanken?

- Den zweiten Teil, in dem unsere Beispieldatenbank *Allerhand* vorgestellt wird (Kapitel 5) sollte jeder lesen, bevor er die weiteren Kapitel in Angriff nimmt. Ich weise Sie auch hier noch einmal darauf hin, dass Sie diese Beispieldatenbank im Format einer MS Access Datei aus dem Internet auf der Adresse www.datenbankschubert.de finden und herunterladen können.

- Die weiteren fünf Teile dieses Buches sind hinreichend unabhängig voneinander und können dementsprechend individuell angegangen werden. Gegebenenfalls hilft einem der Index dabei, die Definition eines Begriffes nachzuschlagen, der gerade gebraucht, aber nicht in diesem Teil eingeführt wird.

Danke an alle, die mitgeholfen haben

Das meiste, was ich über Relationale Datenbanken gelernt habe, verdanke ich – neben einer intensiven Praxis – den großartigen Büchern von C.J. Date. Der Experte wird diesen Einfluss schnell bemerken. Beispielsweise an solchen Dingen wie meinen Polemiken gegen NULL-Werte, meiner Sympathie für den Schlüsselkandidaten und für die Boyce/Codd – Normalform.

Dieses Buch wurde geschrieben im ständigen Gespräch, in der kontinuierlichen Diskussion mit „meinen" Studentinnen und Studenten. Es verdankt ihnen alles: den Aufbau, die Beispiele, die Genauigkeit der Erklärungen und den gesprächsartigen, persönlichen Stil, in dem dieses Buch geschrieben wurde. In diesen Zeiten der Knappheit in den öffentlichen Kassen, der fortwährenden Umstrukturierungen im Hochschulbereich, der Einführung von Studiengebühren haben es die Studierenden wahrlich nicht leicht, ihr Studium konzentriert durchzuführen. Die allermeisten sind gezwungen, nebenher zu arbeiten, um das Studium zu finanzieren und nur wenige haben das Glück, einen „Job" zu finden, der fachlich in enger Beziehung zum Studienfach steht. Umso großartiger ist es, in jedem Semester immer wieder eine große Zahl von Studentinnen und Studenten zu finden, die sich mit Interesse, Engagement und – sehr wichtig – Ausdauer an der Diskussion und Erarbeitung des Stoffes beteiligen. Manchmal scheint es, als ob die gegenwärtige Hochschulpolitik nur darauf aus ist, diese kreative Arbeitsatmosphäre immer unmöglicher zu machen. Lassen Sie uns alle dafür sorgen, dass das nicht geschieht.

Mein Dank gilt meinen Kollegen, insbesondere Herrn Prof. Dr. Dieter Hackenbracht, der an unserer Fachhochschule ebenfalls seit vielen Semestern das Fach „Datenbanken" unterrichtet und der mit mir zusammen diesen Modul unseres Studiengangs aufgebaut hat.

Ein ehemaliger Student unseres Studiengangs, Herr Karim Gharbi, hat sich der Mühe unterzogen, mein Manuskript auf inhaltliche und formale Fehler hin zu überprüfen. Seine Kritik hat mir viele Mängel im Aufbau und in der Präsentation des Stoffes klargemacht und mir geholfen, das Buch an mehreren Stellen zu verbessern.

Ganz besonders aber ...

... möchte ich mich beim Teubner Verlag bedanken. Dieses Buch war die Idee von Frau Ulrike Schmickler-Hirzebruch, die dieses Buchprojekt nicht nur gestartet hat. Sie und Herr Ulrich Sandten haben es von Anfang bis Ende in großartiger Weise begleitet und unterstützt. Ohne sie wäre dieses Buch – das betrifft auch und vor allem seine inhaltliche Gestaltung – nie erschienen. Das Design für den Buchumschlag stammt von Frau Ulrike Weigel. Auch ihr einen herzlichen Dank für diesen gelungenen Entwurf.

Ich wünsche Ihnen nun allen eine erfolgreiche und befriedigende Lektüre dieses Buches und ich würde mich über Kritik und Rückmeldungen Ihrerseits sehr freuen.

Frankfurt, im Oktober 2004   Matthias Schubert

P.S. Ich widme dieses Buch meiner geliebten Marianne, ohne die es viel eher fertig geworden wäre.

Vorwort zur zweiten Auflage

Wir haben erfreulich viele Zuschriften und Rückmeldungen zu diesem Buch bekommen. Die häufigste Kritik war, dass es keine Musterlösungen zu den Übungsaufgaben im Netz gibt – das wird geändert, ich werde im Laufe des Sommers nach und nach zu allen Kapiteln auf meiner Homepage www.datenbankschubert.de Musterlösungen abstellen. Ehrenwort!

Außerdem wurde kritisiert, dass der äußere Join nicht behandelt wurde (seufz). Ich habe ihn jetzt mit in das Kapitel 10 über SQL aufgenommen. (Seiten 250 bis 258). Schließlich wurden Druckfehler und andere offensichtliche Verschreiber beseitigt, ich fürchte aber, es werden immer noch einige in der neuen Auflage übrig bleiben.

Insgesamt scheint sich dieses Buch für viele Leserinnen und Leser gut zum begleitenden Lernen und zum Selbststudium zu eignen, bitte lassen Sie mich weiterhin an Ihren Fragen und Ihrer Kritik durch Ihre Emails teilhaben – die Adresse finden Sie auf meiner Homepage.

Frankfurt, im Februar 2007   Matthias Schubert

P.S. Ich widme auch diese zweite Auflage meiner geliebten Marianne, die sich über die Widmung in der ersten Auflage sehr gefreut hat.

Erster Teil: Einleitung

1 Das erste Wort hat der Anwender

Ich möchte mit Ihnen in diesem ersten Kapitel den Begriff „Datenbank" untersuchen und nach und nach immer genauer bestimmen. Wir werden uns dazu verschiedene Aspekte an einem Beispiel klarmachen. Wir starten unser Unternehmen „Datenbank-Begriffsbestimmung" mit der Vorstellung, eine Datenbank bestehe aus einer Sammlung von in einem Computer gespeicherten Daten. Das ist beileibe nicht alles, was zu einer Datenbank gehört, aber es ist ein Anfang und zwar kein schlechter. Die eigentlichen Daten sind sicherlich der Kern eines Datenbanksystems.

1.1 Ein „privates" Beispiel

In den „guten alten Zeiten" hatten viele Menschen Adressbücher, in denen Sie die Namen, Adressen und Telefonnummern ihrer Freunde, Geschäftspartner, Kollegen etc. eintrugen.

So hatten Sie vielleicht etwas in der Art notiert:

Inspektor Cluseau
Luisenstr. 6
53024 Bonn
0228/922323

und

Edith Piaf
Rue Rivoli 2
Paris
03278/6543

usw.

Dieses Buch war ihnen sehr wichtig und sie wollten es auf keinen Fall verlieren, denn ein Verlust bedeutete Ärger und Arbeit. Verloren gegangene Daten mussten mühselig rekonstruiert werden und oft war dieser Rekonstruktionsprozess sehr unvollständig und voller Irrtümer.

Wenn wir eine Datenbank mit Adressdaten auf unserem Computer einrichten wollen, brauchen wir ebenfalls eine dauerhafte Speicherung.

Daraus ergibt sich die erste Forderung an eine Datenbank:

Die Daten müssen **persistent** gespeichert werden.

Zur Erklärung des Wortes **persistent**:

1. Im Lateinischen bedeutet das Verb „persistere" stehen bleiben, verharren.
2. Im Englischen bedeutet „persistent" u.a. „andauernd, beständig".
3. In der Informatik hat „persistent" die spezielle Bedeutung, dass man eine Speicherung persistent nennt, wenn sie unabhängig von der Laufzeit von Programmen oder der Ein- und Abschaltung der Rechner ist.

Allerdings sollte sich für Sie die Frage stellen: Warum soll ich mein gutes altes Adressbuch aufgeben und zu einer elektronischen Speicherung meiner Daten übergehen?

Dafür werden wir – je länger wir nachdenken – immer mehr Gründe finden. Einer der wichtigsten Gründe ist die Möglichkeit komfortabler Datensuche:

In den handschriftlichen Adressbüchern ist die Sortierung der Einträge höchst unterschiedlich und individuell. Konsequente Menschen sortieren strikt alphabetisch nach Nachnamen. Weniger konsequente Menschen teilen ihre Bekannten in Gruppen auf. Sie unterscheiden beispielsweise in dienstliche und private Adressen, in Bekannte aus dem Inland und aus dem Ausland, sie sortieren einige Adressen unter dem Anfangsbuchstaben des Nachnamens, andere wieder unter dem Anfangsbuchstaben des Vornamens usw. Der Sinn dieser Maßnahmen besteht natürlich darin, seine Einträge jeweils möglichst schnell und komfortabel finden zu können.

Für unsere Datenbank bedeutet das:

Es muss die unterschiedlichsten Suchzugriffe auf den Datenbestand geben.

Ich möchte meine Datenbank beispielsweise fragen können:

- Zeige mir den Eintrag zu meinem Freund Charlie Chaplin.
- Zeige mir alle Einträge, wo der Ort „Regensburg" ist.
- Zeige mir, ob es in meiner Datenbank einen Eintrag mit der Telefonnummer „069/123456" gibt.
- Zeige mir alle Einträge - sortiert nach Namen.
- Zeige mir alle Einträge – sortiert nach Wohnorten, Strassen und Hausnummern.
- *Und vieles andere mehr*

Machen Sie sich klar: Je komfortabler die Suchfunktionalitäten sind, über die Ihre Datenbank verfügt, desto mehr ist sie Ihrem papierenem Adressbuch überlegen und desto klarer wird es einem potentiellem Benutzer, dass eine elektronische Datenspeicherung sinnvoll und vorzuziehen ist.

Bedenken Sie bitte weiter: Sie wollen mit Ihrer Datenbank ergebnisorientiert reden können. Sie wollen nicht dazu gezwungen sein, zu sagen:

1. Lies den „ersten" Eintrag der Datenbank.
2. Prüfe, ob der Eintrag angezeigt werden soll und zeige ihn gegebenenfalls an.
3. Lies den nächsten Eintrag der Datenbank.
4. Prüfe, ob der Eintrag angezeigt werden soll und zeige ihn gegebenenfalls an.
5. Usw., usw.

Genauer gesagt bedeutet das also:

Ich brauche **Auswahl**- bzw. **Suchfunktionen** für meine Datenbank, mit denen ich durch Beschreibung des gewünschten Ergebnisses die gewünschten Anzeigen erhalte.

Des Weiteren brauchen wir so genannte **Verwaltungsfunktionen** für unsere Daten.

Denken Sie daran, was Sie alles mit einem Adressbuch bzw. den darin enthaltenen Daten machen können:

- Sie können sich ein neues Adressbuch kaufen, das zunächst völlig leer ist.
- Sie können neue Einträge in dieses Adressbuch **einfügen**.
- Sie können einzelne Einträge in diesem Adressbuch **verändern**.
- Sie können Einträge herausstreichen, d.h. **löschen**.
- Sie können das gesamte Adressbuch wegschmeißen.

Alles das wollen Sie auch mit den Daten Ihrer Datenbank machen können. Diese Verwaltungsfunktionen sind übrigens ein weiterer Grund für die Vorteilhaftigkeit einer Datenbank: Insbesondere die Lösch- und Veränderungstätigkeiten sind elektronisch wesentlich einfacher und klarer zu bewerkstelligen als in Ihrem papierenem Adressbuch.

Stellen Sie sich darüber hinaus folgenden Fall vor: Die telefonische Vorwahl eines Ortes ändert sich beispielsweise von 01234 in 09876. Dann müssen Sie Ihre handschriftlichen oder anderweitigen papierenen Aufzeichnungen mühsam durchgehen, um diese Änderungen alle vorzunehmen. Und Sie können sicher sein: Sie werden Fälle übersehen oder vergessen. Ihrer Datenbank hingegen wollen Sie lediglich mitteilen können:

- Ändere alle Einträge mit der Vorwahl 01234 in Einträge mit der Vorwahl 09876.

Bedenken Sie bitte: Auch hier wollen Sie mit Ihrer Datenbank ergebnisorientiert reden können. Sie wollen nicht dazu gezwungen sein, zu sagen:

1. Lies den „ersten" Eintrag der Datenbank.
2. Prüfe, ob die Vorwahl geändert werden muss und ändere sie gegebenenfalls.
3. Lies den nächsten Eintrag der Datenbank.
4. Prüfe, ob die Vorwahl geändert werden muss und ändere sie gegebenenfalls.
5. usw. usw.

Genauer gesagt bedeutet das also: Ich brauche Verwaltungsfunktionen für meine Datenbank, mit denen ich durch Beschreibung des gewünschten Ergebnisses alle erforderlichen Änderungsarbeiten veranlassen kann.

Damit alle diese Funktionen eine Chance haben, zu funktionieren, müssen aber einige andere Dinge so streng wie möglich beachtet werden.

Ich selber wohne in Frankfurt am Main und habe in meinem Adressbuch viele Einträge von Personen aus dieser Stadt. Wenn ich für alle diese Personen immer wieder neu die Angabe „Frankfurt am Main" machen würde, kämen unter anderem sicherlich die folgenden Varianten vor:

- Frankfurt am Main
- Frankfurt/Main
- Frankfurt
- Frankfurt a. M.
- FFM
- Frnkft.

Bei solch einer Vielfalt der Darstellung ein- und derselben Eigenschaft bzw. ein- und desselben Attributs haben natürlich alle oben beschriebenen Such- und Verwaltungsfunktionen keine Chance der Realisierung. Wie wollen Sie hier z.B. Ihrer Datenbank mitteilen: „Zeige mir alle Personen aus Frankfurt"???

Die Lösung dieses Problems besteht darin, dass es uns gelingen muss, unsere Datenbank so zu konzipieren, dass der Text „Frankfurt am Main" nur ein einziges Mal in ihr gespeichert wird und bei allen Personen aus Frankfurt auf diesen einen Eintrag verwiesen wird. Durch solch ein Vorgehen vermeidet man die **Redundanz** (d.i. das mehrfache Vorkommen derselben Sache) von Daten und damit mögliche Fehlerquellen.

Um die Sache noch komplizierter zu machen: Eine Adresse ist beispielsweise unter dem Vornamen einsortiert worden und wird außerdem auch noch unter dem Nachnamen eingetragen. Vielleicht hat man ihn zu oft am falschen Platz gesucht. Also:

Unter „C" steht: Connery, Sean, ... , Handy: 0175/007

Unter „S" steht: Sean Connery, ... , Handy: 0175/007

Nun ändert sich bei dieser Person beispielsweise die Handynummer. Dann kann es leicht passieren, dass man die Änderung nur bei einem Eintrag vornimmt. Ihr Adressbuch enthält dann die Daten:

Unter „C": Connery, Sean, ... , Handy: 0175/0815

Unter „S": Sean Connery, ... , Handy: 0175/007

Was Sie jetzt haben, nennt man Dateninkonsistenz und wird natürlich im kommerziellen Leben gefürchtet wie das sprichwörtliche Weihwasser von den Teufeln. Auch sie kann durch die Vermeidung von Datenredundanz, in diesem Fall durch das mehrfache Abspeichern ein und derselben Person, verhindert werden.

> Wir fordern also von unserer Datenbank: Sie soll so konstruiert sein, dass man die Daten **redundanzfrei** speichern kann.

1.2 Ein öffentliches Beispiel

Lassen Sie uns nun ein aktuelleres Beispiel aus der heutigen Welt des Internets betrachten. Wenn Sie z.B. bei einem Online-Händler ein Buch suchen und bestellen wollen, greifen Sie auf eine Datenbank dieses Online-Händlers zu, in der die Bücher dieses Händlers mit allen möglichen Eigenschaften gespeichert sind. Gleichzeitig mit Ihnen greifen möglicherweise noch viele andere potentielle Kunden ebenfalls auf diese Datenbank und auch auf exakt dieselben Informationen zu. Unter Umständen nimmt zur selben Zeit gerade der Verantwortliche für diese Datenbank bei dem Onlinehändler das Buch, das Sie ansehen, aus der Datenbank heraus oder verändert seinen Preis oder die Verfügbarkeitsangaben für dieses Buch. All das muss möglich sein. Und es muss ohne Systemprobleme und ohne unlogische Präsentationsabläufe vonstatten gehen können.

Unsere Forderung lautet:

> Ein Datenbanksystem muss für einen **Mehr-Benutzer-Betrieb** ausgelegt sein.

1.3 Zusammenfassung

Wir haben uns an mehreren Beispielen klargemacht, welche Eigenschaften ein Anwender von einem Datenbanksystem erwartet:

- Es muss einen Kern von persistent gespeicherten Daten enthalten. (Abschnitt 1.1)

- Auf diese Daten müssen die verschiedenartigsten Suchzugriffe möglich sein. (Abschnitt 1.1)

- Diese Daten müssen verändert werden können. Es muss komfortable Einfüge-, Veränderungs- und Löschoperationen geben. (Abschnitt 1.1)

- Redundanz der Datenhaltung und die Gefahr von Dateninkonsistenzen müssen soweit wie möglich vermieden werden. (Abschnitt 1.1)

- Es muss die Möglichkeit gleichzeitiger, konkurrierender Zugriffe von mehreren Seiten auf den Datenbestand geben. (Abschnitt 1.2)

Übungsaufgaben

1. Finden Sie heraus, wie Sie selber bzw. die Menschen in Ihrer Umgebung ihre Adressbücher und Telefonlisten organisieren. Was für Strukturen der Gliederung verwenden sie? Was für verschiedene Arten des direkten Zugriffs stehen ihnen zur Verfügung? Gibt es Datenredundanzen?

2. In einer Datenbank seien eine Datei ADRESS mit Adressdaten und eine leere Datei mit derselben Struktur gegeben. Wir nennen die leere Datei ERGEBNIS. Betrachten Sie die folgende Verarbeitung:

   - Lies den ersten Satz der Datei ADRESS.
   - Wiederhole die folgende Verarbeitung, solange noch nicht das Ende der Datei erreicht wurde:
     - Falls der Satz die Daten einer Person enthält, die in *Bonn* wohnt, kopiere diesen Satz in die Datei ERGEBNIS.
     - Lies den nächsten Satz in der Datei ADRESS.
   - Gib die Daten der Datei ERGEBNIS aus.

   Beschreiben Sie diese Verarbeitung mit **einem** ergebnisorientiert formulierten Befehl.

3. Es sei wieder eine Adressdatei ADRESS gegeben. Beschreiben Sie die Verarbeitungen, die hinter den folgenden ergebnisorientiert formulierten Befehlen stecken, wie in dem Beispiel aus Aufgabe 2:

   a)   Zeige mir die Daten von *Sean Connery*.

   b)   Füge bei *Alfred Neumann* die Firmentelefonnummer *+221 223344* hinzu.

   c)   Ändere bei allen Personen, bei denen der Ortsname *Buda* oder *Pest* ist, den Ortsnamen in *Budapest* um.

4. In einer Bibliothek will man eine Datenbank einrichten, in welcher der Buchbestand verwaltet wird. Sehen Sie in der folgenden Abbildung die Datei, die man dazu implementiert:

Id	Autor	Titel	Verlag
12	Goll	JAVA als erste Programmiersprache	Teubner
14	Johnson	Entwurfsmuster	Addison-Wesley
16	Weiß	JAVA als erste Programmiersprache	Teubner
17	Gamma	Entwurfsmuster	Addison-Wesley
25	Zschiegner	Diskrete Mathematik	Vieweg
76	Dieker	Datenstrukturen und Algorithmen	Teubner
136	Beutelspacher	Diskrete Mathematik	Vieweg
183	Beutelspacher	Kryptologie	Vieweg
212	Helms	Entwurfsmuster	Addison-Wesley
815	Müller	JAVA als erste Programmiersprache	Teubner

In der Struktur dieser Datei finden sich mehrere Entwurfsfehler, die zu einer erheblichen Redundanz bei der Speicherung von Daten führen können. Beschreiben Sie diese Entwurfsfehler.

5. (Fortsetzung von Aufgabe 4) Was würden Sie dem Datenbankverantwortlichen dieser Bibliothek stattdessen für einen Dateientwurf empfehlen? Hinweis: Man **muss** hier mit mehreren Dateien arbeiten.

6. In einer Lagerbestandsdatei einer Firma werden für die Artikel des Artikelsortiments dieser Firma die Bestandsmengen dieser Artikel geführt. Auf diese Datei haben verschiedene Mitarbeiter von verschiedenen Rechnern aus Zugriff. Ich nenne jetzt eine Veränderung von Daten dieser Datei eine Buchung.

   a) Entwerfen Sie einige Szenarien, bei denen durch konkurrierende Buchungen falsche Bestandszahlen in der Datei gespeichert werden, bzw. sogar gar nicht (mehr) existierende Artikel in ihren Bestandszahlen verändert werden oder existierende Artikel nicht gefunden werden.

   b) Versuchen Sie sich zu überlegen, wie man sich gegen solche fehlerhaften Abspeicherungen schützen kann. Die striktesten Vorgehensweisen, nämlich das Verbot jeder Buchung bzw. die Einrichtung eines **einzigen** Buchungsberechtigten, werden Sie als Informatiker keinem Anwender verkaufen können.

2 Hier spricht der Theoretiker: Relationale und andere Datenbanksysteme

Wenn wir nach einem theoretischen Konzept für eine elektronische Speicherung und Verwaltung suchen, kommen wir sehr bald auf das Konzept einer Tabelle. Damit sind wir schon unterwegs zur Welt der relationalen Datenbanken, die das Hauptthema dieses Buches bilden. Aber: Freuen Sie sich nicht zu früh: Wir werden in diesem Kapitel keineswegs klären können, worin das theoretische Konzept der relationalen Datenbanken besteht. Wir machen lediglich einen bescheidenen Anfang. Und am Anfang eines relationalen Datenbanksystems steht die Tabelle – sie steht dort so fest und eindrucksvoll, dass viele Benutzer relationaler Systeme Ihnen nicht erklären können, warum relationale Datenbanken nicht viel besser tabellarische Datenbanken heißen sollten.

2.1 Vom Unterschied zwischen Tabellen und Relationen

Wir beginnen mit einem Analogon aus der Mathematik. Sie wissen alle, was in der Mathematik eine Funktion ist. Es ist eine Abbildung f: A$\rightarrow$ B von der Menge A in die Menge B, wobei f jedem Element $x \in A$ genau ein Element $f(x) \in B$ zuordnet. Übrigens sind auch Funktionen Relationen, ganz offensichtlich besteht eine Relation zwischen dem Wert x und dem zugehörigen Funktionswert $f(x)$. Exakte Definitionen folgen im sechsten Kapitel.

Funktionen kann man auf verschiedene Weise beschreiben.

1. Allgemein durch eine Zuordnungsvorschrift oder Gleichung:
    z.B. f: $\mathbf{R}$ $\mathbf{R}$ mit $f(x) = x^2$
2. Durch eine (Werte-)Tabelle, in diesem Falle z.B.

x	f(x)
-2	4
-1	1
0	0
0,5	0,25
1,5	2,25
7	49
usw.	usw.

Also:

> Tabellen sind eine Veranschaulichung von Funktionen oder Relationen. In einer Tabelle stehen die Werte, die zu einer Funktion oder Relation gehören.

Genauso – und zwar exakt genauso – ist es bei den relationalen Datenbanken:

Das allgemeine Konzept, das jeweils einer Tabelle zu Grunde liegt, ist das einer Relation – genauer: einer Klasse von Relationen – aber betrachten kann man solche Relationen nur in Form ihrer Wertetabellen, d.h. anhand der Datensätze, die zu solch einer Relation gehören und die man in diese Tabellen einträgt. Man hat für Relationen insbesondere im Bereich der kommerziellen Datenverarbeitung keine definierenden mathematischen Gleichungen, man hat nur umgangssprachliche Beschreibungen, die erst durch die jeweiligen Einträge in der Tabelle konkret werden. Bitte haben Sie noch etwas Geduld – wir werden alle diese Fragen im sechsten Kapitel ausführlich besprechen.

2.2 Ein erster Tabellenentwurf für unser Adressbuch

Wenn wir einen Tabellenentwurf für unser Adressbuch machen, müssen wir uns fragen:

- Welche Eigenschaften haben unsere Adresseinträge? Diese Eigenschaften werden die Spalten unserer Tabelle.

Das können wir auch noch anders formulieren – und zwar mit Begriffen, die für uns im Laufe des Buches sehr wichtig werden:

- Welche Attribute haben unsere Datensätze?

Ich beginne mit folgendem „Entwurf":

Name	Vorname	Strasse	Nr	Plz	Ort	Land	Telefon
Engels	Karl	Rotlindstrasse	12	01848	Wuppertal		123356
Der Lokomo-tivführer	Lukas	Hauptbahnhof			Lummerland		
Mozart	Wolfgang	Tonikastrasse	32	A10010	Wien	Österreich	004568
Picasso	Pablo	Highway	61	222312	New York	USA	003477
Einstein	Albert	Spiegelgasse	2	77788	Zürich	Schweiz	745210
....	....	....	....	....	....	....	....

Sie sehen: Wir müssen jetzt für jeden Datensatz alle in dem Adressbuch insgesamt möglichen Attribute vorsehen – das führt dazu, dass nicht immer alle Spalten der Tabelle gefüllt sind.

Beispiel:

Zu vielen Orten möchte man die Postleitzahl speichern. Für andere Orte – beispielsweise in anderen Ländern – weiß man die Postleitzahl gar nicht oder es gibt dort nichts Vergleichbares. In solchen Fällen kann dann dieser Spalteneintrag nicht gefüllt werden.

Sie sehen außerdem: Ich habe mir bei diesem Tabellenentwurf noch keinerlei Mühe gegeben, die Datenredundanz zu vermeiden. Niemand hindert mich hier, für „*Österreich*" auch einmal „*Austria*" zu schreiben, statt „*USA*" einfach „*Amerika*" usw. Wir werden später – im 11. und 12. Kapitel – Techniken kennen lernen, wie man solche Entwurfsfehler bei Tabellen aufspürt bzw. vermeidet und wir werden mit diesen Techniken unsere Adressbuchtabelle gründlich überarbeiten können.

2.3 Eine genauere Festlegung unserer Begriffe

Lassen Sie uns etwas genauer betrachten, was wir eigentlich gemacht haben und welche Begriffe wir verwendet haben.

- Wir wollen Informationen speichern. Wir wollen sie elektronisch speichern, weil wir uns davon einen wesentlich komfortableren Zugang zu diesen Informationen versprechen.

- Es handelt sich dabei um Informationen über Personen. Diese Personen bezeichnen wir dabei als **Objekte** oder **Entitäten** in unserer gespeicherten Welt. Beide Begriffe sind bei uns völlig synonym. Ich werde den Begriff Entität aber erst wieder im elften Kapitel benutzen und bis dahin stets von Objekten reden.

- Ich muss nun meine Objekte so klassifizieren, dass sie alle aus denselben Eigenschaftskomponenten bestehen. Alle meine Personen haben in meiner gespeicherten Welt die Eigenschaftskomponenten

  o *Name*

  o *Vorname*

  o *Straße*

  o *Hausnummer*

  o *Postleitzahl*

  o *Wohnort*

  o *Land*

  o *Telefonnummer*

- Diese Eigenschaftskomponenten nennen wir **Attribute**.

Definition:

> Gegeben sei eine Menge von Objekten. Ein **Attribut** ist eine Eigenschaftsart, die alle Objekte dieser Menge besitzen. Jedem Objekt dieser Menge ist genau ein Wert dieses Attributs, der so genannte **Attributwert** zugeordnet. Ein Attribut muss einen Namen haben, den so genannten **Attributnamen**. Dieser Attributname muss unter allen Attributnamen der betrachteten Objekte eindeutig sein.

Beispiel:

Ein Gebrauchtwagenhändler will seine Verkaufsobjekte, die gebrauchten Wagen seines Sortiments verwalten. Dann braucht er wahrscheinlich ein Attribut mit den Namen *Farbe* zur Beschreibung seiner Gebrauchtwagen. Die möglichen Attributwerte dieses Attributs mit dem Attributnamen *Farbe* wären dann „rot", „grün", „metallic" usw.

Statt: „Der Wert des Attributs mit dem Attributnamen *Farbe*" sagen wir oft: „Der Wert des Attributs *Farbe*"

Und wir können jetzt schon eine ziemlich genaue Definition des Begriffes der Relation geben:

(erste, noch vorläufige) Definition einer Relation:

> Eine Menge von Objekten, die durch die Werte einer einheitlichen Attributkombination vollständig und eindeutig beschrieben werden, heißt **Relation**

Weiter stellen wir fest:

- Diese Objekte werden nun in **Tabellen** gespeichert. Eine **Zeile** dieser Tabelle repräsentiert genau ein **Objekt**. Wir nennen solch eine Zeile auch einen **Datensatz**.

- Die **Spalten** dieser Tabelle entsprechen den einzelnen **Eigenschaftskomponenten** der Objekte. Sie repräsentieren die **Attribute**. Die Spaltenüberschriften sind identisch mit den Attributnamen. Für jedes Objekt steht in seiner Zeile der Tabelle in der entsprechenden Spalte der zugehörige Attributswert. Er definiert sich aus dem konkreten Objekt (die Zeile) und der Eigenschaftsart, dem Attribut, das in der Spalte beschrieben wird.

Ein Beispiel:

Mozart	Wolfgang	Tonikastrasse	32	A10010	Wien	Österreich	004568

ist eine Zeile aus der oben dargestellten Tabelle, also ein Datensatz und *„Wolfgang"* ist beispielsweise der Wert des Attributs *Vorname*.

2.4 Eine erste Charakterisierung Relationaler Datenbanksysteme

Es gab und gibt die verschiedensten Ansätze zur Entwicklung von Datenbanken. Seit dem Ende der siebziger Jahre existieren relationale Datenbanksysteme, die heute sicherlich die am meisten auf dem Markt verbreiteten sind. Das relationale Modell, das diesen Systemen zu Grunde liegt, ist eine der wichtigsten Entwicklungen in der gesamten Geschichte der Datenbanken. Wir werden dieses Modell noch sehr eingehend untersuchen, aber wir können bereits jetzt das **entscheidende Charakteristikum des relationalen Ansatzes** formulieren:

Der Benutzer einer relationalen Datenbank sieht die Daten nur in Form von Tabellen

Alle Operationen, die dem Benutzer einer relationalen Datenbank zur Verfügung stehen (z.B. zum Einfügen, Ansehen, Ändern und Löschen von Daten) operieren auf der Basis von Tabellen. Sie generieren neue (Teil-)Tabellen, löschen diese usw.

Und vergessen Sie bitte nicht, dass Tabellen nichts anderes sind als die konkrete Beschreibung von Relationen mit Hilfe der einheitlichen Kombination von Attributwerten (man sagt auch: Wertetupel), die man für diese Relationen entworfen hat.

Bei nicht-relationalen Systemen sieht der Benutzer neben den Tabellen stets noch andere oder auch nur andere Datenstrukturen. Ich erwähne als ein Beispiel für ein "vor-relationales" System die hierarchischen Datenbanksysteme (z.B. IMS von der IBM), in denen der Benutzer vor allem in Baumstrukturen herumnavigieren muss. Auch nach dem relationalen Modell hat es noch etliche andere Weiterentwicklungen gegeben. Ein wichtiger Ansatz dazu kommt von den Objektorientierten Systemen her.

2.5 Zusammenfassung

In diesem Kapitel ging es darum, eine erste Vorstellung von der abstrakten Struktur gespeicherter Daten zu bekommen. Wir wollten mit dem Begriff der Tabelle vertraut werden.

- Dazu haben wir zunächst an eine Ihnen bekannte Situation erinnert, in der Sie alle schon mit Tabellen gearbeitet haben. Von dort her kennen Sie den Unterschied zwischen Tabellen und Funktionen. Ohne, dass ich schon den Begriff der Relation definiert habe, wollte ich Ihnen sagen: Der Unterschied zwischen Tabellen und Relationen lässt sich analog beschreiben. (Abschnitt 2.1)

- Als nächstes habe ich Ihnen eine Tabelle vorgestellt, in der man die Informationen unseres Adressbuches abspeichern kann. Dieser Tabellenentwurf hat offensichtlich noch viele Mängel, aber er zeigt die grundsätzliche Architektur, mit der relationale Datenbanksysteme arbeiten. (Abschnitt 2.2)

- Dann haben wir die theoretischen Begriffe für diese Art des Arbeitens mit Tabellen festgelegt. Dazu gehörten – in der Reihenfolge der Beschreibungen:

  - Objekte bzw. Entitäten

  - Attribute, Attributwerte, Attributnamen

  - Einheitliche Attributkombinationen

  - Relationen

  - Tabellen

  - Datensätze und Einträge in den Tabellen

  Wir haben bereits hier eine erste Definition einer Relation geben können, die schon gut beschreibt, was wir unter einer Relation zu verstehen haben.

  All dies erfolgte im Abschnitt 2.3

- Mit Hilfe dieser Tabellen haben wir schließlich eine erste Charakterisierung relationaler Datenbanksysteme versucht. (Abschnitt 2.4)

Übungsaufgaben

1. Versuchen Sie, den Tabellenentwurf für unser Adressbuch so zu verändern, dass die Informationen für die Ort und Land nicht mehr redundant gespeichert werden.

2. Für unser Adressbuch sind einzelne Personen die Objekte. Für eine Tabelle über die Völkerwanderungsbewegungen zur Zeit des römischen Kaiserreichs sind offensichtlich nicht mehr einzelne Personen sondern ganze Stämme oder Volksgruppen die „richtigen" Objekte. Finden Sie Beispiele für die folgenden Analyseergebnisse für eine Tabelle:

   a. Einzelne Buchstaben sind die „richtigen" Objekte

   b. Ganze Worte sind die „richtigen" Objekte

   c. Zeitschriftenartikel sind die „richtigen" Objekte

   d. Bücher sind die „richtigen" Objekte

   e. Bibliotheken sind die „richtigen" Objekte

3. Wir haben über den Unterschied zwischen Attribut und Attributwert gesprochen. Beschreiben Sie ihn mit eigenen Worten.

4. Wir haben gesagt: „*rot*" ist ein Attributwert des Attributs **Farbe**. Wie könnte der Name eines Attributs lauten, zu dem es u.a. den Attributwert „*Farbig*" gibt?

5. Sei M := die Menge aller roten Mützen vereinigt mit der Menge aller Sonaten von Händel. Lässt sich M als Relation beschreiben?

6. Entwerfen Sie für Ihre private Sammlung von Musik-CDs ein Attributraster zur eindeutigen Kennzeichnung jeder CD. Damit haben Sie diese Menge zu einer Relation gemacht, die Sie in einer Tabelle darstellen können.

7. Finden Sie selber Beispiele von Mengen, die sich als Relationen beschreiben lassen. Wie würden die entsprechenden Tabellen aussehen?

8. Nehmen Sie an, Sie hätten eine relationale Datenbank für Ihre Adresstabelle zur Verfügung. Warum widerspricht die Anfrage:

   o *Wie lautet die Telefonnummer von Karl Engels*

   unserer Charakterisierung relationaler Datenbanksysteme? Wie müsste eine relational korrekte Formulierung dieser Anfrage lauten?

9. Wie müsste die Anweisung

   o *Ändere Karl Engels in Friedrich Engels*

   relational korrekt lauten?

3 „Das wird teuer" – der EDV-Spezialist tritt auf

Der Anwender hat bereits gesprochen und Forderungen für ein elektronisches Datenspeicherungssystem aufgestellt und der Theoretiker hat angefangen, nachzudenken und Konzepte dafür zu entwickeln. Da fehlt natürlich noch jemand: der EDV-Spezialist. Es wird Zeit, zu hören, was er zu sagen hat. Sein Standpunkt wird sein:

1. Wir brauchen Software – und zwar jede Menge.
2. Wir brauchen Man Power für die Betreuung – die Administration – der Datenbank.

Im Einzelnen:

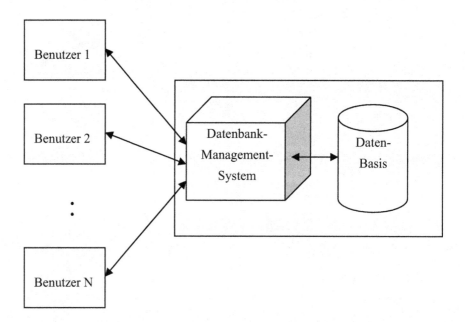

Bild 3-1 Das Datenbankmanagementsystem als „Kommunikator" zwischen Benutzern und Datenbasis

3.1 Das Datenbankmanagementsystem

Jedweder Zugriff auf die Daten einer Datenbank, auf die sogenannte Datenbasis, muss stets über ein **Kontrollprogramm** erfolgen. Dafür gibt es mehrere Gründe:

- Es wird sich herausstellen, – und wir werden das auch genauer untersuchen – dass es ein ziemlich weiter Weg ist von der Benutzerabfrage: „Gib mir den Datensatz oder die Datensätze mit den und den Eigenschaften" bis hin zu den „physikalischen" Daten, die in einem Festspeichermedium gespeichert sind. Teile dieses Weges werden von diesem Kontrollprogramm verwaltet.

- Zum anderen braucht man ein solches Kontrollprogramm, um konkurrierende Zugriffe auf die Datenbasis, die von mehreren, gleichzeitig arbeitenden Benutzern erfolgen, zu verwalten.

Dabei ist es völlig unerheblich, ob diese Zugriffe von den Benutzern direkt – ohne eine dazwischengeschaltete Applikation – oder aus anderen Programmen heraus erfolgten. Das Kontrollprogramm nennt man **Datenbankmanagementsystem**, den Datenbestand **Datenbasis**. Ich werde im Folgenden immer für „Datenbankmanagementsystem" die Abkürzung **DBMS** verwenden.

Ehe wir weiter über das DBMS reden, lassen Sie uns ein paar weitere grundsätzliche Überlegungen machen, die Ihnen zeigen sollen, mit welchen Fragen sich der EDV-Spezialist beschäftigen muss, wenn er sich mit Datenbanken beschäftigt. Diese Fragen gehen weit über das DBMS hinaus und betreffen insbesondere auch das jeweilige Betriebssystem des Rechners, auf dem die Datenbank installiert ist. Die Basis aller Überlegungen bilden dabei die folgendenden Punkte:

3.2 Eine Problemliste

1. Unsere erste Forderung an eine Datenbank war die persistente Speicherung der Datenbasis. Das bedeutet: die Daten müssen auf einem Festspeichermedium abgelegt werden.

2. Festspeicherzugriffe – das wissen Sie alle – sind sehr viel langsamer als Hauptspeicherzugriffe. Je mehr Festspeicherzugriffe nötig sind, um einen bestimmten Datenbankzugriff zu machen, desto langsamer wird die Verarbeitung. Man sagt auch: Desto schlechter wird die Performance.

3. Deshalb macht man sich sehr viele Gedanken über geeignete Speicherstrukturen, welche die Zahl der Festspeicherzugriffe minimieren sollen. Hierbei gibt es nie die eine beste Lösung sondern immer nur Kompromisse, die bestimmte Datenbankabfragen sehr gut unterstützen und andere dagegen weniger gut bzw. sogar sehr schlecht.

Diese Fragen können nicht alleine vom DBMS gelöst werden, sie sind abhängig vom jeweiligen Betriebssystem und der unterlagerten physikalischen Ebene, wir müssen deshalb bei unserer Untersuchung weitere Softwarekomponenten mit einbeziehen.

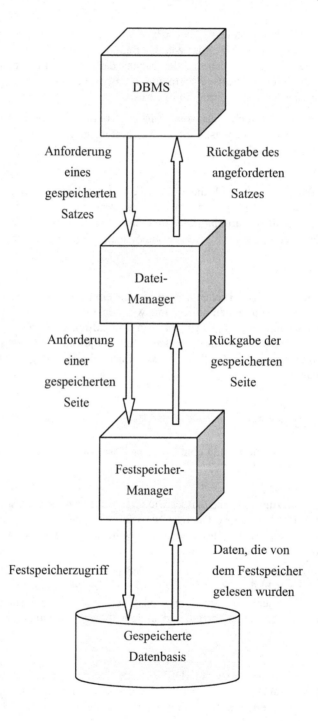

Bild 3-2 Das Zusammenspiel von DBMS, Datei- und Festspeicher-Manager

3.3 Drei Manager Hand in Hand auf dem Weg zur Datenbasis

Lassen Sie uns genauer einen solchen Zugriff untersuchen. Wir brauchen insgesamt drei Beteiligte aus dem Hause „Softwareprodukte": das bereits erwähnte **DBMS**, den sogenannten **Datei-Manager** und den **Festspeicher-Manager**. Sie bilden eine Kette „hinab" zum Festspeicher. Ihre Aufgaben werden im Folgenden erklärt:

1. Das **DBMS** bestimmt, welcher Satz einzulesen ist und weist den Datei-Manager an, die entsprechende Seite von der Festplatte zu lesen. Die Festplatte – oder allgemeiner gesprochen: der Hintergrundspeicher – ist in „**Seiten**" unterteilt und Lesezugriffe auf den Hintergrundspeicher finden in der Einheit „Seite" statt. Lesepakete bestehen aus einer oder mehreren Seiten.

2. Der **Datei-Manager** bestimmt, welche Seite von dem Festspeicher zu lesen ist und weist den Festspeicher-Manager an, den entsprechenden Zugriff durchzuführen

3. Der **Festspeicher-Manager** bestimmt den physikalischen Ort der gewünschten Seite und führt den Zugriff durch.

Noch einmal: Gelesen wurde jetzt eine Seite – nicht etwa ein Datensatz. Da im Allgemeinen mehrere Datensätze auf einer Seite gespeichert sind, bedeutet das: Je geschickter man „zusammengehörige" Datensätze auf einer Seite gruppiert, desto weniger Festspeicherzugriffe sind nötig.

Jeder der drei Beteiligten hat eine eigene, ganz spezifische Sicht auf die Datenbasis:

- Das DBMS sieht die Datenbasis als eine Ansammlung von Datensätzen
- Der Datei-Manager sieht die Datenbasis als eine Ansammlung von Seiten oder Blöcken
- Der Festspeicher-Manager sieht die Datenbasis in ihrer tatsächlichen, physikalisch vorhandenen Form

Datei-Manager und Festspeicher-Manager gehören beide zum Betriebssystem. Der Festspeicher-Manager muss die physikalischen Speicheradressen der Seiten kennen. Sein Benutzer – der Datei-Manager – arbeitet dagegen mit einem System von logischen Seiten und mit Mengen von Seiten. Diese Objekte spricht er mit Hilfe der Seitenzahlen und mit Hilfe der Identifikationsschlüssel – den sogenannten *Id*s – der Seitenmengen an.

Typische Operationsanweisungen des Datei-Managers für den Festspeicher-Manager sind beispielsweise:

- Liefere die Seite mit der Seitenzahl *sz* aus der Seitenmenge mit der *Id smId*

- Ersetze die Seite mit der Seitenzahl *sz* aus der Seitenmenge mit der *Id smId*

- Füge der Seitenmenge mit der *Id smId* eine neue Seite mit der Seitenzahl *sz* hinzu

- Lösche die Seite mit der Seitenzahl *sz* aus der Seitenmenge mit der *Id smId*

Ein Grund für diese Trennung in zwei Softwarepakete Festspeicher-Manager und Datei-Manager besteht darin, dass man die Programmierung des Datei-Managers so unabhängig von der konkreten physikalischen Struktur wie möglich gestalten will. Der Datei-Manager erlaubt es seinem Benutzer – dem DBMS – den Festspeicher als eine Ansammlung von Dateien anzusehen. Nur der Datei-Manager weiß von dem Zusammenhang zwischen diesen Dateien und der Organisation des Festspeichers in Seiten und Seitenmengen. Nur er weiß, welche Seitenmenge keine, eine oder mehrere Dateien enthält. Jede Datei hat einen Namen oder eine *Id*, jeder Satz einer Datei hat eine eindeutige ***Record Id***.

Typische Operationsanweisungen des DBMS für den Datei-Manager sind beispielsweise:

- Liefere den Satz mit der *Id sId* aus der Datei *d*

- Ersetze oder Verändere den Satz mit der *Id sId* aus der Datei *d*

- Füge der Datei *d* einen neuen Satz mit der *Id sId* hinzu

- Lösche den Satz mit der *Id sId* aus der Datei *d*

3.4 „Haufenbildung" oder (englisch) Clustering

Eine wichtige Technik zur Verbesserung der Zugriffsgeschwindigkeit auf gespeicherte Daten ist das sogenannte **Clustering** – das englische Wort für Haufenbildung. Es unterstützt insbesondere das sequentielle Lesen von mehreren Datensätzen. Es unterstützt aber auch das schnelle Lesen von Datensätzen aus unterschiedlichen Dateien, die miteinander in Beziehung stehen. Man versteht unter **Clustering** die Technik, Daten, die häufig gemeinsam gelesen werden, auch physikalisch eng beieinander zu speichern. Denken Sie daran: Bei Zugriffen auf den Festspeicher wird im Allgemeinen nicht nur ein Satz in den Arbeitsspeicher gelesen sondern es können gleich mehrere Sätze gemeinsam verarbeitet werden. Diese Sätze im Arbeitsspeicher sind dann auch in einem wesentlich schnelleren Zugriff verfügbar.

Wir brauchen also eine Person, die analysiert und entscheidet, was für Zugriffe auf die Datenbank typisch sind und daraus die entsprechenden Konsequenzen für das Clustering zieht. Das Clustering wiederum wird mit Hilfe des DBMS veranlasst. Lassen Sie mich zwei Beispiele geben:

- Nehmen wir an, die meisten Massenzugriffe auf unsere Adressdatei würden in alphabetischer Sortierung der Nachnamen der Personen erfolgen. Dann würde ein entsprechendes Clustering dafür Sorge zu tragen haben, dass Sätze von Personen mit

alphabetisch nahe beieinander liegenden Nachnamen auch physikalisch eng beieinander gespeichert werden. Von solcher Art Clustering ist nur **eine einzige Datei** betroffen, man nennt es deshalb **Intra-File-Clustering**.

- Jetzt nehmen Sie einmal an, wir hätten unsere Personeninformationen auf zwei Dateien verteilt: In einer Datei stehen die Städtenamen zusammen mit einem identifi-
zierenden Schlüssel *OrtId* unserer Personen, in einer weiteren Datei stehen die eigentlichen Personen mit dem jeweiligen Schlüssel *OrtId* der Stadt in der die betreffende Person wohnt. Also statt:

Name	*Vorname*	*...*	*Ort*	*...*
Feuchtwanger	Lion		Frankfurt am Main	
Mozart	Leopold		Freiburg im Breisgau	
Seghers	Anna		Frankfurt am Main	
Einstein	Albert		Wiesbaden	
Sharif	Omar		Köln	
Poincaré	Jules Henri		Paris	
Parker	Charlie		Köln	
Kästner	Erich		Frankfurt am Main	
Coltrane	John		Freiburg im Breisgau	
Allen	Woody		Frankfurt am Main	
Hofstadter	Douglas		New York	
Connery	Sean		Köln	
....	....		....	

würde man dagegen folgende Dateistruktur vorliegen haben:

OrtId	*Ort*
117	Frankfurt am Main
236	Freiburg im Breisgau
17	Wiesbaden
4711	Köln
12	Paris
23	New York
....	....

Zusammen mit

Name	Vorname	...	OrtId	...
Feuchtwanger	Lion		117	
Mozart	Leopold		236	
Seghers	Anna		117	
Einstein	Albert		17	
Sharif	Omar		4711	
Poincaré	Jules Henri		12	
Parker	Charlie		4711	
Kästner	Erich		117	
Coltrane	John		236	
Allen	Woody		117	
Hofstadter	Douglas		23	
Connery	Sean		4711	
....	....		......	

(Merken Sie übrigens, dass das ein Weg ist, Datenredundanzen zu vermeiden? Der Text „*Frankfurt am Main*" kommt bei dieser Datenarchitektur nur ein einziges Mal vor. Aber das ist ein anderes Thema und wird an anderer Stelle genauer besprochen. Jetzt geht es um das Clustering)

... und nehmen wir nun an, die meisten Massenzugriffe auf unsere Adressdatei würden sortiert nach Wohnorten erfolgen. Dann hätte ein entsprechendes Clustering dafür Sorge zu tragen haben, dass Sätze von Personen ein- und desselben Wohnorts zusammen mit dem Satz dieses Wohnorts physikalisch eng beieinander gespeichert werden. Von solcher Art Clustering sind **mehrere Dateien** betroffen, man nennt es deshalb **Inter-File-Clustering**.

Wenn wir zusätzlich annehmen, dass innerhalb eines Wohnortes die wichtigste Sortierungsanforderung der Anwenderzugriffe wieder die Sortierung nach Namen ist, bedeutet das für ein gutes Clustering, dass innerhalb der Personen eines Wohnortes diejenigen Personen, deren Namen in alphabetischer Sortierung nahe beieinander liegen, auch physikalisch eng beieinander gespeichert werden. Hier haben wir also eine Kombination von Intra-File-Clustering und Inter-File-Clustering.

Sie merken: Es kann oft ein schwieriges Geschäft sein, durch genaue Analyse die beste Art des Clustering zu finden und das Ergebnis wird auch immer nur ein Kompromiss sein, der Vor- und Nachteile hat. Trotzdem ist diese Technik sehr wichtig, ihre gute Anwendung kann erhebliche Bedeutung für die Performance Ihrer Datenbankapplikationen haben.

3.5 Die wichtigsten Speicherstrukturen zur Steigerung der Performance

Zu den wichtigsten Strukturierungsmethoden bei der physikalischen Speicherung von Daten, die ein schnelleres Finden dieser Daten ermöglichen sollen, gehören u.a.:

- **Index**-Verfahren und **Indizierungen**
- Das sogenannte **Hashing** (engl. „Zerhacken")
- **Zeigerketten**
- **Verdichtungsverfahren**

Wir werden uns mit den ersten beiden Techniken im neunten Kapitel beschäftigen. Sie sehen aber: es gibt viel zu tun und man muss diese Tätigkeiten benennen und Verantwortliche dafür festlegen. Es handelt sich hier um:

3.6 Daten-Administration und Datenbank-Administration

Während man mit der **Daten-Administration** eine übergreifende Managementtätigkeit bezeichnet, die in einer Firma auf Leitungsebene entscheidet, welche Firmendaten gespeichert werden und wie mit ihnen verfahren wird, ist es die Aufgabe des **Datenbank-Administrators**, kurz **DBA** genannt, die vom Anwender gewünschten Konzepte „richtig", d.h. möglichst optimal zu implementieren. Zu seinen Aufgaben gehört die **Auswahl** und **Installation des** verwendeten **Datenbank-Systems**, das **Anlegen der Datenbank** bzw. der Datenbanken sowie der **Entwurf** und die **Strukturierung der Daten**. Er definiert die **Schnittstellen für** die **Anwendungsprogrammierer** und ist verantwortlich für die **Verfügbarkeit** und **Sicherung der Daten**. Er entscheidet über die Art des oben beschriebenen **Clusterings**. Er entscheidet auch über **Indizes**, den Einsatz von **Hash-Verfahren** und anderen **Methoden zur Steigerung der Zugriffsgeschwindigkeit**.

Alle anderen Benutzergruppen der Datenbank werden von diesen Entscheidungen nur (hoffentlich) die Verbesserung der Verarbeitungsgeschwindigkeit, die Verbesserung der Performance bemerken. Man möchte nämlich durch diese klare Trennung der Verantwortlichkeiten und Konzepte erreichen, dass der Datenbank-Administrator die Freiheit hat, Speicherstrukturen der Daten oder Zugriffstechniken auf die Daten zu ändern, wenn dies technisch sinnvoll erscheint, ohne dass die existierenden Anwendungen geändert werden müssen. Man nennt das die **Immunität der Anwendungen in Bezug auf Änderungen der Speicherstrukturen der Daten und Zugriffstechniken**.

Wir werden die Verantwortlichkeiten des DBA noch weiter diskutieren, wenn wir mehr über Datenbanken wissen und weitere Aufgaben formulieren können.

3.7 Zusammenfassung

- Wir haben den Begriff des Datenbankmanagementsystems (DBMS) kennen gelernt und über die Rolle des DBMS als Kommunikationssoftware zwischen Anwender und Datenbasis gesprochen. (Abschnitt 3.1)

- Anschließend haben wir die Performance-Problematik bei Festspeicherzugriffen diskutiert. (Abschnitt 3.2)

- Um diese Performance-Problematik zu verstehen und Lösungsstrategien entwickeln zu können, haben wir den Zugriff auf gespeicherte Daten genauer untersucht. Wir haben diese Arbeit, einen bestimmten Datensatz an dem Ort zu finden, wo er physikalisch gespeichert ist, auf drei Beteiligte aufgeteilt, das DBMS, den Datei-Manager und den Festspeicher-Manager. Wir haben uns außerdem klar gemacht, dass die Größeneinheit, in der Daten vom Hintergrundspeicher in den Arbeitsspeicher gelesen werden, im Allgemeinen nicht durch den jeweiligen Datensatz bestimmt wird. Es wird vielmehr immer eine so genannte Seite gelesen. Es wird unter anderem von der Kunst, die „richtigen" Datensätze auf einer gemeinsamen Seite zu gruppieren, abhängen, wie schnell die verschiedensten Zugriffe auf die Datenbasis ablaufen können. (Abschnitt 3.3)

- Die Techniken des Intra-File-Clustering und des Inter-File-Clustering wurden besprochen. (Abschnitt 3.4)

- Eine Liste von Verfahren zur Performance-Verbesserung wurde vorgestellt. Hierbei wurden lediglich Namen genannt, eine Untersuchung muss in einem späteren Kapitel (vgl. Kapitel 9) erfolgen. (Abschnitt 3.5)

- Die Funktionen des Daten-Administrators (DA) und des Datenbank-Administrators (DBA) wurden vorgestellt. (Abschnitt 3.6)

Übungsaufgaben

1. Überlegen Sie sich für jedes einzelne Attribut der Adressbuchtabelle Bedingungen für korrekte Attributwerte. Beispiel: Der Wert für *Name* darf kein leerer String sein, er muss aus lauter Buchstaben bestehen (??), genau der erste Buchstabe muss ein Großbuchstabe sein (??) usw.

2. (Fortsetzung von Aufgabe 1) Stellen Sie sich vor, es gäbe mehrere programmierte Anwendungen, die alle auf Ihre Adressbuchtabelle zugriffen. Diese Anwendungen würden zu verschiedenen Zeitpunkten von verschiedenen Entwicklerteams konzipiert und realisiert. Geben Sie Beispiele für widersprüchliche Logiken bei der Darstellung von Attributwerten, die in Ihrer Tabelle entstehen könnten, wenn die Bedingungen aus Aufgabe 1 unterschiedlich oder verschieden „streng" in den einzelnen Anwendungen überprüft würden. Was kann das für Suchzugriffe bedeuten? Empfinden Sie diese Problematik als realistisch?

3. (Fortsetzung von Aufgabe 2) Konsequenterweise will man, dass die Bedingungen aus Aufgabe 1 bei jedem Einfüge- oder Veränderungszugriff auf diese Tabelle zentral überprüft werden. Welcher der drei in diesem Kapitel besprochen Akteure – DBMS, Datei-Manager oder Festspeicher-Manager – kommt nur für diese Aufgabe in Frage?

4. Können Sie sich Gründe dafür vorstellen, dass viele Datenbankmanagementsysteme, die auf dem Markt sind und dort auch gut platziert sind, keineswegs genügend Möglichkeiten zur Verfügung stellen, Bedingungen an Eingabe- oder Veränderungsdaten zu überprüfen?

5. Finden Sie heraus, wie groß bei dem Computer/Betriebssystem, mit dem Sie arbeiten, eine Seite ist. Nehmen Sie an, *Name*, *Vorname*, *Strasse*, *Ort* und *Land* könnten maximal 30 Zeichen lang sein, *Telefon* maximal 15 Zeichen, *Plz* maximal 10 Zeichen und *Nr* maximal 5 Zeichen. Wie viele Sätze gehen dann auf eine Seite und werden bei einem Lesezugriff gleichzeitig in den Arbeitsspeicher gelesen? Ab welcher Größe der Tabelle muss man sich überhaupt erst über die Geschwindigkeit der Verarbeitung Gedanken machen?

6. Analysieren Sie Ihren Umgang mit Ihrem Adressbuch oder Ihrer Adressbuchdatei. Welche Art des Clustering wäre am günstigsten für Sie?

4 Die drei Gesichter einer Datenbank

Anwender, Theoretiker und EDV-Spezialist machen ein erstes Treffen

Es wird Zeit, eine erste Gesamtsicht eines Datenbanksystems zu versuchen. Dazu beschließen unsere drei Spezialisten erst einmal eine Klärung von Begriffen und zwei notwendige Definitionen:

4.1 Zwei Definitionen

1. Eine **Datenbank** ist eine Kollektion von Daten, die in einer **Datenbasis** gespeichert sind. Eine Datenbank verfügt außerdem noch über ein **Datenbankmanagementsystem**, das sämtliche Benutzeranfragen an die Datenbasis bearbeitet. Welche Daten zu einer Datenbank gehören, ist benutzerdefiniert und richtet sich nach dem (inhaltlich möglichst geschlossenem) Ausschnitt aus der realen Welt, der in der betreffenden Datenbank beschrieben werden soll.

2. Ein **Datenbanksystem** ist eine Applikation mit einem einheitlichen Datenbankmanagementsystem, die es dem Benutzer erlaubt, die verschiedensten Datenbanken zu implementieren, deren Datenbasen alle mit dem systemeigenen DBMS verwaltet werden.

4.2 Drei Ebenen

Offensichtlich unterscheiden wir bei der Betrachtung einer Datenbank drei Ebenen, auf denen die Erscheinungsform der Datenbank jeweils völlig unterschiedlich ist - wo sie also jeweils ein spezifisches "Gesicht" hat. Es sind dies:

- die **interne Ebene**. Sie betrifft die Fragen, die mit der physikalischen Speicherung der Daten zusammenhängen.

- die **externe Ebene**. Sie betrifft die verschiedenen Sichten, die die Endbenutzer auf die Daten haben.

- die **konzeptionelle Ebene**, in der die Verbindung zwischen der internen Ebene und der externen Ebene organisiert und verwaltet wird.

Diese Architektur wurde bereits in den 70er Jahren von der sogenannten **ANSI/SPARC** Study Group On Data Base Management Systems vorgeschlagen.[1]

Was bedeutet dies für ein relationales Datenbanksystem?

- Die interne Ebene ist nicht relational. Die physikalischen Speicherstrukturen in einer relationalen Datenbank sind dieselben, die man auch auf der internen Ebene irgendeiner anderen Datenbank findet. Dazu gehören – wie schon erwähnt – beispielsweise Zeiger-, Index- und Hash-Strukturen.

- Die externen Sichtweisen auf eine relationale Datenbank können tabellenorientiert - also relational - sein, sie müssen es aber nicht. Letzteres kann z.B. dann der Fall sein, wenn auf eine relationale Datenbank aus einer Programmiersprache wie COBOL oder C++ oder Java zugegriffen wird, wo man nicht tabellenorientiert sondern lieber satzorientiert arbeitet. Die "zusätzlichen Aufbauten" auf ein relationales Datenbanksystem können also die Tabellenorientierung wieder aufheben.

- Die konzeptionelle Ebene dagegen, die Schnittstelle, die das Datenbank-Management-System den verschiedenen Benutzern und Benutzerklassen zur Verfügung stellt, ist strikt relational, d.h. hier basiert alles auf dem Begriff der Relationen und der zu ihnen gehörenden Tabellen.

4.3 Die externe Ebene

Die externe Ebene ist die Ebene des individuellen Benutzers. Wie wir gesehen haben, kommen als individuelle Benutzer sowohl Anwendungsprogrammierer als auch Endbenutzer in Frage. Jeder dieser Benutzer kommuniziert mit dem System in seiner speziellen Sprache:

- der Anwendungsprogrammierer in einer Programmiersprache wie Java, C++ oder Cobol oder einer Skriptsprache oder ähnlichem.

- der Endbenutzer in einer – meist durch mehr oder weniger komfortable Werkzeuge, die in das DBMS des jeweiligen Herstellers integriert sind, unterstützten – Abfragesprache, die ihm den Zugriff auf die Daten in einer für ihn möglichst suggestiven Weise ermöglicht.

---

[1] **A**merican **N**ational **S**tandards **I**nstitute = ANSI, **S**tandards **P**lanning and **R**equirements **C**ommittee = SPARC

Zu jeder solchen Sprache gehört als ein Teil eine Datensprache, die alle Vorgänge behandelt, die direkt mit den Daten und den zugehörigen Operationen wir Ändern, Einfügen, Löschen usw. zusammenhängen. Wir nennen solch eine Datensprache eingebettet (engl. embedded) in die entsprechende Hostsprache, die alle um die Datenbankzugriffe herumliegenden Aktionen steuert. Merken Sie sich bitte als ein Beispiel für eine solche Datensprache die Sprache **SQL** (Structured **Q**uery Language), die sowohl für sich alleine als auch eingebettet in andere Sprachen wie C, C++, COBOL oder PASCAL benutzt werden kann.

Jede Datensprache besteht aus zwei Teilen:

- Einer **Daten-Definitions-Sprache** (abgekürzt **DDL** von englisch: **Data Definition Language**), mit deren Hilfe man die entsprechenden Datenbankobjekte zur Verwaltung und Strukturierung der Datenbasis definiert und deklariert. Dazu gehören beispielsweise die Tabellen
- Und einer **Daten-Manipulations-Sprache** (abgekürzt **DML** von englisch: **Data Manipulation Language**), mit deren Hilfe auf die eigentlichen Daten der Datenbasis zugegriffen werden kann.

Machen Sie sich bitte klar, dass jeder Benutzer seine eigene, durch seine Sprache definierte Sicht auf eine Datenbank hat. Die externe Ebene besteht also aus vielen externen individuellen Benutzersichten.

4.4 Die konzeptionelle Ebene

Die konzeptionelle Ebene einer Datenbank ist eine Vereinheitlichung: Sie ist das grundlegende Regel- und Strukturwerk der Datenbank und der darin enthaltenen Tabellen, mit dem sich alle einzelnen externen Sichten und Ebenen verständigen müssen. Sie merken: Es gibt eine (einzige) konzeptionelle Ebene gegenüber den vielen externen Sichten. In diesem Sinne ist die konzeptionelle Ebene eine Abstraktion aller (möglichen) externen Ebenen. Alles, was wir später als Bestandteile des relationalen Modells diskutieren werden, wird benötigt, um diese konzeptionelle Ebene aufzubauen und zu gestalten.

Man sagt, ein Datenbanksystem garantiert **logische Datenunabhängigkeit**, wenn Benutzer und Benutzerprogramme von Änderungen auf der konzeptionellen Ebene nichts merken und nicht betroffen sind.

4.5 Die interne Ebene

Die interne Ebene betrifft all die Fragen der Datenspeicherung, die "unterhalb" der konzeptionellen Ebene liegen. Was Sie hier interessiert, ist die sichere, wiederauffindbare, besser noch: möglichst schnell wiederauffindbare, persistente Speicherung der einzelnen Datensätze. Dabei behandeln Sie den Speicher wie einen unendlich langen, linearen Raum von Speicheradressen. Sie sind also auch hier noch ein bisschen entfernt von der jeweiligen "wirklichen" physikalischen Speicherung.

Analog der obigen Bemerkung sagt man, ein Datenbanksystem garantiert **physikalische Datenunabhängigkeit**, wenn Benutzer und Benutzerprogramme von Änderungen auf der internen Ebene nichts merken und nicht betroffen sind.

Beide Arten der Datenunabhängigkeit sind sehr wichtig und werden natürlich von den Anwendern erwartet und gefordert. Auch Sie selber als Entwickler haben ein Interesse daran, auf dieser Basis zu arbeiten, da Sie ansonsten bei jeder Änderung „unzählige" Applikationen und Benutzer, die mit Ihrer Datenbank arbeiten, anpassen bzw. wieder neu schulen müssten.

4.6 Noch einmal: Der Datenbankadministrator

Jetzt können wir die Aufgaben des Datenbankadministrators ein bisschen genauer beschreiben. Zu ihnen gehören:

- die **Gestaltung der konzeptionellen Ebene**. Man nennt eine einmal gestaltete konzeptionelle Ebene auch das **konzeptionelle Schema**. Eine andere Bezeichnung für diese Aufgabe, auf die Sie auch oft stoßen werden, ist das **logische Datenbankdesign**.
- Die **Gestaltung der internen Ebene** oder der Aufbau des **internen Schemas**. Hier ist die entsprechende Bezeichnung das **physikalische Datenbankdesign**.
- Die **Unterstützung der Benutzer** bei der Anlage der Datenbanken und Tabellen, die sie für ihre Zwecke benötigen. Oft wird diese Arbeit insgesamt von dem Datenbankadministrator übernommen.
- Die **Definition von Regeln**, die die **Integrität des Datenbestandes** sichern. Was dazu gehört und wie dieser Begriff genau zu verstehen ist, wird im Folgenden in den Kapiteln 5 und 8 noch erläutert.
- Die Festlegung und Durchführung von regelmäßigen **Sicherungsprozeduren** zur Sicherung des gesamten Datenbestandes (oft auf einem anderen Speichermedium).
- Regelmäßige **Reorganisation** des Datenbestandes, um zu verhindern, dass eine zu große physikalische Aufspaltung des Datenbestandes auf dem Speichermedium zu Performanceproblemen führt.

Wie Sie sich denken können, ist auch diese Liste von Aufgaben nicht vollständig, aber sie sollte Ihnen schon einen besseren Eindruck von den Aufgaben eines DBAs geben.

4.7 Das Datenbankmanagementsystem

Das DBMS ist das (Software-)System, über das die gesamte Kommunikation zwischen den drei Ebenen stattfindet. Das DBMS entscheidet maßgeblich über die Qualität eines bestimmten Datenbankproduktes, es definiert das Aussehen der Datenbank für alle Benutzer. Man sagt auch: Es ist charakteristisch für die Benutzerausprägung eines konkreten Datenbankprodukts. Das betrifft zum einen das Aussehen und die Funktionalität, die das jeweilige DBMS dem Benutzer zur Verfügung stellt. Und das betrifft die Qualität der Funktionalitäten, die über diese Benutzerschnittstellen aufgerufen oder aktiviert werden können. Lassen Sie uns das ein bisschen genauer untersuchen. Wie auch immer ein Anwender mit der Datenbank kommuniziert, es muss immer folgendermaßen aussehen:

- Der Anwender schickt eine Anfrage an die Datenbank, d.h. an das Datenbankmanagementsystem ab, Diese Anfrage erreicht das DBMS in einer Datensprache wie z.B. in SQL.

- Nun muss das DBMS alle drei Ebenen, die wir eben besprochen haben, in seine Verarbeitung einbeziehen.

  o Es muss wissen, wie die spezielle Schnittstelle der anfragenden externen Ebene zu interpretieren und zu bedienen ist

  o Es muss die richtige Arbeit auf der konzeptionellen Ebene durchführen.

  o Und es muss die richtigen Befehle an die interne Ebene abschicken und dort durchführen

Es müssen wenigstens die folgenden Bereiche unterstützt werden:

- Der Bereich der **Datendefinition**

  Darunter versteht man alle Benutzerbefehle, die mit der Definition von Objekten aus dem Bereich der Datenbank befasst sind. Dazu gehören: **Anlegen, Verändern und Löschen einer Tabelle** ebenso wie das **Anlegen, Verändern und Löschen von Attributen** einer Tabelle, die Definition von Beziehungen zwischen Tabellen und vieles andere mehr. Dieser Teil einer Datensprache, mit dem diese Befehle formuliert werden, heißt **Daten-Definitions-Sprache** bzw. auf englisch **Data Definition Language** und wird deshalb **DDL** abgekürzt. Das DBMS muss also für alle für das jeweilige Datenbankprodukt „zugelassenen" Datendefinitionssprachen die entsprechenden Interpreter- und Compiler-Komponenten haben.

- Der Bereich der **Datenmanipulation**

  Erschrecken Sie nicht: Unter Datenmanipulation versteht man hier natürlich nicht, dass Daten zur Vorspiegelung falscher Tatsachen betrügerisch manipuliert werden, sondern sämtliche Such-, Einfüge-, Veränderungs- und Löschbefehle für die Daten der Datenbasis. Dieser Teil einer Datensprache, mit dem diese Befehle formuliert werden, heißt **Daten-Manipulations-Sprache** bzw. auf englisch **Data Manipulation Language** und wird deshalb **DML** abgekürzt. Das DBMS muss also für alle für das jeweilige Datenbankprodukt „zugelassenen" Datenmanipulationssprachen die entsprechenden Interpreter- und Compiler-Komponenten haben.

- **Optimierung von Datenmanipulationsanweisungen.**

  Wie wir bereits besprochen haben, werden Datenmanipulationsbefehle ergebnisorientiert sein. Das heißt, sie werden das Resultat der gewünschten Veränderungs- oder Suchverarbeitung beschreiben. Es wird für das DBMS im Allgemeinen mehrere Möglichkeiten zur Durchführung dieses Befehls geben. Das DBMS muss in der Lage sein, sowohl Optimierungen in Bezug auf die Reihenfolge der abzuarbeitenden Befehle als auch in Bezug auf die physikalischen Speicherstrukturen der Datenbasis durchzuführen.

- **Datensicherheit und Datenintegrität**

  Benutzer könnten, wenn man sie ließe, schnell die Integrität eines Datenbestands zerstören. Betrachten Sie unser Beispiel aus dem letzten Kapitel, wo wir Personen und Orte folgendermaßen abgespeichert hatten:

Name	*Vorname*	*...*	*OrtId*	*...*
Feuchtwanger	Lion		117	
Mozart	Leopold		236	
Seghers	Anna		117	
Einstein	Albert		17	
Sharif	Omar		4711	
Poincaré	Jules Henri		12	
Parker	Charlie		4711	
Kästner	Erich		117	
Coltrane	John		236	
Allen	Woody		117	
Hofstadter	Douglas		23	
Connery	Sean		4711	
....	....		......	

OrtId	*Ort*
117	Frankfurt am Main
236	Freiburg im Breisgau
17	Wiesbaden
4711	Köln
12	Paris
23	New York
......	....

Wenn jetzt der Benutzer den Satz (*23, New York*) aus der Ortstabelle löscht, hat *Douglas Hofstadter* ein Problem: Die Datenbank kann nicht mehr die Information über seinen Wohnort liefern. Dieser Beschreibung des Problems auf Anwenderebene korrespondiert ein konzeptionelles Problem: Der Verweis „*23*" in der Personentabelle zeigt auf keinen gültigen Datensatz, was in der konzeptionellen Verarbeitung zu Fehlern und Abbrüchen führen kann. Man nennt das allgemein: Die Integrität der Datenbank ist verletzt. Dabei – und auch das werden wir im 8. Kapitel ausführlich besprechen – handelt es sich hier um die **referentielle Integrität**. Es ist die Aufgabe des DBMS, diese Verletzungen zu verhindern.

- Die **Wiederherstellung von Daten** und die **Kontrolle von konkurrierenden Zugriffen**

  Lassen Sie uns bei dem obigen Beispiel bleiben. Nehmen wir an,

  1. der Benutzer will den Ort *Frankfurt* aus der Ortstabelle und korrespondierend dazu alle Personen aus Frankfurt aus der Personentabelle löschen

  2. dieser Löschprozess findet so statt, dass zuerst der Satz aus der Ortstabelle und dann die Sätze aus der Personentabelle gelöscht werden

  3. der Löschvorgang erfolgt korrekt für den Satz der Ortstabelle und zwei Personen aus der Personentabelle. Als die weiteren Frankfurter Personen aus der Personentabelle gelöscht werden sollen, kommt es aus – aus völlig anderen Gründen – zu einem Systemabsturz, die Verarbeitung bricht ab. Die Daten sind **inkonsistent**, d.h. es gibt Verweise in einer Tabelle auf Sätze in einer anderen Tabelle, die gar nicht mehr existieren.

Um solche Vorfälle in den Griff zu bekommen, hat man den Begriff „**Transaktion**" definiert. Eine Transaktion ist eine in sich abgeschlossene Aktivität innerhalb eines Computersystems und im Zusammenhang mit Datenbanken definiert man Transaktionen immer so, dass das Datenbanksystem vor und nach einer Transaktion **konsistent** ist. In anderen Worten: Vor und nach einer Transaktion gibt es zwischen Tabellen nur gültige Verweise. Wenn also im oben beschriebenen Falle die Daten beim Neustart des Rechners wieder bereitgestellt werden, möchte man erreichen, dass das DBMS in der Lage ist, nicht etwa den inkonsistenten Datenbestand, der beim Abbruch bestand, wiederherzustellen sondern den letzten konsistenten Zustand. Das bedeutet: den Zustand der zu Beginn der letzten noch nicht beendeten Transaktion vorlag.

In Wirklichkeit ist diese Fähigkeit nicht eine Eigenschaft des eigentlichen DBMS sondern des sogenannten **Transaktions-Managers**, der mit dem DBMS eng verbunden ist. Wir werden das später noch an anderer Stelle untersuchen. (Vgl. Kapitel 13)

- **Das Datenbankverzeichnis** (englisch **Data Dictionary**)

  Zu einer Datenbank gehören nicht nur die eigentlichen Daten, wie in unserem Beispiel die Namen, Vornamen und Adressen von Personen. Das DBMS und oft auch der Benutzer brauchen sehr viel mehr Informationen und mehr Angaben. Dazu gehören Namen und Eigenschaften der Tabellen einer Datenbank genauso wie Namen und Eigenschaften der Attribute der einzelnen Tabellen. Dazu gehören weiterhin einschränkende Bedingungen bei der Wertezuweisung zu Attributen genauso wie einschränkende Bedingungen für die Einfüge-, Änderungs- und Löschoperationen ganzer Datensätze. Im englischen nennt man solche einschränkenden Bedingungen übrigens „**constraints**" und Sie werden diesen Ausdruck auch im Deutschen oft hören. All diese Informationen sind Daten über die eigentlichen Daten – man nennt sie deshalb **Metadaten** und ein gutes DBMS schreibt sie in eine eigene Datenbank und ermöglicht dem Benutzer schnellen und komfortablen Zugriff auf sie.

4.8 Zusammenfassung

Bei diesem ersten Versuch einer Gesamtbeschreibung eines relationalen Datenbankmanagementsystems haben wir folgende Punkte erarbeitet:

- Zuerst wurden die Begriffe Datenbank und Datenbanksystem definiert. (Abschnitt 4.1)

- Dann haben wir die ANSI/SPARC-Architektur der drei Ebenen eines Datenbanksystems vorgestellt. (Abschnitt 4.2)

- Wir haben die drei Ebenen (externe, konzeptionelle und interne Ebene) kurz beschrieben. (Abschnitt 4.3, 4.4 und 4.5)

- Wir haben noch einmal genauer die Aufgaben des Datenbankadministrators betrachtet. (Abschnitt 4.6)

- Wir haben die verschiedenen Aspekte eines Datenbankmanagementsystems diskutiert: Datendefinition, Datenmanipulation, Optimierung, Datensicherheit und Datenintegrität, Datenwiederherstellung und die Kontrolle von konkurrierenden Zugriffen und schließlich das Datenbankverzeichnis. (Abschnitt 4.7)

Übungsaufgaben

1. Machen Sie einen Entwurf für die Oberfläche einer Applikation, mit der Sie Ihr Adressbuch verwalten wollen. Wenn Sie können, entwerfen und realisieren Sie sogar einen Prototypen in einer Ihnen genehmen Entwicklungsumgebung wie z.B. .NET. Was für Funktionen brauchen Sie? Welche Zugänge zu den Daten (Einzelansichten, Listen usw.) sehen Sie vor? Definieren Sie Ereignisse wie das Betätigen eines Buttons mit dem Titel „*Löschen*" und den vollständigen Ablauf Ihrer Applikation nach solch einem Ereignis.

2. Was Sie in Aufgabe 1 entworfen haben, ist **Ihre** Gestaltung einer externen Ebene für die Tabelle Adressbuch. Fragen Sie einen Freund oder eine Freundin, wie er oder sie solch eine externe Ebene gestalten würde. Sicherlich anders als Sie es getan haben. Grundsätzlich gibt es für eine Datenbank im Allgemeinen sehr viele Applikationen, die mit dieser Datenbank arbeiten. Sie alle definieren jeweils eine eigenständige externe Ebene, die alle mit derselben konzeptionellen Ebene, mit demselben DBMS kommunizieren.

3. Überlegen Sie, ob es nicht Benutzer Ihrer Adressbuch-Applikation geben muss, die weniger (oder mehr) können dürfen als andere. Sollen andere Benutzer, die mit Ihrer Tabelle arbeiten, auch Sätze anlegen, verändern oder löschen können? Wie kann man ein solches benutzerspezifisches Berechtigungskonzept realisieren?

4. Finden Sie andere Beispiele für Applikationen, wo es verschiedene Berechtigungsstufen für Benutzer einer Datenbank gibt. Wie ist das bei Anbietern von Produkten im Internet, wo das Artikelsortiment in Datenbanken gespeichert ist?

5. Machen Sie sich auch hier wieder klar, wie wichtig es ist, Fragen, welche die Korrektheit Ihrer Daten betreffen, durch das **eine** DBMS der konzeptionellen Ebene behandeln zu können und sie nicht jeder externen Ebene zur individuellen Verarbeitung zu überlassen. Stellen Sie sich vor, dass DBMS könnte nicht überprüfen, ob die Eingabe beim Attribut *Name* leer ist. Welche Funktionen Ihres Entwurfs aus Aufgabe 1 wären davon betroffen?

6. Angenommen, Sie richten an unsere Adressbuchtabelle die Anfrage:

   - Zeige alle Personen, deren Nachname mit Z anfängt und die in Deutschland wohnen

Geben Sie drei verschiedene Möglichkeiten an, wie man diese Abfrage Schritt für Schritt in einer Programmiersprache wie COBOL, JAVA oder C++ programmieren könnte.

Welches wäre das optimale Vorgehen? Ist das stets ein und dasselbe Verfahren oder hängt es vom Datenbestand ab, welches Vorgehen schneller ist?

Wie könnte man einen Optimizer für diese Abfrage konzipieren?

7. Betrachten Sie noch einmal das Beispiel zur Wiederherstellung von Daten. Wir hatten da den Fall konstruiert, dass ein Benutzer den Ort *Frankfurt* aus der Ortstabelle und korrespondierend dazu alle Personen aus Frankfurt aus der Personentabelle löschen will.

- Dieser Löschprozess wurde so organisiert, dass zuerst der Satz aus der Ortstabelle und dann die Sätze aus der Personentabelle gelöscht wurden.

Ein Systemabsturz während dieser Verarbeitung konnte dann den Datenbestand inkonsistent machen.

Gibt es eine andere Organisation dieses Löschvorgangs, bei der ohne den Einsatz eines Transaktions-Managers bei allen möglichen Abbrüchen dieser Verarbeitung die Konsistenz des Datenbestands nie gefährdet ist?

8. Nehmen Sie an, ein Warenhaus hat eine Tabelle ARTIKEL für sein Artikelsortiment, in der für jeden Artikel die **Bestandsmenge** geführt wird. Außerdem gibt es eine Tabelle BESTELLUNGEN, in der jede Bestellung eines Artikels mit der zugehörigen **Bestellmenge** gespeichert ist. Betrachten Sie nun eine Verarbeitung „BESTELLUNG WIRD AUSGEFÜHRT", bei der sowohl der Satz in der Tabelle BESTELLUNGEN als „*verarbeitet*" gekennzeichnet wird als auch die **Bestandsmenge** in der Tabelle ARTIKEL um die **Bestellmenge** verringert wird.

Gibt es eine Organisation dieser Verarbeitung, bei der ohne den Einsatz eines Transaktions-Managers bei allen möglichen Abbrüchen dieser Verarbeitung die Konsistenz des Datenbestands nie gefährdet ist?

9. Geben Sie noch einmal in eigenen Worten eine Zusammenfassung über die hier aufgeführten Verantwortlichkeiten eines DBMS.

Zweiter Teil:

Unsere Beispieldatenbank

5 Der Aufbau einer Beispieldatenbank [1]

Wir wollen jetzt eine Beispieldatenbank aufbauen und erlauben unserem Theoretiker, der schon ungeduldig mit den Füßen wippt, ein paar der besprochenen Punkte zusammenzufassen und einige für uns neuen Aspekte zu erwähnen. Wir werden diesen Erläuterungen unseres Theoretikers dann die vom EDV-Spezialisten geschaffenen real existierenden Werkzeuge gegenüberstellen und sie bewerten können. Solche Gegenüberstellungen werden wir immer wieder – das ganze Buch hindurch – vornehmen.

Viele von Ihnen werden fragen: Warum gehen wir diesen – scheinbar – umständlichen Weg? Warum „begnügen" wir uns nicht mit den real vorhandenen Werkzeugen, Oberflächen, Sprachen? Diese Frage (und eine gute Antwort darauf) sind außerordentlich wichtig und die damit verbundene Grundeinstellung ist erstens charakteristisch für dieses Buch und zweitens der Schlüssel für die gesamte praktische Weiterentwicklung auf dem Gebiet der Datenbanken.

Unsere Antwort auf diese Frage lautet:

- Nur wenn wir unsere Entwurfsentscheidungen – gleichgültig, ob das den Entwurf einer konkreten Tabelle, einer Tabellenbeziehung oder aber auch den Entwurf eines Datenbankmanagementsystems oder einer Datensprache betrifft – nach einem insgesamt stimmigen, geschlossenen theoretischem Modell vornehmen, nur dann haben wir die Garantie, dass unsere Entwürfe auch neue, bisher noch nicht aufgetretene oder vorhergesehene Fälle und Situationen erfolgreich beherrschen können.

Nebenbei gesagt: Wir werden leider mehrere Beispiele erleben, wo die gegenwärtigen, gängigen relationalen Werkzeuge, die in der Praxis im Einsatz sind, nicht mit der relationalen Theorie im Einklang stehen. Und ich werde versuchen, Ihnen zu zeigen, dass alle diese Fälle in der Praxis zu Problemen führen, die viel Geld kosten.

Das ist der wichtigste Grund dafür, dass Sie in diesem Buch nicht auf ein konkretes Produkt auf dem Markt der relationalen Datenbanksysteme hin ausgebildet werden. Ich möchte mit Ihnen vielmehr alle praktischen Fragen auf der Grundlage der für alle Systeme einheitlichen relationalen Theorie erörtern. Ich möchte Ihnen damit auch wichtige Entscheidungskriterien für die Qualität eines relationalen Systems mit auf den Weg geben.

Die ausführliche Diskussion des relationalen Modells erfolgt im dritten Teil dieses Buches, das mit dem nächsten Kapitel beginnt. Aber bereits jetzt können wir – und müssen wir zur Erläuterung der folgenden Beispieldatenbank – einige Punkte festhalten.

---

[1] Wichtig: Beachten Sie bitte den **Hinweis** zu Beginn dieses Buches

5.1 Das relationale Modell – eine erste vorläufige Charakterisierung

Das **relationale Modell** ist durch die folgenden drei Punkte charakterisiert:

1. Die Daten können nur in Form von Tabellen betrachtet und verändert werden. Das wird oft der **strukturelle Aspekt** genannt.

2. Alle Operatoren, die dem Benutzer zur Manipulation von Daten zur Verfügung stehen, operieren grundsätzlich nur auf Tabellen und ergeben auch wieder neue Tabellen. Ein relationales System enthält mindestens die Operatoren RESTRICT, PROJECT und JOIN. Wir werden im Anschluss an die Vorstellung unserer Beispieldatenbank diese Operatoren erläutern und einige Beispiele geben. Diese Operatoren werden dann im dritten – theoretischen – Teil dieses Buches genau diskutiert. Man nennt diesen zweiten Punkt den **manipulativen Aspekt** des relationalen Modells.

3. Tabellen müssen gewissen **Integritätsbedingungen** genügen. Dieser dritte Punkt wird bei der Vorstellung unserer Beispieldatenbank erläutert und im dritten – theoretischen – Teil dieses Buches genau diskutiert.

Diese hier skizzierte Grundlage von relationalen Modellen für Datenbank-Systeme geht zurück auf **E.F. Codd**, der diese Ideen im Wesentlichen in den Jahren 1969 und 1970 entwickelt hat. Codd arbeitete zu dieser Zeit als Forscher bei IBM.

Wir wollen nun Tabellen definieren und anlegen und müssen uns überlegen, was man alles für eine Tabelle braucht. Wir beginnen mit den Primärschlüsseln – schon deshalb, weil sie so heißen.

5.2 Primärschlüssel

Man braucht für eine Tabelle einen Primärschlüssel. Was ist ein Primärschlüssel? **Der Primärschlüssel ist zunächst ein Attribut, das oder eine Kombination von Attributen einer Tabelle, die für jeden Satz dieser Tabelle eindeutig ist**. Diese Eindeutigkeit muss gewährleistet sein, ganz gleichgültig wie viele Sätze in diese Tabelle noch aufgenommen werden. Es muss also eine „prinzipielle" Eindeutigkeit vorliegen. Im Falle einer Attributkombination muss diese Eigenschaft der Eindeutigkeit für diese Kombination verloren gehen, sobald ein Attribut aus dieser die Kombination bildenden Menge von Attributen entfernt wird. Man sagt auch: In Bezug auf die Eigenschaft, eindeutig zu sein, muss die Attributkombination **minimal** sein.

Wie viele von Ihnen ganz richtig sagen werden, ist das keine Definition eines Primärschlüssels, denn für viele Tabellen wird es nicht nur einen sondern mehrere Kandidaten für solch einen Primärschlüssel geben. Man nennt solche Attribute bzw. Attributkombinationen übrigens **Schlüsselkandidaten**. Unter diesen verschiedenen Möglichkeiten sucht sich der Tabellenarchitekt, der Designer, einen „Lieblings" - Kandidaten heraus, den er dann – und zwar gegenüber dem Datenbankmanagementsystem – zum Primärschlüssel erklärt.

Was sind die Kriterien für einen Schlüsselkandidaten, die ihn zu einem guten Primärschlüssel machen?

- **Ein Primärschlüssel sollte grundsätzlich keinerlei Information enthalten, die für den Anwender von Bedeutung ist.** Seien Sie als Entwickler – im beiderseitigen Interesse – skeptisch und übervorsichtig gegenüber allen Informationen des Benutzers. Betrachten Sie den Fall einer Artikeltabelle, in der die verschiedenen Verkaufsartikel eines Versandhauses verwaltet werden sollen. Der Anwender versichert Ihnen „hoch und heilig", dass die Artikelnummer eindeutig sei und Sie kommen in Versuchung, das Attribut Artikelnummer als Primärschlüssel zu definieren. Machen Sie das nicht! Es sind aus Anwenderlogik die verschiedensten Szenarien denkbar, die auf einmal doch zu ein und derselben Artikelnummer für zwei unterschiedliche Artikel führen können, die Ihrer relationalen Datenbanklogik widersprechen. Dann hat der Satz „Aber Sie haben doch gesagt ..." gegenüber dem Anwender – so berechtigt er auch sein mag – nie eine problemlösende aber fast immer eine die Atmosphäre verschlechternde Wirkung.

  Die Konsequenz ist: **Man definiert sich zumeist für eine Tabelle ein zusätzliches Schlüsselfeld** – ich nenne es stets *Id* – in dem man einen **numerischen Primärschlüsselwert** verwaltet.

- Es gibt weitere Gründe, die gegen die Verwendung anwendungsrelevanter Daten in Primärschlüsseln sprechen: In relationalen Datenmodellen kommt ein- und derselbe Primärschlüssel eines Satzes oft in den unterschiedlichsten Tabellen vor. So wird z.B. der Primärschlüssel der Tabelle ARTIKEL auch in einer Tabelle BESTELLUNGEN vorkommen, in der die Bestellungen von Artikeln gespeichert sind. Aber benutzerrelevante Daten ändern sich während der Lebenszeit eines Datenobjektes. Jeder Update einer benutzerrelevanten Eigenschaft, die für den Primärschlüssel mit verwendet wird, hätte auch entsprechende Updates in allen anderen Tabellen zur Folge, in denen dieser Primärschlüssel vorkommt. Das gefährdet sowohl die Performance meiner Anwendungen als auch die Sicherung der Integrität der Daten. **Es ist deshalb ganz allgemein das Ziel, Primärschlüsselwerte zu einem konstanten Attribut eines Datensatzes zu machen, dessen Wert sich im**

„Laufe der Jahre" niemals ändert. Es gibt dafür noch einen weiteren Grund, der mit den Zugriffsoptimierungen auf die Festplatte zu tun hat. Wir werden das in einem der nächsten Kapitel (Kapitel 9) unter der Überschrift „Hashing" genauer diskutieren.

- **Schließlich sollte die Struktur eines Primärschlüssels möglichst einfach sein,** denn seine potentielle oder tatsächliche Verwendung als Referenz in anderen Tabellen transportiert auch diese komplexe Struktur in diese anderen Tabellen mit den entsprechenden Konsequenzen für die Performance von Änderungsverarbeitungen und die Komplexität von Sicherungsmaßnahmen für die Integrität des Datenbestandes.

Es wird Zeit für ein Beispiel, an dem man das alles ein bisschen klarer machen kann. Ich beginne jetzt deshalb mit der Präsentation einer kleinen Datenbank, auf die ich mich bei Beispielen und konkreten Erläuterungen immer wieder beziehen werde. Es ist die Datenbank des Versandhauses "Allerhand & Co". Bitte beachten Sie, dass wir zunächst sehr viel von den Tabellen ARTIKELGRUPPE und ARTIKEL reden werden, dass Sie aber die Tabelle ARTIKEL erst anlegen können, wenn Sie die Lieferantentabelle angelegt und gefüllt haben. Wir werden diese Datei im Abschnitt 5.10 als dritte Tabelle vorstellen.

5.3 Die Funktion von Primärschlüsseln in unseren Beispieltabellen

Das Artikelsortiment dieses Versandhauses ist in Gruppen aufgeteilt. Betrachten Sie einen Ausschnitt aus dem Artikelstamm in Abbildung 5.1.

Artikelnr	Artikel.Bezeichnung	Artikelgruppe.Bezeichnung	Bestandsmenge	Preis
A0060003	Der Name der Rose	Bücher	562	26,21 €
A0060002	Der Termin	Bücher	153	16,00 €
A0060001	Software Engineering	Bücher	640	13,90 €
A0060004	Theorien	Bücher	872	22,24 €
A0020002	Akku	Elektronik-Fachgerät	890	2,37 €
A0020006	Computer	Elektronik-Fachgerät	390	1.119,98 €
A0020004	Drucker	Elektronik-Fachgerät	8	879,99 €
A0020003	Drucker	Elektronik-Fachgerät	0	2.300,00 €
A0020001	DVD-Player	Elektronik-Fachgerät	12	175,35 €
A0020007	Playstation	Elektronik-Fachgerät	973	66,01 €
A0020005	Video-Recorder	Elektronik-Fachgerät	848	112,34 €
A0030001	Bilderrahmen	Haushaltswaren	767	177,85 €
A0030003	Fön	Haushaltswaren	0	55,00 €
A0030002	Fön	Haushaltswaren	887	45,00 €
A0030004	Papierkorb	Haushaltswaren	648	17,25 €
A0030005	Schreibtisch	Haushaltswaren	168	400,12 €

Bild 5-1 Artikel, geordnet nach ihren zugehörigen Artikelgruppen

Wir legen zunächst eine Tabelle für die Artikelgruppen an. Dabei werden jetzt Begriffe vorkommen, die wir noch nicht besprochen haben. Aber keine Sorge: Bis zum Ende dieses Kapitels haben wir alles erklärt. Darum haben Sie bitte noch ein paar Seiten Geduld.

Tabelle 5.1 Struktur der Tabelle ARTIKELGRUPPE

Feldname	Feldtyp	Primärschlüssel	NULL-Werte	Default	Referenz
Id	**integer**	Ja	Nein	Nein	
Bezeichnung	**varchar**(30)	Nein	Nein	Nein	

Diese Tabelle enthält die folgenden Sätze:

Tabelle 5.2 Inhalt der Tabelle ARTIKELGRUPPE

Id	*Bezeichnung*
1	Kleinteile
2	Elektronik-Fachgerät
3	Haushaltswaren
4	Musikalien
5	Lebensmittel
6	Bücher
7	Tabakwaren
8	Larifari
9	Kokolores
10	Autozubehör

Von den Artikeln wollen wir die Artikelnummer, die Bezeichnung, einen Verweis auf die zugehörige Artikelgruppe, einen Verweis auf den Lieferanten des Artikels (für den wir natürlich nachher noch eine Tabelle anlegen werden), die Bestandsmenge im Lager und den Verkaufspreis speichern. Betrachten Sie auf der folgenden Seite bitte Format und Inhalt der Tabelle ARTIKEL.

Tabelle 5.3 Struktur der Tabelle ARTIKEL

Feldname	Feldtyp	Primär-schlüssel	NULL-Werte	Default	Referenz
Id	**integer**	Ja	Nein	Nein	
Artikelnr	**varchar**(10)	Nein	Nein	Nein	
Bezeichnung	**varchar**(30)	Nein	Nein	Nein	
ArtikelgruppeId	**integer**	Nein	Nein	Nein	ARTIKELGRUPPE.*Id*
LieferantId	**integer**	Nein	Nein	Nein	LIEFERANT.*Id*
Bestandsmenge	**integer**	Nein	Nein	0	
Preis	**float**(2)	Nein	Nein	0	

Diese Tabelle enthält die folgenden Sätze:

Tabelle 5.4 Inhalt der Tabelle ARTIKEL

Id	Artikelnr	Bezeichnung	Artikel-gruppeId	Liefe-rantId	Bestands-menge	Preis
1	A0010002	Lampenschirme	1	6	669	10,13 €
2	A0090001	Hilfsmotoren	9	5	514	99,23 €
3	A0020005	Video-Recorder	2	15	848	112,34 €
4	A0040001	Steinway Flügel	4	6	7	52.000,00 €
5	A0090002	Topfpflanzen	9	19	356	20,65 €
6	A0020002	Akku	2	5	890	2,37 €
7	A0040003	Altsaxophon	4	19	98	4.000,00 €
8	A0030001	Bilderrahmen	3	22	767	177,85 €
9	A0020006	Computer	2	15	390	1.119,98 €
10	A0060001	Software Engineering	6	22	640	13,90 €
11	A0040002	Fake Book	4	6	920	42,00 €
12	A0010004	Schrauben	1	10	689	2,39 €
13	A0030004	Papierkorb	3	10	648	17,25 €
14	A0060003	Der Name der Rose	6	6	562	26,21 €
15	A0060002	Der Termin	6	22	153	16,00 €
16	A0020004	Drucker	2	14	8	879,99 €
17	A0050001	Joghurt	5	10	887	0,36 €
18	A0010003	Schuhe, groß	1	6	126	17,52 €

19	A0050004	Zigaretten	5	14	416	35,00 €
20	A0010001	Tangas	1	22	411	23,99 €
21	A0020007	Playstation	2	20	973	66,01 €
22	A0050003	Nägel	5	11	886	0,87 €
23	A0030002	Fön	3	5	887	45,00 €
24	A0050002	Banane	5	10	521	0,31 €
25	A0020001	DVD-Player	2	22	12	175,35 €
26	A0030005	Schreibtisch	3	10	168	400,12 €
27	A0010005	Rohlinge	1	17	0	11,99 €
28	A0060004	Theorien	6	10	872	22,24 €
29	A0020003	Drucker	2	11	0	2.300,00 €
30	A0030003	Fön	3	5	0	55,00 €

Zur Erläuterung: Beispielsweise gehören (in dieser Datenbank) *Lampenschirme* zur Artikelgruppe *Kleinteile* und *Hilfsmotoren* zur Artikelgruppe *Kokolores*. Diese Referenzinformation wird mit dem Primärschlüssel der Tabelle ARTIKELGRUPPE gegeben, der als ein sogenannter Fremdschlüssel auch noch in der Tabelle ARTIKEL steht.

Sie sehen: Falls dieser Primärschlüssel eine anwenderrelevante und damit im allgemeinen auch Update-anfällige Größe wäre, wären zur Verwaltung unserer ARTIKELGRUPPE – ARTIKEL – Beziehung im Falle von Änderungen viel mehr Tabellenzugriffe nötig. Unsere Verarbeitung wäre fehleranfälliger und weniger performand, die Integrität der Daten wäre gefährdeter.

5.4 Warum Primärschlüssel?

Sie müssen Ihre Primärschlüsselauswahl dem DBMS mitteilen. Und das DBMS ist es auch, das diese Primärschlüssel am dringensten benötigt. Die allermeisten Datenbankmanagementsysteme sichern die Beziehungsverwaltung zwischen Tabellen, so wie wir sie im Beispiel der Artikelgruppen und der Artikel kennen gelernt haben, über Primärschlüssel, die zu Fremdschlüsseln in den anderen Tabellen werden.

Außerdem braucht jeder Programmierer einer datenbankgestützten Anwendung ein möglichst einfaches Identifikations-Attribut für einen Datensatz, um Einfüge-, Veränderungs- und Löschverarbeitungen korrekt programmieren zu können. Primärschlüssel mit den Eigenschaften, die wir besprochen haben, eignen sich dafür vortrefflich.

Schließlich benötigt ein DBMS den Primärschlüssel, um die verschiedensten Verfahren zur Zugriffsoptimierung auf die Festplatte organisieren zu können. Wie schon mehrfach versprochen, werden wir darüber im neunten Kapitel genauer reden.

5.5 Attribute: Definition und Eigenschaften

Wenn man eine Tabelle definiert – egal, ob mit einer Datensprache wie SQL – oder in einer vom DBMS bereitgestellten benutzerfreundlichen Oberfläche, muss man für jedes Attribut der Tabelle natürlich einen Attributnamen und einen Datentyp bzw. Attributtyp angeben. Vergleichen Sie dazu noch einmal den Abschnitt 2.3 im zweiten Kapitel. Wie bei der Programmierung gibt es stets Standarddatentypen wie **integer**, **character** usw. und es gibt vielfach die Möglichkeit, eigene Datentypen zu definieren. Man kann auch stets noch zusätzliche Eigenschaften wie das Verbot gewisser Werte oder eine Beziehung zu Attributen in anderen Tabellen festlegen.

Erweiterung der Definitionsbeschreibungen für den Begriff Attribut:

> Zusätzlich zu den Begriffen **Attributwert** und **Attributname** (siehe Kapitel 2) definieren wir jetzt noch für Attribute einer Tabelle einer relationalen Datenbank den Begriff des **Attributtyps**. Der Attributtyp ist der Datentyp, der für die Variable vorgesehen ist, auf der die entsprechenden Attributwerte gespeichert werden sollen. In diesem Zusammenhang einer implementierten oder zu implementierenden Tabelle werden wir die Begriffe **Attribut** und **Feld** synonym gebrauchen.

Zur Vorbereitung unserer theoretischen Überlegungen bei der ausführlichen Diskussion des Relationenbegriffs bitte ich Sie, diesen Begriff des Datentyps – man spricht auch von **Wertebereich** (englisch **Domain**) – als die Festlegung einer Menge anzusehen, aus der dann Elemente ausgewählt werden können. Ich bitte Sie also beispielsweise um die folgenden Interpretationen oder Denkweisen:

	„Herkömmliche" Beschreibung	Interpretation
1	*Artikelnr* ist ein Attribut vom Datentyp **varchar**(10), NULL-Werte sind nicht erlaubt	Sei M_1 die Menge aller Zeichenketten, die mindestens aus einem Zeichen und höchstens aus 10 Zeichen bestehen. Dann müssen die Werte für das Feld *Artikelnr* aus dieser Menge M_1 sein.

2	*Preis* ist ein Attribut vom Datentyp **float**(2), NULL-Werte sind nicht erlaubt	Sei M_2 die Menge aller Zahlen mit 2 Nachkommastellen. Dann müssen die Werte für das Feld *Preis* aus dieser Menge M_2 sein.
3	*ArtikelgruppeId* ist ein Attribut vom Datentyp **integer**, NULL-Werte sind nicht erlaubt, es besteht eine Referenz zum Feld *Id* der Tabelle ARTIKELGRUPPE	Sei M_3 die Menge aller existierender Werte im Feld *Id* in der Tabelle ARTIKELGRUPPE. Dann müssen die Werte für das Feld *ArtikelgruppeId* aus dieser Menge M_3 sein.

Dass die Standarddatentypen nicht immer ausreichen, um unsere Wertebereichsmengen festzulegen, sehen Sie am zweiten Beispiel, wo man natürlich als Menge nur die Menge der positiven Zahlen (mit 2 Nachkommastellen) haben will. Wenn es nicht möglich ist, diese Einschränkung bei der Definition der Tabelle festzulegen, muss man sie bei jedem Update von Tabellensätzen selber, d.h. im Allgemeinen durch eine zusätzliche Programmierung sichern. Je unflexibler ein relationales DBMS bei der Festlegung der Wertebereiche ist, desto weiter ist es von einem guten relationalen Modell entfernt und desto größer ist der zusätzliche Aufwand, der für integre Daten getrieben werden muss. Und desto gefährdeter ist ein fehlerfreier Datenbestand.

5.6 Ein unerfreuliches Thema: NULL-Werte

Von NULL-Werten war jetzt öfter die Rede. Worum handelt es sich? Es gibt in allen kommerziellen Datenbankmanagementsystemen die Möglichkeit, zuzulassen, dass bei einem Datensatz einer Tabelle für ein Attribut überhaupt nichts eingetragen wird. Es wird also kein (Werte)-Element aus der Wertebereichsmenge ausgewählt. Diese Abweichung vom Relationalen Modell verschafft einem kurzfristig Erleichterung bei Entwurfsentscheidungen. Beispielsweise kann ich in einer Personentabelle ein Attribut *Telefon* vorsehen, in das, sollte eine Person kein Telefon haben oder die Nummer unbekannt sein, kein Eintrag gemacht wird. Diese Entscheidung ist nicht optimal, obwohl sie mir in der Entwurfsphase Arbeit und lästiges Nachdenken erspart. Aber für diesen einmaligen Vorteil muss ich ein (Tabellen)-Leben lang bezahlen:

- NULL-Werte verhalten sich in allen Datenmanipulations-Befehlen äußerst widerspenstig. Um NULL-Werte in irgendeinem Datenmanipulationsbefehl mit zu bearbeiten, muss man immer eine Extra-Klausel hinzufügen, die speziell die Nullwerte behandelt. Beispielsweise würden bei einer Abfrage der Art

„Zeige alle Personen, die nicht in Frankfurt wohnen"

nicht die Personen angezeigt, bei denen im Feld *Ort* kein Eintrag wäre. Man müsste formulieren:

„Zeige alle Personen, die nicht in Frankfurt wohnen oder bei denen der Ortseintrag
NULL ist"

Sie können sich vorstellen, dass solche Abfragen beliebig kompliziert werden können, je mehr Attribute zum Vergleich herangezogen werden. Und Sie können sich
wahrscheinlich auch vorstellen, dass die Anzahl der Gelegenheiten, wo man solche
Klauseln einfach vergisst, beliebig groß werden kann.

Zum anderen zeigen einem mögliche NULL-Werte in einer Tabelle oft, dass es
besser wäre, das entsprechende Attribut in eine neue Tabelle auszulagern, zu der
man dann auf eine geeignete Weise eine Beziehung definiert.

Würde man beispielsweise eine neue Tabelle für die Telefonnummern anlegen und
in eine dritte Beziehungstabelle immer die Tatsache eintragen, dass eine bestimmte
Person eine Telefonnummer hat, dann hätten wir auf einmal alle Telefonnummer-
probleme beseitigt:

Es könnte Personen ohne Telefon, es könnte Personen mit mehreren Telefonnummern und es könnte Telefonnummern geben, die von mehreren Personen genutzt
würden, ohne dass Datenredundanz aufträte. Das sind viele Vorteile auf einmal für
eine vernünftige Entwurfsentscheidung.

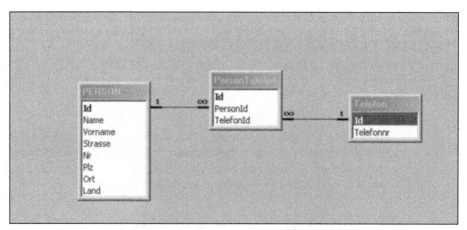

Bild 5-2 3 Tabellen PERSON, TELEFON und PERSONTELEFON und ihre Beziehungen

Betrachten Sie zur Verdeutlichung noch einmal die Bilder 5-2 bis 5-7. Bild 5-2 soll Ihnen einen Eindruck von dem Tabellenentwurf geben, den wir zur Lösung dieses Problems vorschlagen.

Bild 5-3 zeigt Ihnen einen Ausschnitt aus der Tabelle PERSON, den wir bearbeiten wollen:

Id	Vorname	Name	Ort	Strasse	Nr
16	Groucho	Marx	Augsburg	Funny Valentine	12
5	Albert	Einstein	Berlin	Raumstrasse	2
6	Charlie	Chaplin	Bonn	Luisenstrasse	5
9	Inspektor	Cluseau	Bonn	Luisenstrasse	5
8	Peter	Sellers	Bonn	Luisenstrasse	5
15	John Lee	Hooker	Chicago	Long Road	66
12	Arnold	Hau	Frankfurt	Hattersheimer Strasse	11
14	Tom	Waits	Köln	Sandweg	57

Bild 5-3 Ausschnitt aus der Tabelle PERSON

Zu diesen Personen gehören die folgenden Telefonnummern:

Id	Telefonnr
2	001/773/08550177
6	0228/16324711
7	0228/16324712
8	0228/16324713
4	0228/751416
3	030/31534286
5	030/31534287
1	0821/996230

Bild 5-4 Tabelle TELEFON

Und die Beziehung zwischen Personen und Telefonnummern wird dargestellt in der Tabelle PERSONTELEFON:

Id	PersonId	TelefonId
1	1	1
2	5	3
3	5	5
4	6	4
6	8	4
5	9	4
7	9	6
8	9	7
9	9	8
0	0	0

Bild 5-5 Tabelle PERSONTELEFON

Was diese Schlüsselverkettungen bedeuten, sehen Sie noch besser, wenn wir statt der Schlüssel die dazugehörigen Namen der Personen anzeigen. Der Inhalt der Tabelle PERSONTELEFON liest sich – geordnet nach Namen:

Vorname	Name	Telefonnr
Charlie	Chaplin	0228/751416
Inspektor	Cluseau	0228/16324711
Inspektor	Cluseau	0228/16324712
Inspektor	Cluseau	0228/16324713
Inspektor	Cluseau	0228/751416
Albert	Einstein	030/31534286
Albert	Einstein	030/31534287
Helge	Schneider	0821/996230
Peter	Sellers	0228/751416

Bild 5-6 Tabelle PERSONTELEFON mit den Personennamen, sortiert nach Namen

Hier sehen Sie: Arnold Hau und Tom Waits haben keine Telefonnummer (ohne, dass wir dafür irgendeinen NULL-Wert gebraucht hätten. Inspektor Cluseau (als wichtiger Mann bei Interpol) hat vier Telefonnummern, Albert Einstein immerhin auch noch zwei. Der Rest der betrachteten Personen hat genau eine Telefonnummer. Weitere Klarheit über die Beziehungen zwischen Personen und Telefonnummern erhalten Sie, wenn Sie die Sortierung ändern:

Telefonnr	Vorname	Name
0228/16324711	Inspektor	Cluseau
0228/16324712	Inspektor	Cluseau
0228/16324713	Inspektor	Cluseau
0228/751416	Charlie	Chaplin
0228/751416	Inspektor	Cluseau
0228/751416	Peter	Sellers
030/31534286	Albert	Einstein
030/31534287	Albert	Einstein
0821/996230	Helge	Schneider

Bild 5-7 Tabelle PERSONTELEFON mit den Personennamen, sortiert nach Telefonnummern

Jetzt wird klar: Charlie Chaplin, Inspektor Cluseau und Peter Sellers haben dieselbe Telefonnummer. Wir können diese Tatsache speichern, ohne dass ein- und dieselbe Nummer mehrmals in der Datenbank vorkommt, d.h. ohne Datenredundanz.

- Selbst, wenn man sich zur Umgehung von NULL-Werten nicht zur Aufspaltung der entsprechenden Attribute in mehrere Tabellen entschließt, kann man NULL-Werte leicht umgehen. (Sie merken: Mir ist es ein Rätsel, warum man solche Verletzungen der relationalen Theorie in der Praxis überhaupt zulässt.) Man speichert einfach in den Situationen, wo kein Wert für das entsprechende Attribut vorliegt, eine entsprechende Information. Das kann im Falle eines Text-Feldes ein Text wie etwa „Telefonnummer nicht vorhanden" oder einfach ein Space sein. Und das kann im Falle eines numerischen Wertes die Zahl 0 oder High-Value oder etwas ähnliches sein.

Zusammenfassend: Vermeiden Sie NULL-Werte. Sie machen Ärger und sie sind leicht und auf verschiedene Arten zu vermeiden.

5.7 SQL-Befehle zum Anlegen einer Tabelle

Wir haben jetzt schon öfter die Datensprache SQL erwähnt. Es wird in diesem Buch ein eigenes Kapitel, das Kapitel 10, über diese Sprache geben. Lassen Sie mich Ihnen jetzt aber schon die SQL-Befehle angeben, mit denen Sie die oben beschriebenen Tabellen ARTIKELGRUPPE und ARTIKEL anlegen können. Gleichzeitig legen wir bei der Anlage dieser beiden Tabellen auch schon die Beziehung zwischen ihnen fest. Im Einzelnen:

Der SQL-Befehl zur Anlage der Tabelle ARTIKELGRUPPE lautet:

CREATE TABLE ARTIKELGRUPPE
(
Id **integer** PRIMARY KEY NOT NULL,
Bezeichnung **varchar**(30) NOT NULL
)

Testen Sie bitte in dem jeweiligen DBMS, mit dem Sie arbeiten, dass Sie mit diesem SQL-Befehl genau dieselbe Tabellenstruktur für die Tabelle ARTIKELGRUPPE erhalten wie bei einem Anlegen dieser Tabelle in der jeweiligen Benutzeroberfläche. Das betrifft insbesondere die Festlegung des Primärschlüssels, das Verbot von NULL-Werten und die Festlegung von Default-Werten. Das betrifft aber genauso die Namen und Datentypen der Attribute. Noch interessanter wird das beim Anlegen der Tabelle ARTIKEL:

CREATE TABLE ARTIKEL
(
    Id **integer** NOT NULL,
    Artikelnr **varchar**(10) NOT NULL ,
    Bezeichnung **varchar**(30) NOT NULL,
    ArtikelgruppeId **integer** NOT NULL,
    LieferantId **integer** NOT NULL,
    Bestandsmenge **integer** NOT NULL DEFAULT 0,
    Preis **float**(2) NOT NULL DEFAULT 0,

    PRIMARY KEY(*Id*),
    FOREIGN KEY(*ArtikelgruppeId*) REFERENCES ARTIKELGRUPPE
    ON UPDATE RESTRICTED
    ON DELETE RESTRICTED,

    FOREIGN KEY(*LieferantId*) REFERENCES LIEFERANT
    ON UPDATE RESTRICTED
    ON DELETE RESTRICTED,

    CHECK (*Preis* >= 0)
)

Bitte beachten Sie, dass dieser Befehl für das Anlegen der Tabelle ARTIKEL erst ausgeführt werden kann, wenn die Tabelle LIEFERANT vorliegt.

5.8 Primärschlüssel, Fremdschlüssel und weitere Bedingungen an die Daten einer Datenbank

Das englische Wort für Fremdschlüssel ist „**foreign key**". Fremdschlüssel sind ein spezielles Beispiel für Bedingungen, die man an den Datenbestand einer Datenbank stellt. Über Fremdschlüssel werden wir gleich (und später noch einmal im achten Kapitel) ausführlich reden.

Beispiele für Bedingungen an die Daten einer Datenbank sind die Anforderungen:

- *Id* muss stets ein – für die jeweilige Tabelle – eindeutiger Wert sein.

- Jeder Attributwert in der Spalte *ArtikelgruppeId* der Tabelle ARTIKEL muss auch in der Spalte *Id* der Tabelle ARTIKELGRUPPE vorkommen.

- Der Attributwert für *Bezeichnung* darf sowohl in der Tabelle ARTIKELGRUPPE als auch in der Tabelle ARTIKEL nicht leer sein.

- Der *Preis* eines Artikels muss stets ≥ 0 sein.

Das englische Wort für diese Art Bedingungen an die Korrektheit des Datenbestands ist „**Constraints**" Sie werden diesen Begriff wahrscheinlich häufiger lesen oder hören als eine deutsche Übersetzung.

Wie wir schon besprochen haben sind die jeweiligen Felder mit Namen *Id* in ARTIKELGRUPPE und ARTIKEL immer der Primärschlüssel. Das Feld *ArtikelgruppeId* in der Tabelle ARTIKEL ist dagegen ein Fremdschlüssel. Die englischen Fachbegriffe hierfür sind: **PRIMARY KEY** und **FOREIGN KEY**. Sie bilden wichtige Elemente zur Definition und Sicherung der **Integrität** des Datenbestandes.

Die Integrität einer relationalen Datenbank ist allgemein folgendermaßen definiert:

Definition der Integrität einer relationalen Datenbank:

Die **Integrität** einer relationalen Datenbank wird durch die Erfüllung der folgenden drei Bedingungen definiert:

1. Jeder Satz einer Tabelle hat einen eindeutigen Primärschlüsselwert. Man nennt diese Bedingung auch **Entity-Integrität**.

2. Zu jedem Fremdschlüssel in einer Tabelle T1 gibt es einen identischen Schlüsselwert in einer anderen Tabelle T2, die dafür beim Anlegen von T1 festgelegt wurde. Man nennt diese Bedingung auch **referentielle Integrität**.

3. Alle weiteren Bedingungen, die beim Anlegen einer Tabelle festgelegt wurden, sind erfüllt. Mit anderen Worten: die restlichen **Constraints** sind erfüllt.

Für unser Beispiel der Tabellen ARTIKEL und ARTIKELGRUPPE bedeutet die Fremdschlüsselbedingung konkret:

- Zu jedem Wert in der Spalte *ArtikelgruppeId* in der Tabelle ARTIKEL muss es einen Satz mit genau diesem Wert als Primärschlüssel in der Spalte *Id* in der Tabelle ARTIKELGRUPPE geben.

Etwas Analoges gilt selbstverständlich für das Feld *LieferantId* in der Tabelle ARTIKEL, dass sich auf den Primärschlüssel der Tabelle LIEFERANT bezieht.

Die nächste Frage, die sich stellt, ist:

- Wie soll das DBMS reagieren, wenn versucht wird, einen Satz aus der Artikelgruppentabelle zu löschen oder seinen Primärschlüssel zu verändern?[2]

---

[2] Dies ist ein guter Moment, sich daran zu erinnern, dass wir Primärschlüssel stets möglichst wenig update-anfällig konzipieren wollen

Es gibt mehrere Möglichkeiten, die man bei Definition der Tabelle mit den Fremdschlüsseln festlegen kann:

1. ON DELETE (bzw. UPDATE) RESTRICTED:

   In diesem Falle wird jede Löschoperation oder Primärschlüssel-Update-Operation an einem Satz in der Tabelle ARTIKELGRUPPE verweigert, solange es Sätze in der Tabelle ARTIKEL gibt, die den Primärschlüsselwert dieses ARTIKELGRUPPEN-Satzes im Fremdschlüssel-Feld *Artikelgruppeld* haben.

2. ON DELETE (bzw. UPDATE) CASCADE:

   In diesem Falle wird jede Löschoperation oder Primärschlüssel-Update-Operation an einem Satz in der Tabelle ARTIKELGRUPPE an die Tabelle ARTIKEL weitergegeben. Das bedeutet: Alle Sätze in der Tabelle ARTIKEL, die den Primärschlüsselwert dieses ARTIKELGRUPPEN-Satzes im Fremdschlüssel-Feld *Artikelgruppeld* haben, werden gelöscht oder entsprechend verändert.

3. ON DELETE (bzw. UPDATE) SET NULL:

   In diesem Falle wird als Folge jeder Löschoperation oder Primärschlüssel-Update-Operation an einem Satz in der Tabelle ARTIKELGRUPPE in allen Sätzen der Tabelle ARTIKEL, die den Primärschlüsselwert dieses ARTIKELGRUPPEN-Satzes im Fremdschlüssel-Feld *Artikelgruppeld* haben, der Fremdschlüsselwert auf NULL gesetzt. Sie können sich denken, wie ich diese Option finde.

4. ON DELETE (bzw. UPDATE) SET DEFAULT:

   In diesem Falle wird als Folge jeder Löschoperation oder Primärschlüssel-Update-Operation an einem Satz in der Tabelle ARTIKELGRUPPE in allen Sätzen der Tabelle ARTIKEL, die den Primärschlüsselwert dieses ARTIKELGRUPPEN-Satzes im Fremdschlüssel-Feld *Artikelgruppeld* haben, der Fremdschlüsselwert auf einen Defaultwert gesetzt.

Nur die ersten beiden Möglichkeiten sind in Übereinstimmung mit der relationalen Theorie und mit einer strikten Einhaltung der referentiellen Integrität. Bitte überlegen Sie es sich genau, wenn Sie die CASCADE-Option festlegen: Sie kann durchaus eine gute und berechtigte Vorgehensweise implizieren, sie kann aber auch eine Möglichkeit sein, Ihre Datenbasis sehr schnell sehr klein werden zu lassen.

5.9 SQL-Befehle zum Einfügen von Datensätzen in eine Tabelle

Noch einmal: Dies ist nicht unser Kapitel über SQL. Ich gebe Ihnen mit diesen kleinen Beispielen nur einen ersten Eindruck von dieser Sprache und möchte Ihnen auch andererseits die

Möglichkeit geben, mit diesen Befehlen unsere Beispieldatenbank einzurichten, falls Sie nicht ein Datenbanksystem mit einer komfortablen Oberfläche haben.

Um den Satz (1,'Kleinteile') in die Tabelle ARTIKELGRUPPE einzufügen, müssen Sie in SQL schreiben:

- INSERT INTO ARTIKELGRUPPE VALUES (1,'Kleinteile')

Und um den Satz (1, 'A0010002', 'Lampenschirme', 1, 6, 669, 10.13) in die Tabelle ARTIKEL einzufügen, müssen Sie in SQL schreiben:

- INSERT INTO ARTIKEL VALUES
  (1, 'A0010002', 'Lampenschirme', 1, 6, 669, 10.13)

Alles weitere zu diesem Befehl werden wir im 10. Kapitel, dem SQL-Kapitel, besprechen.

5.10 Die vollständige Datenbank Allerhand

Die Tabelle PERSON

In der Tabelle PERSON werden sämtliche Personen, seien es Lieferanten oder Kunden, abgespeichert, die für das Versandhaus von Bedeutung sind:

Tabelle 5.5 Struktur der Tabelle PERSON

Feldname	Feldtyp	Primärschlüssel	NULL-Werte	Default	Referenz
Id	integer	Ja	Nein	Nein	
Name	varchar(30)	Nein	Nein	Nein	
Vorname	varchar(30)	Nein	Nein	Nein	
Strasse	varchar(30)	Nein	Nein	Nein	
Nr	varchar(5)	Nein	Nein	Nein	
Plz	varchar(10)	Nein	Nein	'unbekannt'	
Ort	varchar(30)	Nein	Nein	Nein	
Land	varchar(30)	Nein	Nein	'Deutschland'	

Diese Tabelle enthält die folgenden Sätze:

Tabelle 5.6 Inhalt der Tabelle PERSON

Id	Name	Vorname	Strasse	Nr	Plz	Ort	Land
1	Schneider	Helge	Tonikastrasse	32	70178	Regensburg	Deutschland
2	Engels	Karl	Rotlindstrasse	12	01848	Wuppertal	Deutschland
3	Mozart	Wolfgang	Tonikastrasse	32	70178	Regensburg	Deutschland
4	Picasso	Pablo	Highway	61	unbek.	New York	USA
5	Einstein	Albert	Raumstrasse	2	30871	Berlin	Deutschland
6	Chaplin	Charlie	Luisenstrasse	5	53024	Bonn	Deutschland
7	Lennon	John	Penny Lane	33	unbek.	New York	USA
8	Sellers	Peter	Luisenstrasse	5	53024	Bonn	Deutschland
9	Cluseau	Inspektor	Luisenstrasse	5	53024	Bonn	Deutschland
10	Gauss	Friedrich	Primallee	17	65223	Göttingen	Deutschland
11	Curie	Marie	Place Luxemburg	1	unbek.	Paris	Frankreich
12	Hau	Arnold	Bergerstrasse	11	60309	Frankfurt/Main	Deutschland
13	Fellini	Federico	Via Mala	10	unbek.	Rom	Italien
14	Waits	Tom	Sandweg	57	50145	Köln	Deutschland
15	Hooker	John Lee	Long Road	66	unbek.	Chicago	USA
16	Marx	Groucho	Funny Valentine	12	23154	Augsburg	Deutschland
17	Piaf	Edith	Rue Rivoli	2	unbek.	Paris	Frankreich
18	Dylan	Robert	Arndtstrasse	41	45634	Nürnberg	Deutschland
19	Sorbas	Alexis	Theodorakisallee	7	78967	Konstanz	Deutschland
20	Mouse	Mickey	Barksweg	46	12344	Entenhausen	Disneyland
21	Mehldau	Brad	Pianoweg	12	30123	Berlin	Deutschland
22	Ekberg	Anita	Via Dolorosa	66	27364	Rom	Italien
23	Mammut	Manfred	Gletscherspalte	7	00005	Spitzbergen	Grönland
24	Zetkin	Clara	Weg	25	32145	Berlin	Deutschland
25	Sharif	Omar	Schiwagoplatz	1	unbek.	Moskau	Russland
26	Gogh	Vincent v.	Rue Ardeche	2	unbek.	Orange	Frankreich
27	Goethe	Wolfgang	Am Platz	1	01804	Weimar	Deutschland
28	Schiller	Friedrich	Am Platz	1	01804	Weimar	Deutschland
29	Kant	Immanuel	Brückenstrasse	7	unbek.	Kaliningrad	Russland
30	Euler	Leonhard	Brückenstrasse	7	unbek.	Kaliningrad	Russland

Wir brauchen nun zwei „Spezifikationen" dieser Personentabelle. Genauer: Wenn wir diese Personen als Objekte einer Klasse, sagen wir der Klasse PERSON auffassen, dann möchte ich in meiner Datenbank zwei Klassen modellieren, die von dieser Klasse PERSON abgeleitet sind, nämlich die Klasse KUNDE und die Klasse LIEFERANT. Ein entsprechendes UML-Diagramm sähe folgendermaßen aus:

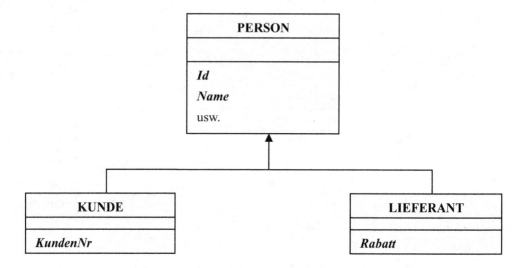

Bild 5-8 UML-Diagramm zur Vererbungshierarchie der Klassen PERSON, KUNDE und LIEFERANT

Wenn wir diese Beziehung (Ein Kunde „ist eine" PERSON, ein Lieferant „ist eine" PERSON) relational abbilden wollen, müssen wir die jeweiligen Primärschlüssel aufeinander beziehen. Die Art dieses Bezugs muss folgenden Anforderungen genügen:

- Es darf nicht möglich sein, eine Person zu löschen, solange es Kunden oder Lieferanten mit demselben Primärschlüssel gibt.

- Man kann aber andererseits zulassen, dass es Personen mit Primärschlüsseln gibt, die weder in der Tabelle KUNDE noch in der Tabelle LIEFERANT vorkommen. Mit anderen Worten: Ich will zulassen, dass es Personen gibt, die weder Lieferant noch Kunde sind. (Wer weiß, wozu man die noch einmal brauchen kann). Ich brauche also keine Lösch- und Updateoptionen von Kunde/Lieferant in Richtung PERSON festzulegen.

Wir erhalten die folgenden Tabellen:

Die Tabelle KUNDE

Tabelle 5.7 Struktur der Tabelle KUNDE

Feldname	Feldtyp	Primärschlüssel	NULL-Werte	Default	Referenz
Id	**integer**	Ja	Nein	Nein	PERSON.*Id*
Kundennr	**varchar**(15)	Nein	Nein	Nein	

Diese Tabelle enthält die folgenden Sätze:

Tabelle 5.8 Inhalt der Tabelle KUNDE

Id	*KundenNr*
2	123456A
3	345678F
4	912345I
7	456789D
8	234567B
12	678912F
13	789123G
15	567891E
16	891234H
18	165432C
20	123456J
23	232425Q
25	471126C
27	121213K

Die Tabelle LIEFERANT

Tabelle 5.9 Struktur der Tabelle LIEFERANT

Feldname	Feldtyp	Primärschlüssel	NULL-Werte	Default	Referenz
Id	**integer**	Ja	Nein	Nein	PERSON.*Id*
Rabatt	**integer**	Nein	Nein	0	

Rabatt ist ein Feld, in dem wir den Rabatt (in Prozent) festhalten, den der betreffende Lieferant gewährt. Diese Tabelle enthält die folgenden Sätze:

Tabelle 5.10 Inhalt der Tabelle LIEFERANT

Id	*Rabatt*
1	12
5	15
6	14
10	13
11	8
14	14
15	10
17	11
19	12
20	12
21	14
22	15
26	2
29	18

Die Tabelle ARTIKELGRUPPE

Diese Tabelle wurde bereits im Abschnitt 5.3 besprochen. (s.o.)

Die Tabelle ARTIKEL

Diese Tabelle wurde ebenfalls bereits im Abschnitt 5.3 besprochen. (s.o.)

Die Tabelle BESTELLUNGEN

Dies ist eine typische Beziehungstabelle. Hier werden gespeichert:

- Der Kunde (genauer: die *Id* des Kunden), der die Bestellung gemacht hat
- Der Artikel (genauer: die *Id* des Artikels), der bestellt wurde
- Die Menge der Artikel, die bestellt wurde
- Das Datum des Bestelleingangs
- Das Datum der Bestellabwicklung

Tabelle 5.11 Struktur der Tabelle BESTELLUNGEN

Feldname	Feldtyp	Primärschlüssel	NULL-Werte	Default	Referenz
Id	**integer**	Ja	Nein	Nein	
KundeId	**integer**	Nein	Nein	Nein	KUNDE.*Id*
ArtikelId	**integer**	Nein	Nein	Nein	ARTIKEL.*Id*
Menge	**integer**	Nein	Nein	0	
Bestelldatum	**Date**	Nein	Nein	Current Date	

Diese Tabelle enthält die folgenden Sätze:

Tabelle 5.12 Inhalt der Tabelle BESTELLUNGEN

Id	*KundeId*	*ArtikelId*	*Menge*	*Bestelldatum*
1	12	6	4	21.01.25
2	20	14	8	09.11.24
3	13	1	3	03.10.24
4	3	10	12	20.10.24
5	2	18	5	03.08.24
6	4	7	2	04.02.25
7	16	19	100	07.08.24
8	15	13	100	06.12.24
9	4	9	3	23.03.25
10	15	12	4	06.06.24
11	2	15	10	07.12.24
12	13	2	12	01.02.25
13	3	3	1	07.12.24
14	16	16	9	22.02.25
15	12	4	9	17.03.25
16	16	12	7	01.08.24
17	15	16	2	28.02.25
18	12	2	1	01.02.25
19	4	10	20	19.11.24
20	18	18	15	20.12.24
21	7	24	25	18.07.24

22	13	11	45	28.09.24
23	18	22	4	20.06.24
24	8	24	14	22.09.24
25	8	17	10	31.03.25
26	25	24	36	12.02.25
27	13	2	5	12.07.24
28	23	26	1	12.01.25
29	23	2	7	17.09.24
30	13	29	4	06.01.25

Wir brauchen nun wieder eine Spezifikation, diesmal eine „Spezifikation" der Tabelle der Bestellungen. In dieser neuen Tabelle speichern wir alle erledigten Bestellungen. Genauer: Wir speichern die *Id* und das Ausführungsdatum: Ein entsprechendes UML-Diagramm sähe folgendermaßen aus:

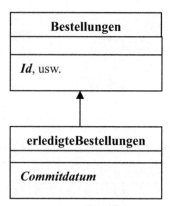

Bild 5-9 UML-Diagramm zur Vererbungshierarchie der Klassen Bestellungen und erledigteBestellungen

Ganz entsprechend dem oben diskutierten Fall der Modellierung einer Vererbung müssen wir wieder deklarieren:

Die Tabelle ERLEDIGTEBESTELLUNGEN

Tabelle 5.13 Struktur der Tabelle ERLEDIGTEBESTELLUNGEN

Feldname	Feldtyp	Primärschlüssel	NULL-Werte	Default	Referenz
Id	**integer**	Ja	Nein	Nein	BESTELLUNGEN.*Id*
Commitdatum	**date**	Nein	Nein	Nein	

Diese Tabelle enthält die folgenden Sätze:

Id	*Commitdatum*
2	12.11.24
3	09.10.24
4	29.10.24
5	15.08.24
7	22.08.24
8	24.12.24
10	27.06.24
11	31.12.24
13	03.01.25
16	25.08.24
19	10.12.24
20	07.01.25
21	02.08.24
22	10.10.24
23	29.06.24
24	28.09.24
27	15.07.24
29	26.09.24

Tabelle 5.14 Inhalt der Tabelle ERLEDIGTEBESTELLUNGEN

Damit haben wir alle Tabellen unserer kleinen Beispieldatenbank diskutiert. Wir werden mit diesen Tabellen viel arbeiten und ich hoffe, Sie werden die Gründe verstehen, die dazu führen, dass solch eine Mini-Welt gerade auf diese Weise in Relationen modelliert wird. Die Beziehungen zwischen diesen Tabellen lassen sich beispielsweise so darstellen:

5.11 Die Beziehungen zwischen den Tabellen der Datenbank Allerhand

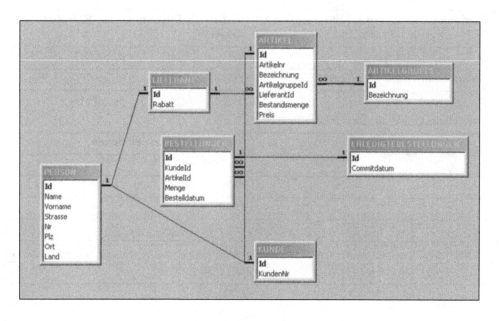

Bild 5-10 Eine Übersicht über die Tabellen und Beziehungen der Datenbank Allerhand

Sie finden die diskutierten Beziehungen zwischen den sieben Tabellen unserer Datenbank auch in der obigen Graphik wieder. Lassen Sie sich nicht von den Zahlen und ∞–Zeichen (∞ steht für: unendlich) irritieren, sie geben die sogenannten **Kardinalitäten** der Beziehungen wieder. Wir werden das in den Kapiteln 11 und 12 bei der Diskussion der E/R-Analysetechniken und des relationalen Tabellenentwurfs genauer besprechen.

5.12 Eine kurze Besprechung der drei relationalen Operatoren RESTRICT, PROJECT und JOIN

Lassen Sie mich zunächst (noch einmal – ich bin zuweilen sehr redundant) eine wichtige Tatsache betonen, die zu den Prinzipien des relationalen Modells gehört:

1.   Alle, wirklich alle Operatoren, die wir kennen lernen werden, haben sowohl als Input als auch als Output eine oder mehrere Tabellen.

Mathematischer formuliert:

1. Alle relationalen Operatoren sind Abbildungen, die von der Menge der Relationen (oder Tabellen) wieder in die Menge der Relationen gehen. Definitionsbereich und Bildbereich sind stets Relationen bzw. Tabellen.

2. Man kann alle diese Operatoren auch mit Hilfe von SQL darstellen. Aber: SQL zwingt einen leider keineswegs dazu, diese theoretisch fundierte Grundlage zu respektieren, man kann sie in SQL immer wieder boykottieren.

Auch über diese Punkte werden wir uns im SQL-Kapitel genauer unterhalten. Jetzt zu unseren drei Beispieloperatoren:

Der **RESTRICT - Operator** wählt Zeilen aus einer Tabelle auf Grund einer Bedingung aus und macht daraus eine neue - meistens kürzere - Tabelle.

Beispiel

RESTRICT als relationale Abbildung	RESTRICT in SQL
Bilde die Tabelle Bestellungen auf eine neue Tabelle ab, die nur die Sätze enthält, deren Bestellmenge > 30 ist.	SELECT * FROM BESTELLUNGEN WHERE *Menge* > 30

Das Resultat unserer Operation stellt sich folgendermaßen dar:

Id	KundeId	ArtikelId	Menge	Bestelldatum
7	16	19	100	07.08.24
8	15	13	100	06.12.24
22	13	11	45	28.09.24
26	25	24	36	12.02.25

Bild 5-11 Alle Bestellungen mit einer Bestellmenge, die größer als 30 ist

Der **PROJECT - Operator** wählt Spalten aus einer Tabelle aus und macht daraus eine neue – meistens "schmalere" und unter Umständen auch kürzere – Tabelle.

Beispiel

PROJECT als relationale Abbildung	Project in SQL
Bilde die Tabelle PERSON auf eine neue Tabelle ab, die nur die Spalte *Ort* enthält.	SELECT DISTINCT *Ort* FROM PERSON ORDER BY *Ort*

Das Resultat unserer Operation stellt sich folgendermaßen dar:

Bild 5-12 Die Orte der Tabelle PERSON, alphabetisch sortiert.

Der **JOIN - Operator** verbindet zwei Tabellen auf der Basis gemeinsamer Werte in einer gemeinsamen Spalte zu einer neuen Tabelle.

Beispiel

JOIN als relationale Abbildung
Bilde die Tabelle ARTIKEL und die Tabelle ARTIKELGRUPPE auf eine neue Tabelle ab, in der zu den Daten eines Artikels stets die Daten der Artikelgruppe, deren Primärschlüssel identisch mit dem Fremdschlüssel *ArtikelgruppeId* des Artikels ist, gezeigt werden. Die *Id* der Artikelgruppe wird nur einmal angezeigt.

JOIN in SQL
SELECT   ARTIKEL.*Id*, *Artikelnr*, ARTIKEL.*Bezeichnung*, *ArtikelgruppeId*, ARTIKELGRUPPE.*Bezeichnung*, *LieferantId*, *Bestandsmenge*, *Preis*
FROM   ARTIKEL, ARTIKELGRUPPE
WHERE   *ArtikelgruppeId* = ARTIKELGRUPPE.*Id*
ORDER BY ARTIKELGRUPPE.*Bezeichnung*, ARTIKEL.*Bezeichnung*;

Das Resultat dieser Operation sehen Sie in Abbildung 5-13:

Id	Artikelnr	Artikel.Bezeichnung	Arti	Artikelgruppe.Bezeichnung	Liefer	Bestand	Preis
14	A0060003	Der Name der Rose	6	Bücher	6	562	26,21 €
15	A0060002	Der Termin	6	Bücher	22	153	16,00 €
10	A0060001	Software Engineering	6	Bücher	22	640	13,90 €
28	A0060004	Theorien	6	Bücher	10	872	22,24 €
6	A0020002	Akku	2	Elektronik-Fachgerät	5	890	2,37 €
9	A0020006	Computer	2	Elektronik-Fachgerät	15	390	1.119,98 €
16	A0020004	Drucker	2	Elektronik-Fachgerät	14	8	879,99 €
29	A0020003	Drucker	2	Elektronik-Fachgerät	11	0	2.300,00 €
25	A0020001	DVD-Player	2	Elektronik-Fachgerät	22	12	175,35 €
21	A0020007	Playstation	2	Elektronik-Fachgerät	20	973	66,01 €
3	A0020005	Video-Recorder	2	Elektronik-Fachgerät	15	848	112,34 €
8	A0030001	Bilderrahmen	3	Haushaltswaren	22	767	177,85 €
30	A0030003	Fön	3	Haushaltswaren	5	0	55,00 €
23	A0030002	Fön	3	Haushaltswaren	5	887	45,00 €
13	A0030004	Papierkorb	3	Haushaltswaren	10	648	17,25 €
26	A0030005	Schreibtisch	3	Haushaltswaren	10	168	400,12 €
1	A0010002	Lampenschirme	1	Kleinteile	6	669	10,13 €
27	A0010005	Rohlinge	1	Kleinteile	17	0	11,99 €
12	A0010004	Schrauben	1	Kleinteile	10	689	2,39 €
18	A0010003	Schuhe, groß	1	Kleinteile	6	126	17,52 €
20	A0010001	Tangas	1	Kleinteile	22	411	23,99 €
2	A0090001	Hilfsmotoren	9	Kokolores	5	514	99,23 €
5	A0090002	Topfpflanzen	9	Kokolores	19	356	20,65 €
24	A0050002	Banane	5	Lebensmittel	10	521	0,31 €
17	A0050001	Joghurt	5	Lebensmittel	10	887	0,36 €

Bild 5-13 Artikel mit den Bezeichnungen der zugehörigen Artikelgruppen

5.13 Zusammenfassung

In diesem Kapitel haben wir eine Menge geleistet und wir sind bei der Diskussion der relationalen Datenbanken ein ganzes Stück weitergekommen:

- Wir haben eine Charakterisierung des relationalen Modells nach E.F. Codd besprochen. (Abschnitt 5.1)

- Wir haben uns ausführlich mit Primärschlüsseln (Abschnitt 5.2) und ihrer Funktion aus der Sicht des relationalen Modells beschäftigt. Dazu haben wir uns in Abschnitt 5.3 ein Beispiel angesehen, in dem die Werte eines Primärschlüssels in einer anderen Tabelle als Fremdschlüssel auftreten.

- Wir haben Attribute, Wertebereiche und Datentypen als Bausteine der Tabellendefinitionen betrachtet. Dazu haben wir die Attributdefinition aus Kapitel 2 noch etwas erweitert. Wir haben außerdem – in Übereinstimmung mit den einschlägigen Lehrbüchern – für das Wort Attribut das Synonym Feld eingeführt. (Abschnitt 5.5)

- Ich habe in Abschnitt 5.6 eine Polemik gegen NULL-Werte formuliert und wir haben Techniken zur Vermeidung von NULL-Werten besprochen. Unser wichtigstes Beispiel dabei war die korrekte Modellierung einer Beziehung zwischen Personen und Telefonnummern in Tabellenform.

- Wir haben kurz die SQL – Befehle zum Anlegen einer Tabelle besprochen. (Abschnitt 5.7)

- Wir haben über Datenintegrität gesprochen. Integrität bestimmt sich durch die Eindeutigkeitsanforderung an den Primärschlüssel, die referentielle Integrität und die Erfüllung weiterer Bedingungen. All diese Bedingungen nennt man Constraints. Wir haben diskutiert, wie das DBMS bei den verschiedensten Verletzungsversuchen der Integrität reagieren kann. (Abschnitt 5.8)

- Ich habe Ihnen gezeigt, wie man mit Hilfe der Datensprache SQL Sätze in eine Tabelle einfügen kann. (Abschnitt 5.9)

- Dann haben wir die vollständige Beispieldatenbank Allerhand besprochen. Bitte legen Sie sich diese Datenbank mit dieser Architektur und mit den angegebenen Beispielsätzen auf Ihrem Rechner in einem Datenbanksystem Ihrer Wahl an. So können Sie am besten die besprochenen Beispiele mit den angegebenen Resultatsmengen von relationalen Operationen vergleichen. (Abschnitte 5.10 und 5.11)

- Abschließend haben wir die drei relationalen Operatoren RESTRICT, PROJECT und JOIN und ihre Umsetzung in SQL diskutiert. (Abschnitt 5.12)

Übungsaufgaben

1. In der Charakterisierung des relationalen Modells haben wir u.a. gesagt:

    *   Alle Operatoren, die dem Benutzer zur Manipulation von Daten zur Verfü-
        gung stehen, operieren grundsätzlich nur auf Tabellen und ergeben auch
        wieder neue Tabellen.

    Das bedeutet, dass wir verschiedene Operatoren hintereinander ausführen können
    und wieder neue Operatoren erhalten. Entscheiden Sie in den folgenden Beispielen,
    welche der drei Operatoren PROJECT, RESTRICT und JOIN bzw. welche Kombi-
    nation und Hintereinanderschaltung Sie brauchen, um die folgenden Abfragen
    durchzuführen. Grundlage sind stets die Tabellen der Datenbank Allerhand.

    a)   Zeige alle Personen aus Bonn

    b)   Zeige die Namen und Telefonnummern aller Personen aus Bonn

    c)   Zeige die Artikelnummern, Artikelbezeichnungen und Artikelgruppenbezeich-
         nungen aller Artikel

    d)   Zeige die Artikelnummern, Artikelbezeichnungen und Artikelgruppenbezeich-
         nungen aller Artikel, deren Bestandsmenge = 0 ist.

2. Stellen Sie sich vor, die Tabelle BESTELLUNGEN sähe folgendermaßen aus: (Sie
    sehen die ersten sechs Sätze)

Id	KundeId	ArtikelId	LfdNr	Artikelbezeichnung	Menge	Bestelldatum
1	13	1	1	Lampenschirme	3	03.10.24
2	23	2	1	Hilfsmotoren	7	17.09.24
3	13	2	1	Hilfsmotoren	5	12.07.24
4	13	2	2	Hilfsmotoren	12	01.02.25
5	12	2	1	Hilfsmotoren	1	01.02.25
6	3	3	1	Video-Recorder	1	07.12.24

Beachten Sie, dass zu den Attributen *KundeId* und *ArtikelId* noch eine sogenannte
laufende Nummer – das Attribut *LfdNr* – mitgeführt wird, die anzeigt, die „wieviel-
te" Bestellung dieses Artikels von diesem Kunden hier vorliegt.

a)   Diese Tabelle hat mehrere mögliche Kandidaten für einen Primärschlüssel.
     Welche sind das?

b)   Für welchen würden Sie sich entscheiden? Begründen Sie Ihre Entscheidung.

3.   Sie wollen eine Datenbank zur Verwaltung Ihrer Bibliothek einrichten. Unter anderem wollen Sie für die Buchtitel die Autoren speichern. Nun gibt es zu den meisten Buchtiteln nur einen Autor. Das verleitet Sie vielleicht zu einem falschen Tabellenentwurf. Je länger Sie darüber nachdenken, desto klarer wird Ihnen, dass Sie für diese Informationen drei Tabellen brauchen. Wie sehen diese Tabellen aus und warum ist das die beste Entscheidung?

4.   Formulieren Sie die vollständige Menge der Constraints – der Bedingungen – für die Korrektheit eines Satzes der Tabelle BESTELLUNGEN. Machen Sie dasselbe für die Tabelle ERLEDIGTEBESTELLUNGEN.

5.   Nehmen Sie an, wir hätten in unserer Datenbank sämtliche DELETE-Optionen auf CASCADE gesetzt. Nun löschen wir aus der Tabelle ARTIKELGRUPPE den **einen** Satz mit der **Id 1** und der **Bezeichnung** *Kleinteile*. Wie viele Sätze werden dann insgesamt aus der Datenbank gelöscht? Welche Tabellen sind alle betroffen?

6.   Betrachten Sie noch einmal unsere zwei „Spezifikationen" unserer Personentabelle:

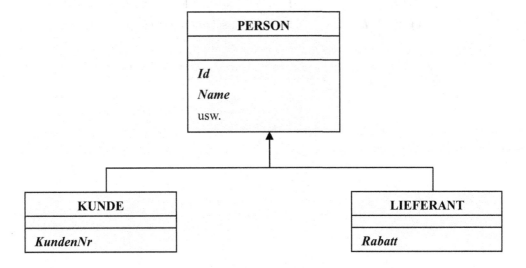

Sie haben gelernt: Wenn wir diese Beziehung (Ein Kunde „ist eine" Person, ein Lieferant „ist eine" Person) relational abbilden wollen, müssen wir die jeweiligen Primärschlüssel aufeinander beziehen. Die Art dieses Bezugs muss folgenden Anforderungen genügen:

- Es darf nicht möglich sein, eine Person zu löschen, solange es Kunden oder Lieferanten mit demselben Primärschlüssel gibt.

- Man kann aber andererseits zulassen, dass es Personen mit Primärschlüsseln gibt, die weder in der Tabelle KUNDE noch in der Tabelle LIEFERANT vorkommen. Mit anderen Worten: Ich will zulassen, dass es Personen gibt, die weder Lieferant noch Kunde sind. (Wer weiß, wozu man die noch einmal brauchen kann). Ich brauche also keine Lösch- und Updateoptionen von Kunde/Lieferant in Richtung Person festzulegen.

Welche der drei folgenden Möglichkeiten ist die richtige Festlegung

a) KUNDE.*Id* ist   Fremdschlüssel mit Referenz zu   PERSON.*Id* , aber
    PERSON.*Id* ist **nicht** Fremdschlüssel mit Referenz zu   KUNDE.*Id*

b) KUNDE.*Id* ist **nicht** Fremdschlüssel mit Referenz zu   PERSON.*Id* , aber
    PERSON.*Id* ist   Fremdschlüssel mit Referenz zu   KUNDE.*Id*

c) KUNDE.*Id* ist   Fremdschlüssel mit Referenz zu   PERSON.*Id* und
    PERSON.*Id* ist   Fremdschlüssel mit Referenz zu   KUNDE.*Id*

Nur eine der drei Möglichkeiten ist korrekt. Hinweis: Überprüfen Sie die referentielle Integrität.

Dritter Teil:

Relationale Theorie

6 Tabellen und Relationen: Eine produktive Kontroverse

Ich möchte mir mit Ihnen in diesem Kapitel das theoretische Rüstzeug erarbeiten, dass wir brauchen, um zu verstehen, was für theoretische Begriffe und Konzepte den Tabellen zu Grunde liegen, mit denen wir dauernd zu tun haben. Das Wort hat also unsere Theorieabteilung. Wie schon öfters bemerkt, ist eine fundierte theoretische Grundlage notwendig, um ein Realisierungs- und Implementierungskonzept erarbeiten zu können, das auch neue, zunächst nicht vorhergesehene Situationen bewältigen kann. Und zwar ohne übertriebene, bald inkonsistent werdende und dem ursprünglichem Konzept widersprechende „Schnörkel".

Der grundlegendste Begriff in dieser Diskussion ist der Begriff der Menge und ich tue so, als wüssten wir alle, was das ist. Leider ist das in Wirklichkeit nicht der Fall, aber alles, was wir in diesem Buch besprechen, kommt mit der „naiven" Vorstellung von der Menge als „einer Zusammenfassung von bestimmten, wohlunterschiedenen Objekten zu einem Ganzen" aus. Die so zusammengefassten Objekte heißen – wie Sie alle wissen – die Elemente der Menge.

6.1 Elf Beispiele für Mengen

Lassen Sie mich Ihnen 11 Beispiele geben, mit denen wir in diesem Kapitel durchgehend arbeiten werden:

1. Drei endliche mathematische Mengen
   a. $M_1 := \{-3, -1, 2\}$
   b. $M_2 := \{2, 4\}$
   c. $M_3 := \{-0.75, -0.25, 2\}^1$

2. Drei unendliche mathematische Mengen
   a. $\mathbf{Z}$: die Menge der ganzen Zahlen
   b. $\mathbf{N} \setminus \{0\}$: die Menge der positiven ganzen Zahlen bzw. die Menge der natürlichen Zahlen (mit Ausnahme der 0)
   c. $\mathbf{Q}$: die Menge der rationalen Zahlen

3. Zwei von SQL - Datentypen inspirierte Mengen
   a. **varchar**(20): Die Menge aller Zeichenketten mit bis zu 20 Zeichen
   b. **integer**: Die Menge aller Zahlen vom Typ **integer**

---

[1] Ich arbeite in diesem Kapitel grundsätzlich mit einem Dezimalpunkt anstatt mit einem Dezimalkomma, um nicht mit den anderen Kommata in der Tupeldarstellung in Konflikt zu geraten.

4. echte Wertebereiche

    a. **Personennamen**: Die Menge aller Nachnamen von Personen

    b. **Ländernamen**: Die Menge aller Ländernamen

    c. **Lebensalter**: Die Menge aller ganzen Zahlen zwischen 0 und 150

Jetzt bilden wir kartesische Produkte von Mengen. Man nennt sie auch Kreuzprodukte. Ich beginne mit einer Definition:

6.2 Jeder mit Jedem: Das Kreuzprodukt bzw. Das kartesische Produkt

Definitionen:

Seien A_1 und A_2 zwei Mengen. Dann ist das **kartesische Produkt** $A_1 \times A_2$ die Menge aller Elementepaare (x_1 , x_2), für die gilt : $x_1 \in A_1$ und $x_2 \in A_2$, also

$$A_1 \times A_2 := \{ (x_1 , x_2) \mid x_1 \in A_1 \text{ und } x_2 \in A_2 \}.$$

Die Elemente von $A_1 \times A_2$ nennt man **Tupel**, genauer **Zweitupel**.

Seien A_1, A_2 und A_3 drei Mengen. Dann ist das **kartesische Produkt** $A_1 \times A_2 \times A_3$ die Menge aller Elementetripel (x_1 , x_2 , x_3), für die gilt : $x_1 \in A_1$, $x_2 \in A_2$ und $x_3 \in A_3$, also

$$A_1 \times A_2 \times A_3 := \{ (x_1 , x_2 , x_3) \mid x_1 \in A_1 , x_2 \in A_2 \text{ und } x_3 \in A_3 \}.$$

Die Elemente von $A_1 \times A_2 \times A_3$ nennt man **Tupel**, genauer **Dreitupel**.

Sei $n \in \mathbf{N}$, $n > 3$. Seien A_1, A_2, ... , A_n n Mengen. Dann ist das **kartesische Produkt** $A_1 \times A_2 \times$ ... $\times A_n$ die Menge aller Elementetupel $(x_1 , x_2 , ... , x_n)$, für die gilt : $x_1 \in A_1$, $x_2 \in A_2$, ... , $x_n \in A_n$, also

$$A_1 \times A_2 \times \ ... \ \times A_n := \{ (x_1 , x_2 , ... , x_n) \mid x_1 \in A_1 , x_2 \in A_2 , ... , x_n \in A_n \}.$$

Die Elemente von $A_1 \times A_2 \times$ ... $\times A_n$ nennt man **Tupel**, genauer **n-Tupel**.

Als Beispiele betrachten wir vier Kreuzprodukte von jeweils drei Mengen:

1. Die Menge $M_1 \times M_2 \times M_3$ besteht aus $3 \cdot 2 \cdot 3 = 18$ Dreitupeln, sie sieht folgender-
    maßen aus:

$$
\begin{aligned}
\{ \quad &(-3, 2, -0.75), \quad (-3, 2, -0.25), \quad (-3, 2, 2) \quad, \\
&(-3, 4, -0.75), \quad (-3, 4, -0.25), \quad (-3, 4, 2) \quad, \\
&(-1, 2, -0.75), \quad (-1, 2, -0.25), \quad (-1, 2, 2) \quad, \\
&(-1, 4, -0.75), \quad (-1, 4, -0.25), \quad (-1, 4, 2) \quad, \\
&(2, 2, -0.75), \quad (2, 2, -0.25), \quad (2, 2, 2) \quad, \\
&(2, 4, -0.75), \quad (2, 4, -0.25), \quad (2, 4, 2) \quad \}
\end{aligned}
$$

Bei der expliziten Aufzählung aller Elemente von $M_1 \times M_2 \times M_3$ soll Ihnen außerdem klar werden: In einem Kreuzprodukt von Mengen gruppiert sich jedes Element
einer Menge mit jedem Element der anderen Menge. Die Anzahl der Elemente ist
gleich dem Produkt der Anzahlen der Elemente der einzelnen Mengen.

Auch dieser Tatbestand ist sehr wichtig, er wird uns in einem anderen Zusammenhang noch beschäftigen und darum gebe ich Ihnen noch ein weiteres Zahlenbeispiel,
dass Ihnen zeigen soll, wie bei kartesischen Produkten die Mengenmächtigkeit „exp-
lodiert": B_1 habe 30 Elemente, B_2 habe 20 Elemente und B_3 habe 25 Elemente, dann
hat $B_1 \times B_2 \times B_3$ schon $30 \cdot 20 \cdot 25 = 15\,000$ Elemente.

Man kann die Elemente von $M_1 \times M_2 \times M_3$ genauso in Tabellenform präsentieren.
Vergleichen Sie dazu Tabelle 6.1.

Das ist genau der richtige Zeitpunkt, um eine Besonderheit der Tabellendarstellung
zu diskutieren, die bei der davor erwähnten obigen Tupeldarstellung der Kreuzpro-
duktelemente nicht auftritt:

Bei einer Darstellung von Kreuzprodukten in Tabellenform kann ich jeder Spalte der
Tabelle einen Namen geben, der die entsprechende Menge, aus der man die Elemen-
te für diese Spalte nimmt, eindeutig identifiziert. Das bedeutet: Ich bin bei dieser
Darstellung der Tupel aus dem Kreuzprodukt nicht mehr an die Reihenfolge der
Mengen in der Produktdarstellung von $M_1 \times M_2 \times M_3$ gebunden.

Tabelle 6.1 Elemente der Menge $M_1 \times M_2 \times M_3$

Komponente aus M_1	Komponente aus M_2	Komponente aus M_3
−3	2	− 0.75
−3	2	− 0.25
−3	2	2
−3	4	− 0.75
−3	4	− 0.25
−3	4	2
−1	2	− 0.75
−1	2	− 0.25
−1	2	2
−1	4	− 0.75
−1	4	− 0.25
−1	4	2
2	2	− 0.75
2	2	− 0.25
2	2	2
2	4	− 0.75
2	4	− 0.25
2	4	2

Ich kann die Tupel aus $M_1 \times M_2 \times M_3$ genauso exakt in Tabellen mit anderen Tabellenköpfen (englisch: **Headern**) darstellen.

Vergleichen Sie dazu das folgende Bild:

Tabelle 6.2 Elemente der Menge $M_1 \times M_2 \times M_3$ in einer Tabellendarstellung mit anders angeordneten Spalten

Komponente aus M_2	Komponente aus M_1	Komponente aus M_3
2	−3	− 0.75
…..	…..	…..

Die Reihenfolge der Tupelkomponenten verliert an Bedeutung. Das wird wichtige Konsequenzen haben und wir werden dieser Tatsache eine theoretische Untermauerung geben.

2. $\mathbf{Z} \times \mathbf{N} \setminus \{0\} \times \mathbf{Q} := \{ (x_1, x_2, x_3) \mid x_1 \in \mathbf{Z} \text{ und } x_2 \in \mathbf{N} \setminus \{0\} \text{ und } x_3 \in \mathbf{Q} \}$

Einige Elemente: $(-100, 17, 12.25), (33, 1, 0.5), (1, 2, 3)$ usw.

3. **varchar**(20) x **varchar**(20) x **integer** :=

$\{ (x_1, x_2, x_3) \mid x_1 \in \textbf{varchar}(20) \text{ und } x_2 \in \textbf{varchar}(20) \text{ und } x_3 \in \textbf{integer} \}$

Drei Elemente:

- ("\$Rft67Jup0)iudlsd=)(hhkjfGFD"   ,   "3947)(/KJHcbh6"   ,   7645)
- ("Miraculix"   ,   "Thailand"   ,   1   )
- ("23+[aWEr(\@hc<q-_#"   ,   "Ö§§sfRfGgqXeS§23tj" ,   12345)

In Tabellenform:

Tabelle 6.3 Elemente der Menge **varchar**(20) x **varchar**(20) x **integer**

1. Komponente aus varchar(20)	2. Komponente aus varchar(20)	Komponente aus Integer
"\$Rft67Jup0)iudlsd=)(hhkjfGFD"	"3947)(/KJHcbh6"	7645
"Miraculix"	"Thailand"	1
"23+[aWEr(\@hc<q-_#"	"Ö§§sfRfGgqXeS§23tj"	12345
.....	.....	.....

4. **Personennamen** x **Ländernamen** x **Lebensalter** :=

$\{ (x_1, x_2, x_3) \mid x_1 \in \textbf{Personennamen} \text{ und } x_2 \in \textbf{Ländernamen} \text{ und } x_3 \in \textbf{Lebensalter} \}$

Betrachten Sie einige Elemente aus diesem Kreuzprodukt, dargestellt in der folgenden Tabelle:

Tabelle 6.4 Elemente der Menge **Personennamen** x **Ländernamen** x **Lebensalter**

Komponente aus Personennamen	Komponente aus Ländernamen	Komponente aus Lebensalter
Adenauer	Marokko	12
Mozart	Kanada	105
Kennedy	Luxemburg	77
…..	…..	…..

Besonders, wenn man das letzte Beispiel betrachtet, wird klar, dass das Kreuzprodukt allein noch nicht der richtige Begriff für unsere Datenbanktabellen ist. Wir brauchen eine Konstruktion, die es uns gestattet, nur die „richtigen" Komponenten zu Tupeln zusammenzufassen. Das aber ist die Relation.

6.3 Relationen definieren die Auswahl „sinnvoller" Tupel aus einem Kreuzprodukt

Definition:

> Eine **Relation** R auf den Mengen A_1, A_2, … , A_n ist eine Teilmenge des kartesischen Produktes A_1 x A_2 x … x A_n, also $R \subseteq A_1$ x A_2 x … x A_n.

Zur umgangssprachlichen Bedeutung des Wortes „Relation": Während – wie wir gesehen haben – sich in einem Kreuzprodukt jeder mit jedem tummelt, gehören zu einer Relation nur noch bestimmte Tupel. Man sagt dann: Die Tupelkomponenten dieser Tupel „stehen in einer Beziehung bzw. einer Relation zueinander". Und man gibt dann dieser Beziehung den Namen der betreffenden Relation.

Zunächst betrachten wir einige Beispiele:

1. Es war $M_1 := \{-3, -1, 2\}$, $M_2 := \{2, 4\}$ und $M_3 := \{-0.75, -0.25, 2\}$

   Auf der Menge M_1 x M_2 x M_3 definieren wir jetzt die Relation QUOTIENT durch:

   QUOTIENT: $= \{(x_1, x_2, x_3) \in M_1$ x M_2 x $M_3 \mid x_3 = x_1 / x_2\}$

Die Relation QUOTIENT enthält jetzt noch die beiden Elemente

$\{\, (-3\,,4\,,\,-0.75)\,,\,(-1\,,4\,,\,-0.25)\,\}$, in Tabellenform:

Tabelle 6.5 Elemente der Relation QUOTIENT $\subseteq M_1 \times M_2 \times M_3$

Komponente aus M_1 (*Zähler*)	Komponente aus M_2 (*Nenner*)	Komponente aus M_3 (*Quotient* aus *Zähler* und *Nenner*)
−3	4	− 0.75
−1	4	− 0.25

Lassen Sie mich, ehe wir weitermachen, eine allgemeine Sprachregelung festlegen, auf die wir uns im Folgenden beziehen werden:

Definition zur Tabellendarstellung einer Relation:

Sei $R \subseteq A_1 \times A_2 \times \ldots \times A_n$ eine Relation. Ein **Tabellenkopf** für eine Darstellung der Elemente dieser Relation besteht aus

1. der **Festlegung eines eindeutigen Namens** N_i für die Elemente aus A_i für alle $1 \le i \le n$ Dieser Name kommt in den Spaltenkopf der Tabellenspalte, in der die Tupelkomponenten aus A_i angezeigt werden.

2. der **Festlegung einer Reihenfolge**, in der die Tabellenspalten notiert werden.

Bemerken Sie bitte, dass wir von den Tabellenspalten nicht dieselbe Reihenfolge verlangen, die sich aus dem kartesischen Produkt $A_1 \times A_2 \times \ldots \times A_n$ ergibt. Wir werden daraus später noch weitere Konsequenzen ziehen.

Für unser erstes Beispiel bedeutet das, dass wir es auch folgendermaßen beschreiben können:

Sei $M_1 := \{-3, -1, 2\}$, $M_2 := \{2, 4\}$ und $M_3 := \{-0.75, -0.25, 2\}$. Die Relation QUOTIENT $\subseteq M_1 \times M_2 \times M_3$ sei definiert durch:

$$\text{QUOTIENT:} = \{(\,x_1\,,\,x_2\,,\,x_3\,) \in M_1 \times M_2 \times M_3 \mid x_3 = x_1 / x_2 \}$$

Es sei weiter

- **Zähler** der Spaltenkopfname für die Elemente aus M_1
- **Nenner** der Spaltenkopfname für die Elemente aus M_2
- **Quotient** der Spaltenkopfname für die Elemente aus M_3

Und die Reihenfolge der Spalten sei **Zähler , Nenner , Quotient**. Dann erhalten wir folgende Tabellendarstellung für die Relation QUOTIENT:

Tabelle 6.6 Eine Tabellendarstellung der Relation QUOTIENT $\subseteq M_1$ x M_2 x M_3

Zähler	Nenner	Quotient
− 3	4	− 0.75
− 1	4	− 0.25

2. Dieselbe Relationsbedingung können wir auch für eine Relation für das kartesische Produkt **Z** x **N** \ {0} x **Q** formulieren. Wir nennen die entstehende Relation auch genauso QUOTIENT, obwohl sie jetzt natürlich unendlich viele Elemente hat. Also:

$$\text{QUOTIENT} := \{ (x_1 , x_2 , x_3) \in \mathbf{Z} \text{ x } \mathbf{N} \setminus \{0\} \text{ x } \mathbf{Q} \mid x_3 = x_1 / x_2 \}$$

Es sei wieder

- **Zähler** der Spaltenkopfname für die Elemente aus **Z**
- **Nenner** der Spaltenkopfname für die Elemente aus **N** \ {0}
- **Quotient** der Spaltenkopfname für die Elemente aus **Q**

Und die Reihenfolge der Spalten sei – diesmal, nur so zum Spaß – **Quotient, Zähler, Nenner**. Dann erhalten wir die folgende Tabellendarstellung für die Relation QUOTIENT:

Tabelle 6.7 Eine Tabellendarstellung der Relation QUOTIENT $\subseteq$ **Z** x **N** \ {0} x **Q**

Quotient	Zähler	Nenner
0	0	3
0	0	46
0.6	3	5
0.1	100	1000
.....	.....	.....

Unser drittes und viertes Beispiel werden in einer ähnlichen Beziehung zueinander stehen wie das erste und zweite Beispiel.

3.   Auf der Menge

Personennamen x **Ländernamen** x **Lebensalter** :=

{ (x_1 , x_2 , x_3) | x_1 ∈ **Personennamen** und x_2 ∈ **Ländernamen** und x_3 ∈ **Lebensalter**}

definieren wir jetzt eine Relation PERSON durch die Festlegung:

PERSON := {(x_1 , x_2 , x_3) ∈ **Personennamen** x **Ländernamen** x **Lebensalter** |

Es gibt eine Person mit dem Namen x_1, die in dem Land mit dem

Namen x_2 wohnt und die genau x_3 Jahre alt ist }

Es sei jetzt

- *Name* der Spaltenkopfname für die Elemente aus **Personennamen**
- *Land* der Spaltenkopfname für die Elemente aus **Ländernamen**
- *Alter* der Spaltenkopfname für die Elemente aus **Lebensalter**

Und die Reihenfolge der Spalten sei *Name, Land, Alter*. Dann erhalten wir folgende Tabellendarstellung für die Relation PERSON:

Tabelle 6.8 Eine Tabellendarstellung der Relation
PERSON ⊆ **Personennamen x Ländernamen x Lebensalter**

Name	Land	Alter
Adenauer	Deutschland	97
Mozart	Österreich	32
Kennedy	USA	44
.....	.....	.....

4. Eine ganz ähnliche Relation – wir nennen sie wieder PERSON – kann man natürlich auch auf der Menge

varchar(20) x **varchar**(20) x **integer** :=

$$\{ (x_1 , x_2 , x_3) \mid x_1 \in \textbf{varchar}(20) \text{ und } x_2 \in \textbf{varchar}(20) \text{ und } x_3 \in \textbf{integer} \}$$

definieren. Wir legen fest:

PERSON := {(x_1 , x_2 , x_3) ∈ **varchar**(20) x **varchar**(20) x **integer** |

Es gibt eine Person, deren Name identisch mit dem String x_1 ist,

die in einem Land wohnt, dessen Name identisch mit dem String x_2 ist

und deren Lebensalter dem Wert der Variablen x_3 entspricht }

Es sei jetzt

- *Name* der Spaltenkopfname für die Elemente aus der **varchar**(20)-Komponente des kartesischen Produkts, in der die Personennamen abgespeichert werden sollen
- *Land* der Spaltenkopfname für die Elemente aus der **varchar**(20)-Komponente des kartesischen Produkts, in der die Ländernamen abgespeichert werden sollen
- *Alter* der Spaltenkopfname für die Elemente aus **integer**

Und die Reihenfolge der Spalten sei (wieder) *Name, Land, Alter*. Dann erhalten wir folgende Tabellendarstellung für die Relation PERSON:

Tabelle 6.9 Eine Tabellendarstellung der Relation
PERSON ⊆ **varchar**(20) x **varchar**(20) x **integer**

Name	*Land*	*Alter*
Adenauer	Deutschland	97
Mozart	Österreich	32
Kennedy	USA	44
......	......	......

Gerade beim letzten Beispiel sollte Ihnen klar geworden sein, dass unsere Tabellendefinition zur Darstellung von Elementen aus Kreuzprodukten und Relationen gerade der Tabellendefinition entspricht, die man in einem DBMS für eine Tabelle macht. Zwei Dinge sollten Ihnen deutlich geworden sein:

1. Vor einem Tabellenentwurf muss immer eine möglichst klare Vorstellung – und das bedeutet: eine im Laufe des Tabellenlebens belastbare Vorstellung – von der Relation vorliegen, die mit dieser Tabelle dargestellt werden soll. Mit „belastbar" meine ich, dass solch eine Relation Änderungen, Generalisierungen und Spezialisierungen, die sich als notwendig erweisen sollten, „mitmacht". Vor dem Tabellenentwurf müssen Sie also das Handwerk des Relationenentwurfs erlernen. Wir werden diesem Handwerk mehrere Kapitel (insbesondere Kapitel 11 und Kapitel 12) unseres Buches widmen.

2. Je mächtiger Ihr jeweiliges DBMS bei der Spezifikation des Wertebereichs ist, d.h. in der Definition einer Komponentenmenge des Kreuzprodukts, in dem die Relation enthalten ist, desto mehr Aufgaben zur Sicherung der Datenintegrität können Sie Ihrem DBMS übertragen und desto weniger müssen Sie selber zusätzlich programmieren. Ein Beispiel aus unserer obigen Relation PERSON:

-   Könnten wir als Wertebereich für die Ländernamen bei der Tabellendefinition nicht nur einfach **varchar**(20) festlegen, was bei „Vereinigte Staaten von Amerika" noch nicht einmal von der Länge her ausreichend ist, sondern hätten wir die Möglichkeit, als Wertebereich einen – u.U. selbstdefinierten Datentyp – anzugeben, der nur real existierende Ländernamen zulässt, dann würde die Überprüfung auf korrekte Eingaben und Änderungen in dieser Spalte eben auch über diesen Datentyp – und das heißt: über das DBMS – erfolgen. Falls das nicht geht, müssen wir bei der Programmierung von Benutzerschnittstellen für diese Relation bzw. für diese Tabelle diese Überprüfung selber programmieren.

6.4 Ein weiteres Beispiel: Welche Relation entspricht unserer Tabelle ARTIKEL aus Kapitel 5?

Erinnern Sie sich: Unsere Tabelle ARTIKEL hatte die folgende Struktur:

Tabelle 6.10 Struktur der Tabelle ARTIKEL

Feldname	Feldtyp	Primär-schlüssel	NULL-Werte	Default	Referenz
Id	**integer**	Ja	Nein	Nein	
Artikelnr	**varchar**(10)	Nein	Nein	Nein	
Bezeichnung	**varchar**(30)	Nein	Nein	Nein	
ArtikelgruppeId	**integer**	Nein	Nein	Nein	ARTIKELGRUPPE.*Id*
LieferantId	**integer**	Nein	Nein	Nein	LIEFERANT.*Id*
Bestandsmenge	**integer**	Nein	Nein	0	
Preis	**float**(2)	Nein	Nein	0	

Dem könnte die folgende Relation zu Grunde liegen: Sei

KreuzArtikel :=

$$= \textbf{integer} \times \textbf{varchar}(10) \times \textbf{varchar}(30) \times \textbf{integer} \times \textbf{integer} \times \textbf{integer} \times \textbf{float}(2)$$

Dann ist:

ARTIKEL := {(x_1 , x_2 , x_3 , x_4 , x_5 , x_6 , x_7) ∈ KreuzArtikel |

$x_1 \in \mathbf{N}\backslash\{0\}$ und x_1 ist eindeutig für das Element (x_1 , x_2 , x_3 , x_4 , x_5 , x_6 , x_7)

d.h. kein anderes Element aus ARTIKEL hat diesen x_1 - Wert

und es gibt einen Artikel aus dem Versandhaus Allerhand & Co ,

dessen Artikelnummer identisch mit dem String x_2 ist,

dessen Bezeichnung identisch mit dem String x_3 ist,

dessen Artikelgruppe den Primärschlüssel x_4 hat,

dessen Lieferant den Primärschlüssel x_5 hat,

von dem noch x_6 Stück auf Lager sind

und der x_7 € kostet }

Merken Sie übrigens, was für einen Unsinn NULL-Werte (d.h. keinerlei Elementauswahl in der entsprechenden Komponente) in der Relationensprache bedeuten. Etwas Entsprechendes kommt hier überhaupt nicht vor.

6.5 Zwischenstand

Lassen Sie mich, ehe wir weiter machen, eine Minute pausieren und noch einmal mit Ihnen zusammen rekapitulieren, was wir bisher erarbeitet haben:

- Wir haben den Begriff der **Kreuzprodukte** untersucht. (Abschnitt 6.2)
- Wir haben **Relationen** als Teilmengen von Kreuzprodukten definiert. (Abschnitt 6.3)
- Wir haben **Tabellen** zur Darstellung der Elemente einer Relation eingeführt. (Abschnitt 6.3)
- Wir haben gesehen, dass wir für diese Darstellung **Tabellenköpfe** brauchen. (Abschnitt 6.3)
- Und wir haben schließlich gesehen, dass die Definition eines Tabellenkopfes der Definition einer Tabelle in einem DBMS entspricht. (Abschnitt 6.3)

6.6 Relationen können mehr als Tabellen

Unter dieser Überschrift sind zwei Punkte wichtig, die sich beide daraus ergeben, dass eine Relation stets ein abstrakteres Objekt ist als die zugehörige Tabelle, die konkret einige oder – falls möglich – gegebenenfalls auch alle Elemente aus der Relation aufzählt.

- Eine Relation kann unendlich viele oder auch eine völlig unbestimmte endliche Anzahl von Elementen enthalten. Und natürlich verändert sich die Definition einer Relation nicht, obwohl sich die Anzahl ihrer Elemente im Laufe der Zeit ständig verändert und auch dramatisch verändern kann. Eine Tabelle dagegen als Darstellungswerkzeug der Elemente einer Relation enthält bei jeder Präsentation eine endliche, den Zwecken der Präsentation angepasste Anzahl von Elementzeilen. Diese Anzahl ist stets bekannt und im Allgemeinen kleiner als die Mächtigkeit der Relation. **Insbesondere hat jede Datenbanktabelle nur endlich viele Elemente.**
- Außerdem muss sich jede Präsentation einer Relation für eine Sortierung entscheiden, in der die Elemente der Relation angezeigt werden. Die Relation selber als eine Menge ist dazu nicht gezwungen und hat jede Möglichkeit der Sortierung oder

Nicht-Sortierung als Option offen. Die Darstellung in einer Tabelle macht diese Freiheit zunichte.

6.7 Tabellen können mehr als Relationen

Es gibt im Wesentlichen drei Gebiete, auf denen Tabellen den Relationen „überlegen" sind. Zwei davon sind für die Zwecke der relationalen Datenbanksysteme geradezu schädlich und wir werden besprechen, wie wir diese Überlegenheit so gründlich wie möglich unterbinden werden.

Die dritte „Überlegenheit" der Tabellen ist dagegen von so großem Vorteil, dass wir noch einmal unser theoretisches Grundkonzept der Relation überarbeiten werden, um diesen Vorteil auch bei den Relationen zu „implementieren".

Im Einzelnen:

- Relationen sind Mengen. Elemente von Mengen sind „wohl unterschieden". Das bedeutet: Ein und dasselbe Element kann nicht mehrmals in einer Menge vorkommen. Bei einer Tabelle kann das aber durchaus der Fall sein. Hier kann ein- und dieselbe Zeile beliebig oft vorkommen. Ich kann solche Tabellen auch mit der Datensprache SQL leicht erzeugen. Ich gehe – um Ihnen das zu zeigen – noch einmal zu dem Projektionsbeispiel aus Kapitel 5 zurück. Betrachten Sie dazu Tabelle 6.11 Ohne, dass wir schon über SQL gesprochen haben, sollten Sie aus dieser Diskussion die Anregung mitnehmen, in den entsprechenden SQL-Abfragen stets mit dem Schlüsselwort DISTINCT zu arbeiten, sonst gefährden Sie Ihren Bezug zum Relationenmodell.

- Bei Tabellen können einzelne Spalteneinträge leer bleiben – das entspräche NULL-Werten in einem Datensatz. Solche NULL-Werte machen bei den Elementen einer Relation keinen Sinn, denn ein Element kann nur aus einem Kreuzprodukt von Mengen sein, wenn dieses Element ein Tupel ist, das aus lauter Komponenten aus diesen Mengen besteht. Ich kann nicht z. B. bei der 5. Komponente sagen: Hier nehme ich mal kein Element aus der 5. Menge des Kreuzprodukts, diese Komponente lasse ich einfach leer. Wie ich schon mehrfach angedeutet habe und wie wir auch im Kapitel über SQL noch sehen werden, sollten Sie auch hier die „größeren Möglichkeiten", die Ihnen Tabellen liefern, nicht ausnutzen und statt dessen in Relationskonzepten denken. Dieses Denken wird auf die Dauer (fast) immer die unkompliziertere, einfacher zu handhabende Lösung eines Entwurfsproblems hervorbringen.

Tabelle 6.11 Verschiedene Arten der Projektion

Mit 'DISTINCT' (wie PROJECT in Kapitel 5)		Ohne 'DISTINCT'	
SELECT DISTINCT *Ort*		SELECT	*Ort*
FROM	PERSON	FROM	PERSON
ORDER BY	*Ort*	ORDER BY	*Ort*

Ort	Ort
Augsburg	Augsburg
Berlin	Berlin
Bonn	Berlin
Chicago	Berlin
Entenhausen	Bonn
Frankfurt/Main	Bonn
Göttingen	Bonn
Kaliningrad	Chicago
Köln	Entenhausen
▶ Konstanz	Frankfurt/Main
Moskau	Göttingen
New York	Kaliningrad
Nürnberg	Kaliningrad
Orange	Köln
Paris	Konstanz
Regensburg	Moskau
Rom	New York
Spitzbergen	New York
Weimar	Nürnberg
Wuppertal	Orange
	Paris
	Paris
	Regensburg
	Regensburg
	Rom
	Rom
	Spitzbergen
	Weimar
	Weimar
	Wuppertal

- Ganz anders ist es mit dem dritten „Tabellenvorteil" gegenüber Relationen. Ganz offensichtlich kann man die Tabellenspalten in beliebiger Reihenfolge anordnen, ohne dass der Bezug zur Relation verloren geht. Die Informationen bei der Festlegung des Tabellenkopfes sind so stark, dass der Bezug zwischen einer Spaltenüberschrift der Tabelle und der zugehörigen Komponentenmenge des Kreuzproduktes der Relation bestehen bleibt, auch wenn die Reihenfolge der Spalten geändert wird. Die folgenden Tabellen beschreiben offensichtlich dieselbe Relation:

Tabelle 6.12 Tabellendarstellung in der Spaltenreihenfolge *Id, Vorname, Name*

Id	Vorname	Name
1	Helge	Schneider
2	Karl	Engels
3	Wolfgang	Mozart
4	Pablo	Picasso
5	Albert	Einstein

Tabelle 6.13 Tabellendarstellung derselben Relation in der Spaltenreihenfolge *Name, Vorname, Id*

Name	Vorname	Id
Einstein	Albert	5
Engels	Karl	2
Mozart	Wolfgang	3
Picasso	Pablo	4
Schneider	Helge	1

Aber die Relation, die diesen Tabellen zu Grunde liegt, ist eine Teilmenge eines Kreuzproduktes (beispielsweise von **integer** x **varchar**(30) x **varchar**(30)) und die Reihenfolge der Mengen in solch einem kartesischen Produkt ist eindeutig festgelegt. Also haben wir bei Relationen nicht diese Freiheit der Komponentenvertauschung. Wir möchten sie aber auch auf „Relationenebene" haben. Warum?

6.8 Warum wäre die Freiheit der Komponentenreihenfolge bei den Elementen einer Relation von Vorteil?

Es gibt zwei Gründe: Einen einfachen und einen etwas komplizierteren. Zuerst der einfache:

- Wir sind bei der Beschreibung der Objekte unserer Datenspeicherungen in keiner Weise an einer grundsätzlichen, immer einzuhaltenden Reihenfolge der Attribute interessiert. Genauso wenig hat für Sie bei der Programmierung die Reihenfolge, mit der Sie bei der Deklaration einer Klasse die Attribute festlegen, irgendeine tiefere Bedeutung. Es ist aber schlecht, wenn wir bei unserem grundlegenden theoretischen Konzept Charakteristika feststellen, die der Praxis, die sie beschreiben sollen, völlig widersprechen.

Der komplizierter einzusehende Grund lautet folgendermaßen:

- Bedenken Sie: Wir betrachten Relationen und Operationen und Abbildungen, die aus gegebenen Relationen neue Relationen machen. Unsere Relation Person, die der Tabelle PERSON der Datenbank Allerhand zu Grunde liegt, hat beispielsweise acht Komponenten. Die kann man auf 8! = 40320 Weisen anordnen. Stellen Sie sich vor, wir würden unsere Abbildungen zwischen Relationen NICHT so definieren, dass sie unabhängig von der Reihenfolge der Komponenten sind. Dann müssten wir schon bei so einer einfachen Relation wie der Relation Person viele tausend Einzelfälle berücksichtigen, um alle die Fälle, die man in einer Tabelle jeweils ganz leicht darstellen kann, mit einzuschließen. Mein Interesse muss es also sein, etwas zu definieren, was genauso ist, wie eine Relation – mit einem Unterschied: die Reihenfolge der Komponenten muss egal sein.

Ich möchte also, dass z.B. zwischen

PERSON01 := {(x_1 , x_2 , x_3) ∈ **Personennamen** x **Ländernamen** x **Lebensalter** |

Es gibt eine Person mit dem Namen x_1, die in dem Land mit dem

Namen x_2 wohnt und die genau x_3 Jahre alt ist }

Und

PERSON04 := {(x_1 , x_2 , x_3) ∈ **Ländernamen** x **Lebensalter** x **Personennamen** |

Es gibt eine Person aus dem Land x_1, die genau x_2 Jahre alt ist

und den Namen x_3 trägt }

kein Unterschied besteht, dass beide Male dieselbe Sache beschrieben wird. Wenn uns das gelingt, sind wir wirklich am Ziel.

6.9 Die Lösung: Äquivalenzklassen von Relationen

Ich gebe Ihnen ein Beispiel aus der Welt der Brüche. Sie unterscheiden nicht zwischen (2/3) und (6/9) und (26/39). Alle drei Ausdrücke bedeuten für Sie dieselbe rationale Zahl q. Sie sagen: diese Ausdrücke sind **äquivalent**, der Mathematiker spricht von sogenannten **Äquivalenzklassen**.

Genauso sagen wir:

Definition:

> Zwei Relationen $R \subseteq A_1$ x A_2 x ... x A_n und $S \subseteq B_1$ x B_2 x ... x B_n sind **äqui-valent**, wenn R durch eine Umordnung seiner Komponenten identisch mit S ge-macht werden kann oder – gleichbedeutend – S durch eine Umordnung seiner Komponenten identisch mit R gemacht werden kann.

Und wir fassen jeweils alle äquivalenten Relationen zu einer **Äquivalenzklasse** zusammen, die alle Umordnungen einer Relation enthält. Der Mathematiker weiß: Wir haben eben eine **Äquivalenzrelation** auf der Menge aller Relationen definiert, mit der man gerade solch eine **Klasseneinteilung** erhält. Da der Begriff der **Klasse** in der Informatik jedoch stark durch den Gebrauch in der objektorientierten Programmierung festgelegt ist, werde ich ihn in diesem Zusammenhang mit Vorsicht gebrauchen. Ich definiere:

Definition:

> Sei $R \subseteq A_1$ x A_2 x ... x A_n eine Relation. Dann versteht man unter der **Symmet-rieklasse von R** die Menge aller zu R äquivalenten Relationen. Wir schreiben [R] und nennen [R] auch eine **Relationsklasse**.
>
> Zu einer Symmetrieklasse von Relationen gehören **eindeutige Namen** für die ein-zelnen Komponentenmengen, die so genannten **Attributnamen**. Damit erklären wir die Werte, die für ein einzelnes Element in einer Spalte angenommen, für „Ei-genschaftswerte", für **Attributwerte**. Wir verlangen also für eine Symmetrieklasse von Relationen, dass die n Attributsnamen **eindeutig** sind. Nur so können unab-hängig von der Reihenfolge der Komponenten Eigenschaften und Bedingungen formuliert werden.
>
> Eine Komponentenmenge einer Relationsklasse mit ihrem eindeutigen Namen heißt **Attribut** dieser Relationsklasse. Die zugehörige Komponentenmenge nen-nen wir den **Wertebereich** des Attributs.

Bitte beachten Sie, dass diese Definition der Begriffe Attribut, Attributnamen, Attributwert und Wertebereich völlig „kompatibel" mit den Definitionen in Kapitel 2 sind. Jetzt gebrauchen wir diese Begriffe aber in einem wesentlich formaleren Zusammenhang. Wie schon öfter bemerkt finden Sie die Attributnamen auch in den Tabellenköpfen wieder.

Ich gebe Ihnen ein Beispiel. Betrachten Sie dazu die Tabelle 6.14. Hier sehen Sie 6 Relationen – PERSON01 , PERSON02 , PERSON03 , PERSON04 , PERSON05 , PERSON06 – , die alle zu ein und derselben Symmetrieklasse [PERSON01] gehören.

Tabelle 6.14 Die 6 Relationen der Symmetrieklasse [PERSON01]

Relation	Kreuzprodukt	Bedingung
PERSON01	$(x_1, x_2, x_3) \in$ **Personennamen** x **Ländernamen** x **Lebensalter**	Es gibt eine Person mit dem Namen x_1, die in dem Land mit dem Namen x_2 wohnt und die genau x_3 Jahre alt ist
PERSON02	$(x_1, x_2, x_3) \in$ **Personennamen** x **Lebensalter** x **Ländernamen**	Es gibt eine Person mit dem Namen x_1, die in dem Land mit dem Namen x_3 wohnt und die genau x_2 Jahre alt ist
PERSON03	$(x_1, x_2, x_3) \in$ **Ländernamen** x **Personennamen** x **Lebensalter**	Es gibt eine Person mit dem Namen x_2, die in dem Land mit dem Namen x_1 wohnt und die genau x_3 Jahre alt ist
PERSON04	$(x_1, x_2, x_3) \in$ **Ländernamen** x **Lebensalter** x **Personennamen**	Es gibt eine Person mit dem Namen x_3, die in dem Land mit dem Namen x_1 wohnt und die genau x_2 Jahre alt ist
PERSON05	$(x_1, x_2, x_3) \in$ **Lebensalter** x **Personennamen** x **Ländernamen**	Es gibt eine Person mit dem Namen x_2, die in dem Land mit dem Namen x_3 wohnt und die genau x_1 Jahre alt ist
PERSON06	$(x_1, x_2, x_3) \in$ **Lebensalter** x **Ländernamen** x **Personennamen**	Es gibt eine Person mit dem Namen x_3, die in dem Land mit dem Namen x_2 wohnt und die genau x_1 Jahre alt ist

Als Attributnamen für diese Relationsklasse definiere ich:

- Für die Komponente **Personennamen**: *Name*
- Für die Komponente **Ländernamen**: *Land*
- Für die Komponente **Lebensalter**: *Alter*

Es gilt: [PERSON01] =
       { PERSON01 , PERSON02 , PERSON03 , PERSON04 , PERSON05 , PERSON06 }

bzw.

[PERSON01] = { p | Es gibt ein q = (q_1 , q_2 , q_3) ∈ PERSON01 so, dass gilt:

-     Das Attribut *Name* von p hat den Wert q_1
-     Das Attribut *Land*   von p hat den Wert q_2
-     Das Attribut *Alter*   von p hat den Wert q_3 }

    = { p | Es gibt ein q = (q_1 , q_2 , q_3) ∈ PERSON02 so, dass gilt:

-     Das Attribut *Name* von p hat den Wert q_1
-     Das Attribut *Alter*   von p hat den Wert q_2
-     Das Attribut *Land*   von p hat den Wert q_3 }

    = usw. für alle möglichen Umordnungen von PERSON01

Bedenken Sie bitte, dass allgemein stets gilt:

- R ∈ [R], d.h. die Klasseneinteilung ist **reflexiv**.
- R ∈ [S] → S ∈ [R], d.h. die Klasseneinteilung ist **symmetrisch**.
- R ∈ [S] und S ∈ [T] → R ∈ [T], d.h. die Klasseneinteilung ist **transitiv**.

Nun ist alle Arbeit, die nötig ist, um den Tabellen eine abstrakte theoretische Grundlage zu geben, mit der man weiterarbeiten kann, getan.

6.10 Konsequenzen für Abbildungen und Operatoren

Unsere Klassenbildung hat eine sehr wichtige Konsequenz für alle Abbildungen und Operatoren, die wir definieren werden.

> Alle Abbildungen und Operatoren, die wir auf der Menge der Relationen definieren werden, müssen die Eigenschaft haben, dass sie Relationen aus derselben Symmetrieklasse auch wieder auf Relationen einer gemeinsamen Symmetrieklasse sind. Man sagt dazu: Die Abbildungen und Operatoren müssen die Einteilung der Relationen in Symmetrieklassen **respektieren**.

Falls unsere Abbildungen und Operatoren diese Eigenschaften haben, dann taugen sie dazu, auch als Abbildungen und Operatoren auf der Menge der Symmetrieklassen von Relationen aufgefasst werden zu können. Sie sehen: Hier liefert uns die Theorie – angeregt durch eine Beobachtung aus der „praktischen" Tabellenwelt – ein gutes Kriterium an die Hand, mit dem wir Manipulationen an Relationen beurteilen können. Ich gebe Ihnen für das oben gesagte zwei einfache Beispiele. Es geht dabei wieder um unsere Symmetrieklasse [PERSON01].

- Wir definieren eine Projektion **P** für die Relation PERSON01, indem wir festlegen, dass in der neuen Relation alle Tupel nur noch aus den Einträgen der Attribute *Name* und *Land* bestehen sollen. Dann liefert uns dieselbe Projektionsfestlegung für PERSON02, PERSON03, PERSON04, PERSON05 und PERSON06 lauter äquivalente Relationen. Es gilt:

  $$P(PERSON01) = P(PERSON02) =$$

  $$= P(PERSON05) \subseteq \textbf{Personennamen x Ländernamen}$$

  $$P(PERSON03) = P(PERSON04) =$$

  $$= P(PERSON06) \subseteq \textbf{Ländernamen x Personennamen}$$

  Beide Fälle repräsentieren natürlich äquivalente Relationen, wir „landen" stets in derselben neuen Symmetrieklasse

- Nun definieren wir eine Projektion **Q** für die Relation PERSON01, indem wir festlegen, dass in der neuen Relation alle Tupel nur noch aus den Einträgen der ersten beiden Komponenten bestehen sollen. Dann liefert uns dieselbe Projektionsfestlegung für PERSON02, PERSON03, PERSON04, PERSON05 und PERSON06 **nicht**-äquivalente Relationen. Es gilt:

Q(PERSON01) $\subseteq$ **Personennamen x Ländernamen**

ist äquivalent zu

Q(PERSON03) $\subseteq$ **Ländernamen x Personennamen**

Aber: **Q(PERSON01)** ist **nicht** äquivalent zu:

a.   **Q(PERSON02)** $\subseteq$ **Personennamen x Lebensalter**

b.   **Q(PERSON04)** $\subseteq$ **Ländernamen x Lebensalter**

c.   **Q(PERSON05)** $\subseteq$ **Lebensalter x Personennamen**

d.   **Q(PERSON05)** $\subseteq$ **Lebensalter x Ländernamen**

Darum ist diese Abbildung auf der Menge der Relationen für unsere Zwecke nicht geeignet.

Merken Sie, wie wichtig die eindeutigen Attributnamen sind?

6.11 Nomenklatur

Lassen Sie mich Ihnen zum Abschluss noch zwei weitere Begriffe nennen, die im Zusammenhang mit Relationen oft genannt werden.

Definitionen:

Die **Kardinalität** einer **Relation R** bezeichnet die Anzahl der Elemente einer Relation.

Die **Kardinalität** einer **Relationsklasse [R]** ist identisch mit der Kardinalität von R.

Kardinalitäten sind offensichtlich – insbesondere im Zusammenhang mit der täglichen Datenbankarbeit, wo eingefügt und gelöscht wird – sehr veränderliche Größen.

Der **Grad** einer **Relation R** ist die Anzahl der Komponenten, welche die Tupelelemente der Relation haben.

Der **Grad** einer **Relationsklasse [R]** ist identisch mit dem Grad von R.

Zum Beispiel hat der Grad unserer Relationsklasse ARTIKEL den Wert 7

Beide Definitionen für eine Relationsklasse funktionieren genau deshalb, weil äquivalente (also nur umgeordnete) Relationen immer dieselbe Kardinalität und denselben Grad haben.

Jetzt können wir abschließend definieren:

6.12 Das relationale Modell – die abschließende Charakterisierung

Das relationale Modell ist durch die folgenden drei Punkte charakterisiert:

1. Die Daten können nur in Form von **Symmetrieklassen** von Relationen betrachtet und verändert werden. Das wird oft der **strukturelle Aspek**t genannt.

2. Alle **Operatoren**, die dem Benutzer zur Manipulation von Daten zur Verfügung stehen, operieren grundsätzlich nur auf Symmetrieklassen von Relationen und ergeben auch wieder neue Symmetrieklassen von Relationen. Ein relationales System enthält mindestens die Operatoren RESTRICT, PROJECT und JOIN. Man nennt diesen zweiten Punkt den **manipulativen Aspekt** des relationalen Modells.

3. Symmetrieklassen von Relationen müssen gewissen **Integritätsbedingungen** genügen. Vergleichen Sie dazu bitte Kapitel 5, Abschnitt 5.8 und Kapitel 8.

Das war wirklich harte Arbeit und wir sind ein gutes Stück weitergekommen. Ich fasse zusammen:

6.13 Zusammenfassung

Zunächst haben wir – und zwar auf strikt mathematische Weise – definiert, was eine Relation ist. (Abschnitt 6.1 bis 6.3)

Wir haben aber im Gegensatz zu einer möglichen Darstellung in einem Mathematikbuch stets sehr genau im Auge behalten, wie sich Relationen bzw. die Elemente von Relationen, die so genannten Tupel, in Tabellen darstellen lassen. Eine wichtige Rolle spielte dabei der Begriff des Tabellenkopfes. Nachdem wir diese beiden Begriffe – „Relation" und „Tabelle zur Darstellung einer Relation" – in den Abschnitten 6.3 und 6.4 eingeführt hatten, konnten wir mit der eigentlichen Gegenüberstellung, mit der Beschreibung der Kontroverse zwischen ihnen beginnen. Wir stellten die folgenden fünf Punkte fest:

1. Die Kardinalität einer Relation ist wesentlich weniger offensichtlich als dies bei der Kardinalität einer Tabelle der Fall ist. Insbesondere hat eine Datenbanktabelle stets eine endliche Kardinalität, was bei einer Relation natürlich nicht der Fall zu sein braucht. (Abschnitt 6.6)

2. Die Elemente einer Relation sind zunächst nicht in irgendeiner Weise sortiert. Das gibt uns bei einer Relation die Option zu jeder beliebigen Sortierung. Sobald man die Elemente einer Relation in einer Tabelle dargestellt hat, ist diese Option verloren, man muss sich stets für eine bestimmte Sortierung entscheiden. (Abschnitt 6.6)

3. Jedes Element einer Relation ist einzig in dieser Relation. In einer Tabelle kann ich ein und dasselbe Tupel mehrmals eintragen. Das ist eine schlechte Eigenschaft, sie sollte nicht ausgenutzt werden. (Abschnitt 6.7)

4. In einer Relation muss bei jedem Element in jeder Tupelkomponente ein Element aus der entsprechenden Menge des Kreuzprodukts ausgewählt sein. Es gibt keine „leeren" Tupelkomponenten. Dagegen können in einer Tabelle einzelne Spalteneinträge leer bleiben. Diese Möglichkeit zum Verwendung so genannter NULL-Werte ist eine schlechte Eigenschaft, sie sollte nicht ausgenutzt werden. (Abschnitt 6.7)

5. Tabellen sind im Gegensatz zu Relationen durch die eindeutige Information in den Tabellenköpfen nicht zu einer festen Reihenfolge der Tabellenspalten zur Darstellung der Elemente einer Relation gezwungen. Wir wollten diese Freiheit der Komponentenreihenfolge auch für die Relationen erreichen und definierten dazu die so genannte Symmetrieklasse einer Relation. (Abschnitte 6.7, 6.8 und 6.9)

Da wir jetzt nicht mehr die Reihenfolge der Elemente eines Tupels zur Identifizierung einer Komponente einer Relation zur Verfügung haben, brauchen wir für jede Komponente einen eindeutigen Attributnamen zu seiner Identifikation. (Abschnitt 6.9)

Aus dem Konzept der Symmetrieklasse einer Relation ergab sich eine wichtige Konsequenz für alle Abbildungen und Operatoren, die auf der Menge der Relationen definiert werden: **Sie müssen äquivalente Relationen wieder auf äquivalente Relationen abbilden**. (Abschnitt 6.10)

Tabellen müssen sich in fast allen Fragen nach den Strukturen der Relationen richten. Jedoch: Die Bedeutung der Tabellen bei der Darstellung von Relationen ist nirgendwo so groß wie im Falle der relationalen Datenbanken. Diese Bedeutung zwingt die Relationen ihrerseits wieder dazu, sich den Tabellen anzupassen und zur Repräsentation einer Tabelle nur noch in vollständigen Äquivalenzklassen aufzutreten. Das wiederum gibt uns ein gutes Kriterium für die Beurteilung geeigneter Operatoren und Abbildungen. Wenn das keine produktive Kontroverse ist!

Die Charakterisierung des relationalen Modells mit Hilfe der Relationsklassen schloss dieses erste theoretische Kapitel ab (Abschnitt 6.12)

Übungsaufgaben

1. Sei A:= {1 , 2 , 3 }, B:= { eins, zwei }

    a) Geben Sie sämtliche Elemente von A x B an.

    b) Es sei R := { (x,y) ∈ A x B | y ist der Name für die Zahl x }. Ist R eine Re-
        lation? (Argumentieren Sie mit der Definition einer Relation)

    c) Stellen Sie R (vollständig) in einer Tabelle dar. Denken Sie an den Tabel-
        lenkopf.

    d) Wie ist die Symmetrieklasse [R], die zu dem obigen R gehört, definiert?
        Vergessen Sie bitte nicht die Definition der Attribute. Sie sollten mit den
        Angaben im Tabellenkopf übereinstimmen.

2. Sei A:= **varchar**(20), B:= **varchar**(20)

    a) Geben Sie zwei beliebige Elemente von A x B an.

    b) Es sei R := { (x, y) ∈ A x B | Es gibt eine Gewinnerin oder einen Gewinner
        eines Nobelpreises mit Vornamen = x und Namen = y. Ist R eine Relation?
        Geben Sie mindestens fünf Elemente von R an.

    c) Stellen Sie die in 2b) gefunden Elemente von R in einer Tabelle dar. Den-
        ken Sie an den Tabellenkopf.

    d) Wie ist die Symmetrieklasse [R], die zu dem obigen R gehört, definiert?
        Vergessen Sie bitte nicht die Definition der Attribute. Sie sollten mit den
        Angaben im Tabellenkopf übereinstimmen.

3. Wir haben in Abschnitt 6.4 unsere Tabelle ARTIKEL als Relation dargestellt. Defi-
    nieren Sie nun die entsprechende Relationsklasse zu dieser Tabelle – genauso, wie
    wir es mit der Relation PERSON01 gemacht haben.

4. Machen Sie dasselbe, was Sie in Aufgabe 3 gemacht haben, auch mit den restlichen
    Tabellen unserer Beispieldatenbank Allerhand.

5.   Betrachten Sie noch einmal das Beispiel einer Relation aus Aufgabe 2. Hier sind die Komponentenmengen für alle Komponenten **identisch**, nämlich = **varchar**(20).

a)   Ich möchte nur die Nachnamen meiner Nobelpreisträger sehen. Ich sage dazu:

   •   Zeige mir die Tabelle mit allen (voneinander verschiedenen) Strings der zweiten Komponente.

   Was ist daran problematisch? Zeigen Sie, dass ich hier meiner eigenen Charakterisierung des relationalen Modells zuwider handele.

b)   Wie muss ich stattdessen korrekterweise vorgehen? Was brauche ich dazu?

7 Relationale Operatoren als Grundlage aller manipulativen Operationen

Ich erinnere Sie daran: Das Wort hat in diesem Abschnitt des Buches der Theoretiker. Er wird uns aus seiner – stark von mathematischen Strukturen beeinflussten – Sicht erklären, wie Operatoren auf Relationen auszusehen haben, die außerdem auch noch unsere Äquivalenzklassenbildung respektieren. Wir beginnen mit einer Definition und einigen Bemerkungen:

7.1 Unsere grundlegende Definition und einige Bemerkungen

Definition:

Die Bemerkungen:

- Oft verlangt man in der Mathematik mehr von einem Operator: Er soll nicht nur eine Abbildung sein, er soll eine lineare Abbildung sein. Dazu braucht man auf den beiden Mengen, die zu der Abbildung gehören, dem Definitionsbereich und dem Bildbereich eine Vektorraumstruktur oder eine Algebrastruktur, damit diese Anforderung einen Sinn macht. Wir müssten also beispielsweise aus *SR* eine Algebra machen und nachweisen, dass die Operatoren, die wir definieren werden, die Algebraoperationen respektieren. Codd, der Begründer dieser Theorie, ist dementsprechend vorgegangen und deshalb wird auch im Zusammenhang mit den Operatoren in den Büchern gerne von einer relationalen Algebra gesprochen. Wir werden auf diesen Gesichtspunkt nicht so großen Wert legen sondern lediglich unsere Operatoren definieren und analysieren, was sie genau leisten.

- Bitte bemerken Sie (noch einmal), dass die Anforderung, dass unsere Operatoren aus Symmetrieklassen von Relationen wieder Symmetrieklassen von Relationen machen, genau den Definitionen des Relationalen Modells im fünften und im sechsten Kapitel entsprechen: Daten tauchen grundsätzlich nur in Form von Tabellen bzw. Symmetrieklassen von Relationen auf, egal was man mit ihnen macht. Man spricht auch von der Abgeschlossenheit der relationalen Algebra unter all ihren Operatoren. Diese Anforderung bedeutet auch, dass man mehrere Operatoren hintereinander auf Relationen bzw. Symmetrieklassen von Relationen anwenden kann. Denn: Man verlässt niemals die Welt der Relationen.

- Lassen Sie sich bitte nicht dadurch verwirren, dass wir nicht von Relationen sondern von **Symmetrieklassen** von Relationen bzw. von **Relationsklassen** sprechen. Denn wir müssen unsere Operatoren für **Repräsentanten** dieser Äquivalenzklassen definieren, d.h. **wir müssen sie für Relationen definieren.** Wir unterscheiden uns also in dieser Hinsicht nicht von anderen Konzepten zur theoretischen Fundierung der relationalen Datenbanken. Und – egal wie man vorgeht – man muss zusätzlich beweisen, dass diese Operatoren äquivalente Relationen wieder auf äquivalente Relationen abbilden. Auch wenn diese Tatsache oft mit anderen Worten beschrieben wird.

- Grundsätzlich erreicht man für Operatoren diese Eigenschaft dadurch, dass man die **Operatoren mit Hilfe der Attribute bzw. der Attributnamen definiert**. Diese sind für alle Komponenten eindeutig und erlauben es, Zuordnungen, Bedingungen und Vorschriften unabhängig von der Position einer Komponente im kartesischen Produkt zu formulieren.

- Sobald wir den entsprechenden Nachweis geführt haben, sind unsere Operatoren auch für die Symmetrieklassen von Relationen definiert und wir können sie schließlich auch für Tabellen definieren.

- Die erste Version, das erste „Release" dieser Algebra wurde von Codd Anfang der siebziger Jahre des letzten Jahrhunderts formuliert. Diese erste Version bestand aus acht Operatoren, die wir im Folgenden vorstellen werden. Ich erinnere Sie noch einmal daran, dass laut unserer Definition des relationalen Modells auf jeden Fall die Operatoren RESTRICT, PROJECT und JOIN zu diesen Operatoren gehören müssen.

- Jede Datensprache, genauer: der manipulative Teil (der DML-Teil) einer Datensprache muss Befehle enthalten, mit denen diese manipulativen Operatoren angewendet werden können. Hier liefert uns unsere Theorieabteilung ein weiteres Kriterium zur Qualitätsprüfung aller implementierbaren bzw. implementierten Produkte.

Ich will nun die wichtigsten relationalen Operatoren der Reihe nach mit Ihnen besprechen.

7.2 Acht relationale Operatoren

Die ersten drei Operatoren haben als „Input" stets zwei Symmetrieklassen von Relationen und liefern als „Output" eine neue Symmetrieklasse. Die Input-Klassen müssen eine bestimmte Kompatibilitätsbedingung erfüllen. Sie lautet – zunächst für Relationen definiert – folgendermaßen:

Definition:

> Zwei Relationen R und S heißen **union-kompatibel** oder auch **typ-kompatibel**, wenn R und S Teilmengen desselben Kreuzproduktes M_1 x ... x M_n sind.

Bemerken Sie bitte, dass das u.a. auch bedeutet, dass R und S denselben Grad haben. Nun können wir diese Definition auch für Symmetrieklassen von Relationen geben. Sie lautet:

Definition:

> Zwei Symmetrieklassen von Relationen [R] und [S] heißen **union-kompatibel** oder auch **typ-kompatibel**, wenn es Relationen $\rho \in$ [R] und $\sigma \in$ [S] gibt, sodass ρ (gemäß der Definition für Relationen) union-kompatibel zu σ ist.

Der Operator UNION oder: Die Vereinigung

Kurze Beschreibung von UNION	Der Operator **UNION** bildet die Vereinigungsmenge von zwei Relationen bzw. Relationsklassen.
Definition von UNION für Relationen	Es seien R und S zwei typ-kompatible Relationen, $R \subseteq M_1$ x ... x M_n und $S \subseteq M_1$ x ... x M_n. Dann ist **UNION(R, S)** gerade die Relation $$R \cup S \subseteq M_1 \text{ x ... x } M_n$$
UNION respektiert die Einteilung in Äquivalenzklassen	Die Relation R_2 sei eine komponentenweise Umordnung der Relation R_1, ebenso sei die Relation S_2 eine komponentenweise Umordnung der Relation S_1. R_1 und S_1 seien typkompatibel, ebenso seien R_2 und S_2 typkompatibel. Dann ist $R_1 \cup S_1$ eine komponentenweise Umordnung von $R_2 \cup S_2$

Definition von UNION für Symmetrieklassen	Es seien [R] und [S] zwei typ-kompatible Symmetrieklassen von Relationen. $R \subseteq M_1$ x ... x M_n und $S \subseteq M_1$ x ... x M_n seien Repräsentanten, die als Relationen typ-kompatibel sind. Dann ist **UNION([R], [S])** gerade die Symmetrieklasse $[R \cup S]$
Beispiel für UNION	Sei [R] die Menge aller Artikel, die zur Artikelgruppe mit der *Id* 9 gehören. Sei [S] die Menge aller Artikel, deren *Preis* > 50000 € ist. Dann zeigt die folgende Tabelle gerade die Elemente von UNION([R], [S]):

Id	Artikelnr	Bezeichnung	GId	LId	BMge	Preis
2	A0090001	Hilfsmotoren	9	5	514	99,23 €
4	A0040001	Steinway Flügel	4	6	7	52.000,00 €
5	A0090002	Topfpflanzen	9	19	356	20,65 €

Der Operator INTERSECTION oder: Der Durchschnitt

Kurze Beschreibung von INTERSECTION	Der Operator **INTERSECTION** bildet die Schnittmenge von zwei Relationen bzw. Relationsklassen.
Definition von INTERSECTION für Relationen	Es seien R und S zwei typ-kompatible Relationen, $R \subseteq M_1$ x ... x M_n und $S \subseteq M_1$ x ... x M_n. Dann ist **INTERSECTION(R, S)** gerade die Relation $R \cap S \subseteq M_1$ x ... x M_n
INTERSECTION respektiert die Einteilung in Äquivalenzklassen	Die Relation R_2 sei eine komponentenweise Umordnung der Relation R_1, ebenso sei die Relation S_2 eine komponentenweise Umordnung der Relation S_1. R_1 und S_1 seien typ-kompatibel, ebenso seien R_2 und S_2 typkompatibel. Dann ist $R_1 \cap S_1$ eine komponentenweise Umordnung von $R_2 \cap S_2$.

Definition von INTERSECTION für Symmetrieklassen	Es seien [R] und [S] zwei typ-kompatible Symmetrieklassen von Relationen. $R \subseteq M_1 \times \ldots \times M_n$ und $S \subseteq M_1 \times \ldots \times M_n$ seien Repräsentanten, die als Relationen typ-kompatibel sind. Dann ist **INTERSECTION([R], [S])** gerade die Symmetrieklasse $[R \cap S]$
Beispiel für INTER-SECTION: **KUNDE** **LIEFERANT**	Sei [R] die Menge der Personen, die Kunden sind, sei [S] die Menge der Personen, die Lieferanten sind. Dann zeigt die folgende Tabelle gerade die Elemente von INTERSECTION([R], [S]):

Id	Name	Vorname	Strasse	Nr	Plz	Ort	Land
15	Hooker	John Lee	Long Road	66	unbekannt	Chicago	USA
20	Mouse	Mickey	Barksweg	46	12344	Entenhausen	Disneyland

Der Operator DIFFERENCE oder: Die Differenz

Kurze Beschreibung von DIFFERENCE	Der Operator **DIFFERENCE** bildet die Differenzmenge von zwei Relationen bzw. Relationsklassen.
Definition von DIFFERENCE für Relationen	Es seien R und S zwei typ-kompatible Relationen, $R \subseteq M_1 \times \ldots \times M_n$ und $S \subseteq M_1 \times \ldots \times M_n$. Dann ist **DIFFERENCE(R, S)** gerade die Relation $R \setminus S \subseteq M_1 \times \ldots \times M_n$ (Sprich: R ohne S)
DIFFERENCE respektiert die Einteilung in Äquivalenzklassen	Die Relation R_2 sei eine komponentenweise Umordnung der Relation R_1, ebenso sei die Relation S_2 eine komponentenweise Umordnung der Relation S_1. R_1 und S_1 seien typ-kompatibel, ebenso seien R_2 und S_2 typkompatibel. Dann ist $R_1 \setminus S_1$ eine komponentenweise Umordnung von $R_2 \setminus S_2$

Definition von DIFFERENCE für Symmetrieklassen	Es seien [R] und [S] zwei typ-kompatible Symmetrieklassen von Relationen. $R \subseteq M_1$ x ... x M_n und $S \subseteq M_1$ x ... x M_n seien Repräsentanten, die als Relationen typ-kompatibel sind. Dann ist **DIFFERENCE([R], [S])** gerade die Symmetrieklasse [R \ S]
Beispiel für DIFFE-RENCE: **PERSON \ LIEFERANT**	Sei [R] die Menge der Personen, sei [S] die Menge der Personen, die Lieferanten sind. Dann zeigt die folgende Tabelle gerade die Elemente von DIFFERENCE([R], [S]) (also alle Personen, die keine Lieferanten sind):

Id	Name	Vorname	Strasse	Nr	Plz	Ort	Land
2	Engels	Karl	Rotlindstrasse	12	01848	Wuppertal	Deutschland
3	Mozart	Wolfgang	Tonikastrasse	32	70178	Regensburg	Deutschland
4	Picasso	Pablo	Highway	61	unbekannt	New York	USA
7	Lennon	John	Penny Lane	33	unbekannt	New York	USA
8	Sellers	Peter	Luisenstrasse	5	53024	Bonn	Deutschland
9	Cluseau	Inspektor	Luisenstrasse	5	53024	Bonn	Deutschland
12	Hau	Arnold	Hattersheimer Strasse	11	60309	Frankfurt/Main	Deutschland
13	Fellini	Federico	Via Mala	10	unbekannt	Rom	Italien
16	Marx	Groucho	Funny Valentine	12	23154	Augsburg	Deutschland
18	Dylan	Robert	Arndtstrasse	41	45634	Nürnberg	Deutschland
23	Mammu	Manfred	Gletscherspalte	7	00005	Spitzbergen	Grönland
24	Zetkin	Clara	Weg	25	32145	Berlin	Deutschland
25	Sharif	Omar	Schiwagoplatz	1	unbekannt	Moskau	Russland
27	Goethe	Wolfgang	Am Platz	1	01804	Weimar	Deutschland
28	Schiller	Friedrich	Am Platz	1	01804	Weimar	Deutschland
30	Euler	Leonhard	Brückenstrasse	7	unbekannt	Kaliningrad	Russland

Für die folgenden Operatoren brauchen wir die (starke) Einschränkung der Typ-Kompatibilität nicht mehr - sie sind mit beliebigen Relationen möglich.

Der Operator PRODUCT oder: Das kartesische Produkt

Wie es die Überschrift schon andeutet ist hier mit dem Wort PRODUCT unser „alter Bekannter", das kartesische Produkt gemeint. Wir definieren:

Kurze Beschreibung von PRODUCT	Der Operator **PRODUCT** bildet das kartesische Produkt von zwei Relationen bzw. Relationsklassen.
Definition von PRODUCT für Relationen	Es seien R und S zwei Relationen, $R \subseteq A_1 \times \dots \times A_m$ und $S \subseteq B_1 \times \dots \times B_n$. Dann ist **PRODUCT(R, S)** gerade die Relation $$R \times S \subseteq A_1 \times \dots \times A_m \times B_1 \times \dots \times B_n,$$ das kartesische Produkt aus R und S
PRODUCT respektiert die Einteilung in Äquivalenzklassen	Die Relation R_2 sei eine komponentenweise Umordnung der Relation R_1, ebenso sei die Relation S_2 eine komponentenweise Umordnung der Relation S_1. Dann ist auch $R_1 \times S_1$ eine komponentenweise Umordnung von $R_2 \times S_2$
Definition von PRODUCT für Symmetrieklassen	Es seien [R] und [S] zwei Symmetrieklassen von Relationen. $R \subseteq A_1 \times \dots \times A_m$ und $S \subseteq B_1 \times \dots \times B_n$. seien Repräsentanten dieser Symmetrieklassen. Dann ist **PRODUCT([R], [S])** gerade die Symmetrieklasse [R x S]
Beispiel für PRODUCT:	Sei [R] die Menge aller Artikel und es sei [S] die Menge aller Artikelgruppen. [R] hat 30 Elemente, [S] hat 10 Elemente. Die Symmetrieklasse PRODUCT([R], [S]) = [R x S] hat dann $30 \cdot 10 = 300$ Elemente. Ich zeige Ihnen in der folgenden Tabelle die ersten fünfzehn Elemente, die man erhält, wenn man zunächst nach ARTIKEL.*Id* und bei gleicher ARTIKEL.*Id* nach ARTIKELGRUPPE.*Id* sortiert:

	A.Id	Artikelnr	A.Bezeichnung	AGId	LId	BMge	Preis	AG.Id	AG.Bezeichnung
	1	A0010002	Lampenschirme	1	6	669	10,13 €	1	Kleinteile
	1	A0010002	Lampenschirme	1	6	669	10,13 €	2	Elektronik-Fachgerät
	1	A0010002	Lampenschirme	1	6	669	10,13 €	3	Haushaltswaren
ARTIKEL	1	A0010002	Lampenschirme	1	6	669	10,13 €	4	Musikalien
X	1	A0010002	Lampenschirme	1	6	669	10,13 €	5	Lebensmittel
	1	A0010002	Lampenschirme	1	6	669	10,13 €	6	Bücher
	1	A0010002	Lampenschirme	1	6	669	10,13 €	7	Tabakwaren
ARTIKEL-	1	A0010002	Lampenschirme	1	6	669	10,13 €	8	Larifari
GRUPPE	1	A0010002	Lampenschirme	1	6	669	10,13 €	9	Kokolores
	1	A0010002	Lampenschirme	1	6	669	10,13 €	10	Autozubehör
	2	A0090001	Hilfsmotoren	9	5	514	99,23 €	1	Kleinteile
	2	A0090001	Hilfsmotoren	9	5	514	99,23 €	2	Elektronik-Fachgerät
	2	A0090001	Hilfsmotoren	9	5	514	99,23 €	3	Haushaltswaren
	2	A0090001	Hilfsmotoren	9	5	514	99,23 €	4	Musikalien
	2	A0090001	Hilfsmotoren	9	5	514	99,23 €	5	Lebensmittel

Bitte beachten Sie dazu die folgenden Bemerkungen:

- Denken Sie daran: Bei kartesischen Produkten ist die Anzahl der Elemente des Produktes stets gleich dem Produkt der Anzahl der Elemente der einzelnen Komponenten

- Warum macht man so etwas „Unsinniges" wie diese Produktbildung? Was macht es für einen Sinn, den Artikel „Lampenschirm" mit der Artikelgruppe „Bücher" zu koppeln? Lassen Sie mich Sie in diesem Zusammenhang daran erinnern, dass bei allem, was wir bisher zu dem Thema „Relationen und Tabellen" besprochen haben, Kreuzprodukte stets die Grundlage unserer Untersuchungen bildeten, von denen aus wir zu den uns interessierenden Tabellen vorgestoßen sind. Genauso wird es auch hier sein. **Kreuzprodukte** sind **der erste Schritt** zu für uns sinnvollen Verbindungen von Tabellen. Der zweite Schritt folgt sogleich:

Der Operator RESTRICT oder: Die Restriktion, die restriktive Bedingung

Wir haben diesen Operator schon am Ende des fünften Kapitels kurz für Tabellen eingeführt. Sehen Sie jetzt unsere „relational-symmetrische" Definition.

Kurze Beschreibung von **RESTRICT**	Der Operator **RESTRICT** bildet eine Teilmenge einer Relation bzw. einer Relationsklasse, die nur noch die Elemente enthält, die eine bestimmte Bedingung erfüllen.
Definition von RESTRICT für Relationen	Es sei R eine Relation und χ: R $\rightarrow$ {*false*, *true*} sei eine Abbildung. Dann ist **RESTRICT(R,** gerade die Relation $\{x \in R \mid \chi(x) = true\}$ Man nennt „$\chi(x) = true$" auch die (restriktive) Bedingung und schreibt – in Anlehnung an den Formalismus in SQL – auch: $$R \text{ WHERE } \chi(x) = true$$ Es gilt offensichtlich: $R \text{ WHERE } \chi(x) = true \subseteq R$

Ehe wir weitermachen, müssen wir etwas sehr wichtiges klären. **Wir dürfen nur noch Bedingungen zulassen, die unabhängig von der Attributreihenfolge im kartesischen Produkt von der Relation R sind**. Dann können wir definieren:

Definition:

Es sei [R] eine Symmetrieklasse von Relationen, χ: R $\rightarrow$ {*false*, *true*} sei eine Abbildung, die von der Reihenfolge der Komponenten von R unabhängig ist. Wir müssen zur Definition solch einer Abbildung wieder mit den eindeutigen Attributnamen arbeiten. χ kann dann zu einer **Abbildung auf der Menge der Äquivalenzklassen**, also zu einer Abbildung Φ: [R] $\rightarrow$ {*false*, *true*} erweitert werden. Dies geschieht durch die Vorschrift:

$$y \text{ sei eine Umordnung von } x \in R \rightarrow \Phi(y) := \chi(x)$$

Da wir von χ verlangt haben, dass alle Umordnungen eines Elementes auf denselben Wert abgebildet werden, ist diese Vorschrift unabhängig von der speziellen Wahl von $x \in R$.

Ich möchte Ihnen zur Verdeutlichung zwei Beispiele für Restriktionen auf Relationen geben. Das erste Beispiel ist erweiterbar zu einer Bedingung für die zugehörige Relationsklasse, das zweite nicht:

Betrachten Sie die dazu Relation ARTIKEL.

- Die Bedingung:

  *Der **Preis** muss größer als 50 € sein*

  ist unabhängig von der Reihenfolge der Komponenten und kann sofort auf die Äquivalenzklasse [ARTIKEL] erweitert werden. Beachten Sie, wie wir mit dem Attributnamen für die Einträge dieser Komponente gearbeitet haben.

- Dagegen ist die Bedingung:

  Der Wert der 7. Komponente muss größer als 0 sein

  extrem abhängig von der Reihenfolge der Komponenten und daher nicht zu einer Verallgemeinerung für die Äquivalenzklasse [ARTIKEL] geeignet.

Jetzt können wir mit der Definition des **RESTRICT**-Operators fortfahren.

Definition von RESTRICT für Symmetrieklassen	Es sei [R] eine Symmetrieklasse von Relationen und Φ: [R] $\rightarrow$ {*false*, *true*} sei eine Abbildung. Dann ist **RESTRICT([R,)** gerade die Äquivalenzklasse {x $\in$ [R]	Φ (x) = *true*} Man schreibt auch: $$[R] \text{ WHERE } \chi(x) = \textbf{\textit{true}}$$
1. Beispiel für RESTRICT auf Relationsklassen: **ARTIKEL WHERE *Bezeichnung* beginnt mit 'D'**	Sei [R] die Menge aller Artikel und sei Φ: [R] $\rightarrow$ {*false*, *true*} die Abbildung, die folgendermaßen definiert ist: Φ (x) = *true* genau dann, wenn die ***Bezeichnung*** von x mit 'D' beginnt. Die folgende Tabelle zeigt Ihnen sämtliche Elemente von RESTRICT([R], Φ)

	Id	Artikelnr	Bezeichnung	Gld	Lid	BMge	Preis
ARTIKEL	14	A0060003	Der Name der Rose	6	6	562	26,21 €
WHERE *Bezeich-*	15	A0060002	Der Termin	6	22	153	16,00 €
nung **beginnt mit**	29	A0020003	Drucker	2	11	0	2.300,00 €
'D'	16	A0020004	Drucker	2	14	8	879,99 €
	25	A0020001	DVD-Player	2	22	12	175,35 €

Das zweite Beispiel schließt sich an die Bemerkungen an, die wir bei der Diskussion des Produktoperators gemacht haben. Wir benutzen jetzt die Restriktion, um all das, was uns beim Produkt stört, herauszufiltern. Das geschieht folgendermaßen:

2. Beispiel für RESTRICT auf Relationsklassen	Sei wieder [R] die Menge aller Artikel und es sei [S] die Menge aller Artikelgruppen. Wir wollen jetzt auf dem Produkt [R x S] eine Restriktion definieren. Sei dazu Φ: [R x S] $\rightarrow$ {*false*, *true*} die Abbildung, die folgendermaßen definiert ist:

$\Phi(x,y)$ = *true* genau dann, wenn der Wert des Feldes *ArtikelgruppeId* des Artikels x mit dem Wert des Feldes *Id* der Artikelgruppe y übereinstimmt.

RESTRICT([R x S], Φ) hat jetzt nur noch 30 Elemente, die anderen 270 Elemente wurden herausgefiltert. Und die folgende Tabelle zeigt Ihnen die ersten 12 Elemente von RESTRICT([R x S], Φ) – in derselben Sortierung wie unsere Produktelemente im vorletzten Beispiel)

ARTIKEL x ARTIKEL-GRUPPE

WHERE *Artikelgruppeld* = **ARTIKEL-GRUPPE.***Id*

A.Id	Artikelnr	A.Bezeichnung	AGld	Lid	BMge	Preis	AG.Id	AG.Bezeichnung
1	A0010002	Lampenschirme	1	6	669	10,13 €	1	Kleinteile
2	A0090001	Hilfsmotoren	9	5	514	99,23 €	9	Kokolores
3	A0020005	Video-Recorder	2	15	848	112,34 €	2	Elektronik-Fachgerät
4	A0040001	Steinway Flügel	4	6	7	300,00 €	4	Musikalien
5	A0090002	Topfpflanzen	9	19	356	20,65 €	9	Kokolores
6	A0020002	Akku	2	5	890	2,37 €	2	Elektronik-Fachgerät
7	A0040003	Altsaxophon	4	19	98	300,00 €	4	Musikalien
8	A0030001	Bilderrahmen	3	22	767	177,85 €	3	Haushaltswaren
9	A0020006	Computer	2	15	390	119,98 €	2	Elektronik-Fachgerät
10	A0060001	Software Engine	6	22	640	13,90 €	6	Bücher
11	A0040002	Fake Book	4	6	920	42,00 €	4	Musikalien
12	A0010004	Schrauben	1	10	689	2,39 €	1	Kleinteile

Bemerkung:

Etwas stört beim zweiten Beispiel: Wenn Sie die **4. Tabellenspalte** (hier stehen die Werte des Attributs ARTIKEL.*ArtikelgruppeId*) mit der **8. Tabellenspalte** (hier stehen die Werte des Attributs ARTIKELGRUPPE.*Id*) vergleichen, stellen Sie fest, dass hier grundsätzlich die gleichen Werte stehen. Schließlich war es ja genau das, was unsere Restriktionsbedingung verlangte. Wir wollen diese Information aber natürlich nur einmal sehen. Um das zu erreichen, brauchen wir einen weiteren Operator, den wir jetzt definieren werden.

Der Operator PROJECT oder: Die Projektion

Auch diesen Operator haben wir schon am Ende des fünften Kapitels für Tabellen eingeführt. Sehen Sie jetzt wieder unsere „relational-symmetrische" Definition.

Kurze Beschreibung von PROJECT	Der Operator **PROJECT** projiziert eine Relation bzw. eine Relationsklasse auf eine Menge, deren Elemente „schmaler" sind, die also weniger Komponenten haben.

Definition von PROJECT für Relationen mit Attributnamen
 	
 Einfachster Fall: Es wird genau eine Komponente herausprojiziert
	Es sei R eine Relation, $R \subseteq A_1 \times .. \times A_n$ mit Attributnamen $N_1 , ... , N_n$ Es sei $1 \leq i \leq n$.
	
	 Dann ist **PROJECT (R) ($N_1 , ... , N_{i\ 1} , N_{i+1} , ... N_n$)** gerade die Relation
	
	 $\{ (x_1 , ... , x_{i-1} , x_{i+1} , ... x_n) \in A_1 \times ... \times A_{i-1} \times A_{i+1} \times ... \times A_n \|$
	
	   Es gibt ein $Y = (y_1 , ... , y_n) \in R \subseteq A_1 \times ... \times A_n$,
	
	    sodass für alle $j \neq i$ gilt: $x_j = y_j$ $\}$
	
	 Wir schreiben für diese Projektion, die gerade die Komponente mit dem Namen N_i „herausprojiziert" auch **PROJECT(R) (ohne N_i).**

Definition von PROJECT für Relationen mit Attributnamen **Allgemeiner Fall**	Es sei R eine Relation, $R \subseteq A_1 \times .. \times A_n$ mit Attributnamen $N_1, ... , N_n$ Es sei $1 \leq m \leq n$ und $\{ i1, i2, i3, ... , im \} \subseteq \{1, ... , n\}$. Dann ist **PROJECT(R) ($N_{i1}, ... , N_{im}$)** gerade die Relation die man durch die Hintereinanderausführung der n – m Projektionen erhält, welche die Komponenten mit den Namen N_j für alle $j \notin \{ i1, i2, i3, ... , im \}$ herausprojizieren.
PROJECT respektiert die Einteilung in Äquivalenzklassen	Die Relation S sei eine komponentenweise Umordnung der Relation $R \subseteq A_1 \times ... \times A_n$ mit Attributnamen $N_1, ... , N_n$ Es sei $1 \leq m \leq n$ und $\{ i1, i2, i3, ... , im \} \subseteq \{1, ... , n\}$. Es sind PROJECT(R) ($N_{i1}, ... , N_{im}$) und PROJECT(S) ($N_{i1}, ... , N_{im}$) Projektionen auf dieselben Komponenten, nur eventuell anders angeordnet. Die Projektionen liegen also beide in derselben Äquivalenzklasse.
Definition von PROJECT für Symmetrieklassen	Es sei [R] eine Symmetrieklassen von Relationen, $R \subseteq A_1 \times ... \times A_n$ mit Attributnamen $N_1, ... , N_n$ Es sei $1 \leq m \leq n$ und $\{ i1, i2, i3, ... , im \} \subseteq \{1, ... , n\}$. Dann ist **PROJECT([R]) ($N_{i1}, ... , N_{im}$)** gerade die Symmetrieklasse $$[\text{PROJECT(R)} (N_{i1}, ... , N_{im})].$$
1. Beispiel für PROJECT	Sei [R] die Menge der Artikel und wir wollen die Projektion PROJECT ([ARTIKEL]) (*Bezeichnung, Bestandsmenge*) sehen. Die folgende Tabelle zeigt Ihnen die ersten 5 Sätze, die Sie bei einer absteigenden Sortierung nach *Bestandsmenge* erhalten: | bezeichnung	bestandsmenge
Playstation	973
Fake Book	920
Akku	890
Fön	887
Joghurt	887	

Das zweite Beispiel setzt die Bearbeitung unserer Restriktion des Produktes [ARTIKEL x ARTIKELGRUPPE] fort. Wir benutzen jetzt die Projektion, um eine der beiden „*Artikelgruppeld*-Spalten" herauszuprojizieren.

	Sei wieder [R] die Menge aller Artikel und es sei [S] die Menge aller Artikelgruppen. Sei Φ: [R x S] $\rightarrow$ {*false, true*} die Abbildung, die folgendermaßen definiert ist:
	Φ (x,y) = *true* genau dann, wenn der Wert des Feldes *Artikelgruppeld* des Artikels x mit dem Wert des Feldes *Id* der Artikelgruppe y übereinstimmt.
	Wir betrachten jetzt
2. Beispiel für PROJECT	PROJECT (RESTRICT (PRODUCT ([R], [S]) , Φ)) (ohne ARTIKEL. *Artikelgruppeld*)
	eine Hintereinanderschaltung von drei Operatoren.
	Und die folgende Tabelle zeigt Ihnen (wieder) die ersten 12 Elemente dieser Relation – in derselben Sortierung wie in den vorangegangenen Beispielen.

Id	Artikelnr	Artikel.Bezeichnung	Art	Lief	Best	Preis	Artikelgruppe.Bezeichnung
1	A0010002	Lampenschirme	1	6	669	10,13 €	Kleinteile
2	A0090001	Hilfsmotoren	9	5	514	99,23 €	Kokolores
3	A0020005	Video-Recorder	2	15	848	112,34 €	Elektronik-Fachgerät
4	A0040001	Steinway Flügel	4	6	7	52.000,00 €	Musikalien
5	A0090002	Topfpflanzen	9	19	356	20,65 €	Kokolores
6	A0020002	Akku	2	5	890	2,37 €	Elektronik-Fachgerät
7	A0040003	Altsaxophon	4	19	98	4.000,00 €	Musikalien
8	A0030001	Bilderrahmen	3	22	767	177,85 €	Haushaltswaren
9	A0020006	Computer	2	15	390	1.119,98 €	Elektronik-Fachgerät
10	A0060001	Software Engineering	6	22	640	13,90 €	Bücher
11	A0040002	Fake Book	4	6	920	42,00 €	Musikalien
12	A0010004	Schrauben	1	10	689	2,39 €	Kleinteile

Damit haben Sie schon ein Beispiel für unseren nächsten Operator gesehen: den **Join**.

Die JOIN - Operatoren oder: Verbindungen von Tabellen

Der natürliche Join (The natural Join) – zunächst die einfachste Form

Wir haben diese Form des Joins am Ende des fünften Kapitels kurz für Tabellen eingeführt. Außerdem ist – wie auch oben bemerkt – das zweite Beispiel für den Operator PROJECT ein Join. Sehen Sie jetzt unsere „relational-symmetrische" Definition, zunächst für die einfachste Form des natürlichen Joins, das ist der Join über nur **ein** Attributpaar. Unmittelbar danach geben wir die Definition für den allgemeinen Fall.

Kurze Beschreibung des NATURAL JOIN (einfachste Form)	Der **NATURAL JOIN** (natürliche Join) verbindet zwei Relationen zu einer neuen Relation. Grundlage dieser neuen Relation ist das kartesische Produkt der beiden Ausgangsrelationen. Man nimmt aber nur die Elemente des kartesischen Produktes, bei denen für jeweils eine fest ausgewählte Komponente die Attributwerte aus der ersten Relation mit den Attributwerten aus der zweiten Relation übereinstimmen. Bei einem **NATURAL JOIN** werden diese zwei identischen Attributwerte aber nur **einmal** in **einem** Attribut geführt. Die Beschreibung für Relationsklassen lautet völlig analog.
Definition des NATURAL JOIN (einfachste Form) für Relationen mit Attributnamen	Es seien R und S zwei Relationen, $R \subseteq A_1 \text{ x } ... \text{ x } A_m$ mit Attributnamen $R.N_1, ... , R.N_m$ und $S \subseteq B_1 \text{ x } ... \text{ x } B_n$ mit Attributnamen $S.M_1, ... , S.M_n$ Es sei $i \in \{1, ... , m\}$ und $j \in \{1, ... , n\}$. Es sei $\Phi : R \text{ x } S \rightarrow \{false, true\}$ die Abbildung, die folgendermaßen definiert ist: $\Phi (x,y) = true$ genau dann, wenn gilt: **Falls** $x.a_i$ der Attributwert des Attributs $R.N_i$ ist **und** **falls** $y.b_j$ der Attributwert des Attributs $S.M_j$ ist, **folgt**: $x.a_i = y.b_j$

Definition des NATURAL JOIN (einfachste Form) für Relationen mit Attributnamen (Fortsetzung)	**Erklärung**: Diese Bedingung Φ legt fest, dass die Attributwerte bei **genau einem** fest vorgegebenen Attribut (mit dem Namen N_i) aus der Relation R mit den Attributwerten bei **genau einem** ebenfalls fest vorgegebenen Attribut (mit dem Namen M_j) aus der Relation S übereinstimmen müssen. Dann ist **NATURAL JOIN (R mit R.N_i , S mit S.M $_j$)** gerade die Relation, die man durch Hintereinanderschaltung der folgenden drei Operatoren erhält: PROJECT (RESTRICT (PRODUCT (R, S) , Φ)) (ohne die Komponente mit Namen S.M $_j$) Man schreibt dafür auch: **R NATURAL JOIN S ON** bzw. **R NATURAL JOIN S ON R.N $_i$ = S.M $_j$**

Abschließende Erklärung des NATURAL JOIN für Relationen in seiner einfachsten Form:

Das Produkt verbindet jedes Element aus R mit jedem Element aus S. Die anschließende Restriktion sorgt dafür, dass nur noch die Sätze „übrig" bleiben, bei denen die ausgewählte Komponente aus R mit der entsprechenden Komponente aus S übereinstimmt. Zu guter Letzt werden die doppelt vorkommenden Komponentenwerte herausprojiziert.

Die beliebteste Form des natürlichen Joins findet über die Verbindung zwischen einem Fremdschlüssel in einer Tabelle und dem referenzierten Schlüsselkandidat in der dazugehöri-

gen anderen Relation statt. Genaueres erfahren Sie im nächsten Kapitel, gleich sehen Sie
Beispiele.

Als nächstes untersuchen wir erst einmal den NATURAL JOIN in seiner einfachsten Form
für Äquivalenzklassen von Relationen:

NATURAL JOIN (einfachste Form) respektiert die Einteilung in Äquivalenzklassen	Hier ist nichts mehr zu zeigen, diese Abbildung setzt sich aus der Hintereinanderschaltung von Abbildungen zusammen, die alle die Einteilung in Äquivalenzklassen respektieren. (Nämlich PRODUCT, RESTRICT und PROJECT) Also tut das auch das Kompositum.
Definition des NATURAL JOIN (einfachste Form) für Symmetrieklassen	Es seien [R] und [S] zwei Symmetrieklassen von Relationen. Zu [R] gehören die Attributnamen $[R].N_1 , \dots , [R].N_m$ Zu [S] gehören die Attributnamen $[S].M_1 , \dots , [S].M_n$. $\quad$ Es sei $i \in \{1, \dots , m\}$ und $j \in \{1, \dots , n\}$. Es sei $\Phi : [R \times S] \to \{\textbf{\textit{false}}, \textbf{\textit{true}}\}$ die Abbildung, die folgendermaßen definiert ist: $\quad$ $\Phi (x,y) = \textbf{\textit{true}}$ genau dann, wenn gilt: $\quad$ **Falls** $x.a_i$ der Attributwert des Attributs $[R].N_i$ ist **und** **falls** $y.b_j$ der Attributwert des Attributs $[S].M_j$ ist, $\quad$ **folgt**: $x.a_i = y.b_j$ $\quad$ **Erklärung**: Diese Bedingung Φ legt fest, dass die Attributwerte bei **genau einem** fest vorgegebenen Attribut (mit dem Namen N_i) aus der Relationsklasse [R] mit den Attributwerten bei **genau einem** ebenfalls fest vorgegebenen Attribut (mit dem Namen M_j) aus der Relationsklasse [S] übereinstimmen müssen.

Definition des NATURAL JOIN (einfachste Form) für Symmetrie-Klassen (Fortsetzung)	Dann ist **NATURAL JOIN ([R] mit [R].N $_i$, [S] mit [S].M $_j$)** gerade die Symmetrieklasse [**NATURAL JOIN (R mit R.N $_i$, S mit S.M $_j$) **] Man schreibt dafür auch: **[R] NATURAL JOIN [S] ON** bzw. **[R] NATURAL JOIN [S] ON [R].N $_i$ = [S].M $_j$**

Beispiel für NATURAL JOIN (einfachste Form)	Betrachten Sie das zweite Beispiel im Abschnitt über die Projektion. Wir hatten es folgendermaßen beschrieben (ich formalisiere jetzt noch meine obige Darstellung ein wenig):
	
	 Sei Φ: ARTIKEL x ARTIKELGRUPPE → *{false, true}* die Abbildung, die folgendermaßen definiert ist:
	
	     Φ (x,y) = *true* genau dann, wenn x.*ArtikelgruppeId* = y.*Id*
	
	 Dann hatten wir betrachtet:
	
	 PROJECT (
	      RESTRICT (PRODUCT(ARTIKEL, ARTIKELGRUPPE) , Φ)
	      ) (ohne ARTIKEL. *ArtikelgruppeId*)
	
	 Das ist aber identisch mit:
	 ARTIKEL NATURAL JOIN ARTIKELGRUPPE
	     ON ARTIKEL.*ArtikelgruppeId* = ARTIKELGRUPPE.*Id*
	
	 Beachten Sie, dass wir hier genau mit der Beziehung zwischen Fremd-schlüssel und zugehörigem Primärschlüssel gearbeitet haben.

Der natürliche Join (The natural Join) – die allgemeine Form

Für die allgemeine Form des natürlichen Joins wird die Bedingung, dass genau ein Attribut-paar aus den beiden Relationen bzw. Relationsklassen aus übereinstimmenden Werten beste-hen muss, dahingehend verallgemeinert, dass es sich jetzt auch um mehrere Attributpaare handeln kann. Diese Verallgemeinerung brauchen Sie immer dann, wenn beispielsweise ein Fremdschlüssel in einer Tabelle TA, der sich auf einen Primärschlüssel einer Tabelle TB be-zieht, aus mehreren Attributen besteht. Dann müssen alle Werte zweier **Attributkombinatio-nen** (einer aus TA und einer aus TB) miteinander übereinstimmen. Ich gebe Ihnen jetzt die formalen Definitionen:

Kurze Beschrei-bung des NATURAL JOIN (allgemeine Form)	Der **NATURAL JOIN** (natürliche Join) verbindet zwei Relationen zu einer neuen Relation. Grundlage dieser neuen Relation ist das kartesi-sche Produkt der beiden Ausgangsrelationen. Man nimmt aber nur die Elemente des kartesischen Produktes, bei denen für fest ausgewählte Komponenten die Attributwerte aus der ersten Relation mit denen aus der zweiten Relation übereinstimmen. Bei einem **NATURAL JOIN** werden anschließend die Komponenten der doppelt vorkommenden Attributwerte durch eine Projektion „halbiert", sodass sie nur noch einmal auftreten. Die Beschreibung für Relationsklassen lautet völlig analog.
Definition des NATURAL JOIN (allgemeine Form) für Relationen mit Attributnamen	Es seien R und S zwei Relationen, $R \subseteq A_1 \times \ldots \times A_m$ mit Attributnamen $R.N_1, \ldots, R.N_m$ und $S \subseteq B_1 \times \ldots \times B_n$ mit Attributnamen $S.M_1, \ldots, S.M_n$ Es sei weiter $\varphi \in N$ mit $1 \leq \varphi < m$ und $1 \leq \varphi < n$. **Erklärung:** φ ist die Anzahl der Attribute aus R und die Anzahl der Attribute aus S, deren Werte jeweils paarweise übereinstimmen müssen.

	Es sei $\{ \mathbf{i}1, \mathbf{i}2, \mathbf{i}3, \dots, \mathbf{i}\varphi \} \subseteq \{1, \dots, m\}$ und $\{ \mathbf{j}1, \mathbf{j}2, \mathbf{j}3, \dots, \mathbf{j}\varphi \} \subseteq \{1, \dots, n\}$.
	Erklärung:
	• Die φ Attribute aus R werden $R.N_{i1}$, $R.N_{i2}$, ..., $R.N_{i\varphi}$ sein.
	• Die φ Attribute aus S werden $S.M_{j1}$, $S.M_{j2}$, ..., $S.M_{j\varphi}$ sein.
	Es sei $\Phi : R \times S \rightarrow$ *{false, true}* die Abbildung, die folgendermaßen definiert ist:
Definition des NATURAL JOIN	$\Phi(x,y) = $ *true* genau dann, wenn für alle $1 \leq d \leq \varphi$ gilt:
(allgemeine Form) für	**Falls** $x.a_{i\,d}$ der Attributwert des Attributs $R.N_{i\,d}$ ist **und**
Relationen mit Attributnamen	**falls** $y.b_{j\,d}$ der Attributwert des Attributs $S.M_{j\,d}$ ist,
(Fortsetzung)	**folgt**: $x.a_{i\,d} = y.b_{j\,d}$
	Erklärung:
	Diese Bedingung Φ legt fest, dass die Attributwerte bei φ fest vorgegebenen Attributen aus der Relation R mit den Attributwerten bei ebenfalls fest vorgegebenen und fest zugeordneten Attributen aus der Relation S übereinstimmen müssen.
	Dann ist **NATURAL JOIN (R mit $R.N_{i1}$, .. , $R.N_i$,** **S mit $S.M_{j1}$, ... , $S.M_j$)**
	gerade die Relation, die man durch Hintereinanderschaltung der folgenden drei Operatoren erhält:
	PROJECT (RESTRICT (PRODUCT (R, S) , Φ)) (ohne die Komponenten mit Namen $S.M_{j1}$, ... , $S.M_{j\varphi}$)

Definition des NATURAL JOIN (allgemeine Form) **für** **Relationen mit Attributnamen** (Fortsetzung und Schluss)	Man schreibt dafür auch: **R NATURAL JOIN S ON** bzw. **R NATURAL JOIN S** **ON R.N$_{i1}$ = S.M$_{j1}$ AND ... AND R.N$_i$ = S.M$_j$**
NATURAL JOIN (allgemeine Form) **respektiert die Einteilung in Äquivalenzklassen**	Hier ist (wieder) nichts mehr zu zeigen, diese Abbildung setzt sich aus der Hintereinanderschaltung von Abbildungen zusammen, die alle die Einteilung in Äquivalenzklassen respektieren. (Nämlich PRODUCT, RESTRICT und PROJECT) Also tut das auch das Kompositum.
Definition des NATURAL JOIN (allgemeine Form) **für Symmetrieklassen**	Es seien [R] und [S] zwei Symmetrieklassen von Relationen. Zu [R] gehören die Attributnamen [R].N$_1$, ... , [R].N$_m$ Zu [S] gehören die Attributnamen [S].M$_1$, ... , [S].M$_n$. Es sei weiter $\varphi \in N$ mit $1 \leq \varphi < m$ und $1 \leq \varphi < n$. **Erklärung**: φ ist die Anzahl der Attribute aus [R] und die Anzahl der Attribute aus [S], deren Werte jeweils paarweise übereinstimmen müssen. Es sei { **i1, i2, i3, ... , iφ** } $\subseteq \{1, ... , m\}$ und { **j1, j2, j3, ... , jφ** } $\subseteq \{1, ... , n\}$. **Erklärung**: • Die φ Attribute aus [R] werden [R].N$_{i1}$, [R].N$_{i2}$, ... , [R].N$_{i\varphi}$ sein. • Die φ Attribute aus [S] werden [S].M$_{j1}$, [S].M$_{j2}$, ... , [S].M$_{j\varphi}$ sein.

Definition des NATURAL JOIN für Symmetrie- Klassen (Fortsetzung)	Es sei $\Phi : [R \times S] \rightarrow \{$*false*, *true*$\}$ die Abbildung, die folgendermaßen definiert ist:
	
	$\Phi(x,y) = $ *true* genau dann, wenn für alle $1 \le d \le \varphi$ gilt:
	
	    Falls $x.a_{i_d}$ der Attributwert des Attributs $[R].N_{i_d}$ ist **und**
	    falls $y.b_{j_d}$ der Attributwert des Attributs $[S].M_{j_d}$ ist,
	        folgt: $x.a_{i_d} = y.b_{j_d}$
	
	Erklärung:
	Diese Bedingung Φ legt fest, dass die Attributwerte bei φ fest vorgegebenen Attributen aus der Relationsklasse $[R]$ mit den Attributwerten bei ebenfalls fest vorgegebenen und fest zugeordneten Attributen aus der Relationsklasse $[S]$ übereinstimmen müssen.
	
	Dann ist **NATURAL JOIN ([R] mit [R].N** $_{i1}$ **, .. , [R].N** $_i$ **,**
	                 [S] mit [S].M $_{j1}$ **, ... , [S].M** $_j$ **)**
	
	gerade die Symmetrieklasse
	
	[NATURAL JOIN (R mit R.N $_{i1}$ **, .. , R.N** $_i$ **,**
	             S mit S.M $_{j1}$ **, ... , S.M** $_j$ **)]**
	
	Man schreibt dafür auch:
	
	[R] NATURAL JOIN [S] ON bzw.
	
	[R] NATURAL JOIN [S]
	     ON [R].N $_{i1}$ **= [S].M** $_{j1}$ **AND ... AND [R].N** $_i$ **= [S].M** $_j$

Die anderen – noch allgemeineren – Formen des Joins sind nun leicht zu beschreiben:

Der θ - JOIN

θ ist der griechische Buchstabe Theta. Man spricht also von einem **Theta-Join**. θ steht hier für den logischen Vergleichsoperator in der Bedingung der Restriktion oder – wenn Ihnen das lieber ist – in der WHERE-Bedingung des Joins. Die erste Form des - **Join**, die wir besprechen wollen, ist der **EquiJoin**. Alle Definitionen werden jetzt wieder einfacher, weil wir es jetzt nur noch mit **genau einem Attributpaar** zu tun haben werden, das für die Restriktionsbedingung des Joins zuständig ist.

Kurze Beschreibung des EQUIJOIN	Auch der **EQUIJOIN** verbindet zwei Relationen zu einer neuen Relation. Grundlage dieser neuen Relation ist das kartesische Produkt der beiden Ausgangsrelationen. Man nimmt aber nur die Elemente des kartesischen Produktes, bei denen für **genau eine** fest ausgewählte Komponente die Attributwerte aus der ersten Relation mit denen aus der zweiten Relation übereinstimmen. Der **EQUIJOIN** ist also „ein **NATURAL JOIN** mit **genau einem** Verbindungsattribut – aber ohne die abschließende Projektion".
	Die Beschreibung für Relationsklassen lautet wieder völlig analog.
Definition des EQUIJOIN für Relationen mit Attributnamen	Es seien R und S zwei Relationen, $R \subseteq A_1 \times \ldots \times A_m$ mit Attributnamen $R.N_1, \ldots, R.N_m$ und $S \subseteq B_1 \times \ldots \times B_n$ mit Attributnamen $S.M_1, \ldots, S.M_n$
	Es sei $i \in \{1, \ldots, m\}$ und $j \in \{1, \ldots, n\}$.
	Es sei $\Phi : R \times S \rightarrow \{false, true\}$ die Abbildung, die folgendermaßen definiert ist:
	$\Phi(x,y) = true$ genau dann, wenn gilt:
	Falls $x.a_i$ der Attributwert des Attributs $R.N_i$ ist **und** **falls** $y.b_j$ der Attributwert des Attributs $S.M_j$ ist, **folgt**: $x.a_i = y.b_{j\,d}$

Definition des EQUIJOIN **für** **Relationen mit Attributnamen** **(Fortsetzung)**	**Erklärung**: Diese Bedingung Φ legt fest, dass die Attributwerte bei **genau einem** fest vorgegebenen Attribut (mit dem Namen N_i) aus der Relation R mit den Attributwerten bei **genau einem** ebenfalls fest vorgegebenen Attribut (mit dem Namen M_j) aus der Relation S übereinstimmen müssen. Dann ist **EQUIJOIN(R mit R.N_i , S mit S.M_j)** gerade die Relation, die man durch Hintereinanderschaltung der folgenden zwei Operatoren erhält: RESTRICT (PRODUCT (R , S) , Φ) Man schreibt dafür auch: **R EQUIJOIN S ON** bzw. **R EQUIJOIN S ON R.N$_i$ = S.M$_j$**
EQUIJOIN respektiert die Einteilung in Äquivalenzklassen	Hier ist nichts mehr zu zeigen, diese Abbildung setzt sich aus der Hintereinanderschaltung von Abbildungen zusammen, die alle die Einteilung in Äquivalenzklassen respektieren. (Nämlich PRODUCT und RESTRICT). Also tut das auch das Kompositum.
Definition des EQUIJOIN **für Symmetrieklassen**	Es seien [R] und [S] zwei Symmetrieklassen von Relationen. Zu [R] gehören die Attributnamen [R].N_1 , ... , [R].N_m Zu [S] gehören die Attributnamen [S].M_1 , ... , [S].M_n . Es sei $i \in \{1, ... , m\}$ und $j \in \{1, ... , n\}$. Es sei $\Phi : [R \times S] \rightarrow \{$*false*, *true*$\}$ die Abbildung, die folgendermaßen definiert ist:

	$\Phi\,(x,y) = \textit{true}$ genau dann, wenn gilt: **Falls** $x.a_i$ der Attributwert des Attributs $[R].N_i$ ist **und** **falls** $y.b_j$ der Attributwert des Attributs $[S].M_j$ ist, **folgt**: $x.a_i = y.b_{jd}$
Definition des EQUIJOIN **für Symmetrie-klassen** **(Fortsetzung)**	**Erklärung**: Diese Bedingung Φ legt fest, dass die Attributwerte bei **genau einem** fest vorgegebenen Attribut (mit dem Namen N_i) aus der Relationsklasse $[R]$ mit den Attributwerten bei **genau einem** ebenfalls fest vorgegebenen Attribut (mit dem Namen M_j) aus der Relationsklasse $[S]$ übereinstimmen müssen. Dann ist **EQUIJOIN($[R]$ mit $[R].N_i$, $[S]$ mit $[S].M_j$)** gerade die Symmetrieklasse **[EQUIJOIN(R mit $R.N_i$, S mit $S.M_j$)]** Man schreibt dafür auch: **$[R]$ EQUIJOIN $[S]$ ON** bzw. **$[R]$ EQUIJOIN $[S]$ ON $[R].N_i$ = $[S].M_j$**

Sie sehen: Der EquiJoin ist ein natürlicher Join ohne Projektion. Er heißt **Equi**Join, weil hier die Restriktion auf die Produktrelation mit Hilfe des Gleichheitszeichens formuliert wurde. In diesem Fall ist θ der logische Vergleichsoperator '='. Sie können auch Restriktionen mit Hilfe der Vergleichsoperatoren { $<$, $<=$, $!=$, $>$, $>=$ } auf ein Produkt zweier Relationen anwenden. Alle diese Operationen dieser Art heißen **-Join**. Wir definieren:

Kurze Beschreibung des THETAJOIN	Der **THETAJOIN** ist eine Verallgemeinerung des **EQUIJOIN**. Auch er verbindet zwei Relationen zu einer neuen Relation Hier müssen jedoch bei **genau einer** fest ausgewählten Komponente die Attributwerte der ersten Relation je nach dem ausgewählten Vergleichsoperator $< \ oder \ <= \ oder \ != \ oder \ = \ oder \ > \ oder \ >=$ den Attributwerten aus der zweiten Relation sein. Ansonsten ist alles identisch mit der Definition des **EQUIJOIN**, bei dem der Vergleichsoperator **immer** das Gleichheitszeichen = ist. Die Beschreibung für Relationsklassen lautet wieder völlig analog.
Definition des THETAJOIN **für** **Relationen mit Attributnamen**	Es seien R und S zwei Relationen, $R \subseteq A_1 \ x \ ... \ x \ A_m$ mit Attributnamen $R.N_1 \ , \ ... \ , \ R.N_m$ und $S \subseteq B_1 \ x \ ... \ x \ B_n$ mit Attributnamen $S.M_1 \ , \ ... \ , \ S.M_n$ Es sei $i \in \{1, \ ... \ , m\}, j \in \{1, \ ... \ , n\}, \theta \in \{<, <= , =, !=, >, >= \}$. Es sei $\Phi : R \ x \ S \rightarrow \{false, \ true\}$ die folgende Abbildung: $\Phi (x,y) = true$ genau dann, wenn gilt: **Falls** $x.a_i$ der Attributwert des Attributs $R.N_i$ ist **und** **falls** $y.b_j$ der Attributwert des Attributs $S.M_j$ ist, **folgt**: $x.a_i \ \theta \ y.b_{jd}$ **Erklärung:** Diese Bedingung Φ legt fest, dass die Attributwerte bei **genau einem** fest vorgegebenen Attribut (mit dem Namen N_i) aus der Relation R mit den Attributwerten bei **genau einem** ebenfalls fest vorgegebenen Attribut (mit dem Namen M_j) aus der Relation S in der Beziehung θ stehen müssen

Definition des THETAJOIN für Relationen mit Attributnamen (Fortsetzung)	Dann ist **THETAJOIN(R mit R.N$_i$, S mit S.M$_j$,)** gerade die Relation, die man durch Hintereinanderschaltung der folgenden zwei Operatoren erhält: RESTRICT (PRODUCT (R , S) , Φ) Man schreibt dafür auch: **R THETAJOIN S ON** bzw. **R THETAJOIN S ON R.N$_i$ S.M$_j$**
THETAJOIN respektiert die Einteilung in Äquivalenzklassen	Hier ist nichts mehr zu zeigen, diese Abbildung setzt sich aus der Hintereinanderschaltung von Abbildungen zusammen, die alle die Einteilung in Äquivalenzklassen respektieren. (Nämlich PRODUCT und RESTRICT). Also tut das auch das Kompositum.

Definition des THETAJOIN für Symmetrieklassen	Es seien [R] und [S] zwei Symmetrieklassen von Relationen.
	Zu [R] gehören die Attributnamen [R].N$_1$, ... , [R].N$_m$
	Zu [S] gehören die Attributnamen [S].M$_1$, ... , [S].M$_n$.
	
	Es sei $i \in \{1, ... , m\}$, $j \in \{1, ... , n\}$, $\theta \in \{<, <=, =, !=, >, >= \}$.
	Es sei $\Phi : [R \times S] \rightarrow$ *{false, true}* die folgende Abbildung:
	
	Φ (x,y) = *true* genau dann, wenn gilt:
	
	   Falls x.a$_i$ der Attributwert des Attributs [R].N$_i$ ist **und**
	   falls y.b$_j$ der Attributwert des Attributs [S].M$_j$ ist,
	      folgt: x.a$_i$ θ y.b$_{jd}$

Definition des THETAJOIN für Symmetrieklassen (Fortsetzung)	**Erklärung**: Diese Bedingung Φ legt fest, dass die Attributwerte bei **genau einem** fest vorgegebenen Attribut (mit dem Namen N_i) aus der Relationsklasse [R] mit den Attributwerten bei **genau einem** ebenfalls fest vorgegebenen Attribut (mit dem Namen M_j) aus der Relation [S] in der Beziehung θ stehen müssen Dann ist **THETAJOIN([R] mit [R].N_i, [S] mit [S].M_j ,)** gerade die Symmetrieklasse **[THETAJOIN(R mit R.N_i , S mit S.M_j ,)]** Man schreibt dafür auch: **[R] THETAJOIN [S] ON** bzw. **[R] THETAJOIN [S] ON [R].N_i [S].M_j**

Ich gebe Ihnen hier drei JOIN-Beispiele, im Kapitel über SQL werden wir noch sehr viel mehr Joins untersuchen:

- Gesucht sind die *Namen* aller Lieferanten:

PROJECT

(

    LIEFERANT NATURAL JOIN PERSON ON LIEFERANT.*Id* = PERSON.*Id*

)

(

    PERSON.*Name*

)

oder auch:

PROJECT

(

  PRODUCT

  (

    LIEFERANT , PERSON

)

  WHERE LIEFERANT.*Id* = PERSON.*Id*

(

  PERSON.*Name*

)

Wir erhalten die folgende – alphabetisch sortierte – Ergebnistabelle:

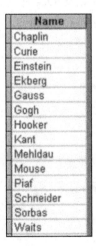

Bild 7-1 *Namen* der Lieferanten

- Gesucht sind die *Namen* des Lieferanten des Artikels „*Computer*"

PROJECT

(

  PERSON NATURAL JOIN ARTIKEL ON PERSON.*Id* = ARTIKEL.*LieferantId*

  WHERE ARTIKEL.*Bezeichnung* = '*Computer*'

)

(

  PERSON.*Vorname* , PERSON.*Name*

)

oder auch:

PROJECT

(

  PRODUCT (PERSON , ARTIKEL)

  WHERE   ARTIKEL.*LieferantId* = PERSON.*Id*

    AND   ARTIKEL.*Bezeichnung* = ' *Computer* '

)

(

  PERSON.*Vorname* , PERSON.*Name*

)

Wir erhalten die folgende Ergebnistabelle:

Vorname	Name
John Lee	Hooker

Bild 7-2 *Namen* des Lieferanten des Artikels ‚Computer'

Sie sehen hier: Ich kann nicht nur zwei oder drei, ich kann im Grunde beliebig viele Operatoren hintereinanderschalten und nur die Praxis kann zeigen, ob das sinnvoll ist oder nicht. Dazu ein weiteres Beispiel:

- Gesucht sind für jeden Artikel die Namen der Lieferanten, die diesen Artikel nicht liefern

PROJECT

(

   ARTIKEL   THETAJOIN (

                      LIEFERANT NATURAL JOIN PERSON

                      ON LIEFERANT.*Id* = PERSON.*Id*

)

   ON ARTIKEL.*LieferantId* <> LIEFERANT.*Id*

)

(

   alle Attribute von ARTIKEL und *Vorname* , *Name* von PERSON

)

Es fehlt nun noch ein letzter Operator: der **DIVIDE** - Operator

Der DIVIDE - Operator

Der DIVIDE-Operator „dividiert" Tupel aus einer Relation (dem Zähler) mit Hilfe einer anderen Relation (dem Nenner) heraus. Wie soll das gehen? Ich gebe Ihnen wieder eine Definition nach unserem alten Muster:

Kurze Beschreibung von DIVIDE	Beim Rechnen mit Zahlen ist Ihnen klar: Die **Division ist die Umkehrung der Multiplikation**. Es gilt beispielsweise: • DIVIDE (PRODUCT (3, 4) , 4) = 3 · 4 / 4 = 3 Genauso wird für unser DIVIDE, das wir hier definieren, gelten:

Kurze Beschrei-bung von DIVIDE (Fortsetzung)	Seien R, S Relationen. Dann gilt: • DIVIDE(PRODUCT (R, S) , S) = R bzw. • DIVIDE(PRODUCT ([R], [S]) , [S]) = [R] Behalten Sie diese Tatsache im Gedächtnis, denn die gleich folgende formale Definition ist etwas mühsamer. **Bemerkung**: Genauso (nicht ganz so einfach) können wir die UNION = Vereinigung („Addition") zweier Relationen mit Hilfe der DIFFERENCE und der INTERSECTION rückgängig machen.
Definition von DIVIDE **für** **Relationen mit Attributnamen**	Es sei $1 \leq n < m$. Es seien R und S zwei Relationen, $R \subseteq A_1 \times \ldots \times A_m$ mit Attributnamen $R.N_1 , \ldots , R.N_m$ und $S \subseteq B_1 \times \ldots \times B_n$ mit Attributnamen $S.M_1 , \ldots , S.M_n$ Weiter gelte: Es gebe eine Projektion von R, die genau S ergibt. Genauer: Es gebe $\{ i1, i2, i3, \ldots , in \} \subseteq \{1, \ldots , n\}$ so, dass $$S = PROJECT(R) \ (R.N_{i1} , \ldots , R.N_{im})$$ Diese Projektionsabbildung von R auf S nenne ich $\Pi_S : R \rightarrow S$ Es sei Q die „komplementäre" Projektion, also: $$Q = PROJECT(R) \ (\text{ ohne } R.N_{i1} , \ldots , R.N_{im})$$ Diese Projektionsabbildung von R auf Q nenne ich $\Pi_Q : R \rightarrow Q$

Definition von DIVIDE für Relationen mit Attributnamen (Fortsetzung)	Dann ist **DIVIDE(R,S)** := { q ∈ Q | Für alle p ∈ S gilt: Es gibt ein x ∈ R so, dass Π_S (x) = p und Π_Q (x) = q ist } Wir schreiben dafür auch: **R / S** **Erklärung:** Es bleiben also nur noch diejenigen q ∈ Q übrig, die mit **allen** p ∈ S in Beziehung stehen.
Bemerkungen	Die Schreibweise **R / S** soll Ihnen verdeutlichen, wie diese Definition gemeint ist: R ist meine „Zähler"-Relation, S ist die „Nenner"-Relation. Q (für Quotient) ist die Relation, aus der ich (als Teilmenge) letztendlich meine Divisions-Relation erhalte.
DIVIDE respektiert die Einteilung in Äquivalenzklassen	Ich habe diese Abbildung ausschließlich mit Hilfe der Projektionsabbildung definiert, die wir aber so eingeführt haben, dass sie die Einteilung in Äquivalenzklassen respektiert. Deshalb bildet auch unser DIVIDE - Operator äquivalente Relationen wieder auf äquivalente Relationen ab.
Definition von DIVIDE für Symmetrieklassen	Es seien [R] und [S] Symmetrieklassen von Relationen, $1 \le n < m$. Zu [R] gehören die Attributnamen $[R].N_1$, ... , $[R].N_m$ Zu [S] gehören die Attributnamen $S].M_1$, ... , $[S].M_n$. Weiter gelte: Es gebe eine Projektion von [R], die genau [S] ergibt. Genauer: Es gebe { i1, i2, i3, ... , in } ⊆ {1, ... , n} so, dass [S] = PROJECT([R]) ($[R].N_{i1}$, ... , $[R].N_{im}$) Dann definiert man: **DIVIDE([R] , [S])** := [**DIVIDE(R , S)**]

Auch hierfür möchte ich Ihnen ein Beispiel geben, dass allerdings noch andere Operatoren benutzt, die wir weiter oben besprochen haben: Sei [R] (unsere Zählermenge) jetzt die Menge aller Lieferanten mit den Attributen *Name* und *Vorname* und der Artikelgruppen, aus denen die Artikel stammen, die diese Lieferanten liefern. Um unser Beispiel anschaulich zu machen, beschränke ich mich dabei auf die Artikelgruppen mit den *Bezeichnungen* „Elektronik-Fachgerät" und „Lebensmittel". Zu [R] gehören also nur Lieferanten von Artikeln aus diesen beiden Artikelgruppen. [R] sieht folgendermaßen aus:

Vorname	Lieferant	Bezeichnung
Marie	Curie	Elektronik-Fachgerät
Marie	Curie	Lebensmittel
Albert	Einstein	Elektronik-Fachgerät
Anita	Ekberg	Elektronik-Fachgerät
Carl Friedrich	Gauss	Lebensmittel
John Lee	Hooker	Elektronik-Fachgerät
Mickey	Mouse	Elektronik-Fachgerät
Tom	Waits	Elektronik-Fachgerät
Tom	Waits	Lebensmittel

Bild 7-3 Unsere Zähler - Menge: Lieferanten und Artikelgruppen aller Artikel, die von diesen Lieferanten geliefert werden – allerdings nur für die Artikelgruppen „Elektronik-Fachgerät" und „Lebensmittel".

In der Sprache der Definition ist jetzt [S] die Projektion dieser Menge auf die Komponente ARTIKELGRUPPE.*Bezeichnung*, also:

Bezeichnung
Elektronik-Fachgerät
Lebensmittel

Bild 7-4 Unsere Nenner - Menge: Die Projektion auf die *Bezeichnungen* der Artikelgruppe.

Um den Divide-Operator durchzuführen, wird zunächst die Bezeichnungsspalte aus unserer ursprünglichen Zählermenge wieder herausgenommen. Wir erhalten die Relation Q aus unserer Definition:

Vorname	Lieferant
Marie	Curie
Albert	Einstein
Anita	Ekberg
Carl Friedrich	Gauss
John Lee	Hooker
Mickey	Mouse
Tom	Waits

Bild 7-5 Die Ober-Menge für unsere Division: Die Projektion auf die Lieferantennamen

Tatsächlich gehören zu DIVIDE([R] , [S]) aber nur die Lieferanten, bei denen jeweils **alle** Elemente aus unserer Relation [S], d.h. beide Artikelgruppen „Elektronik-Fachgerät" und „Lebensmittel" in der Relation [R] zugeordnet sind. Eine entsprechende Abfrage ergibt die folgende Tabelle:

Vorname	Lieferant
Marie	Curie
Tom	Waits

Bild 7-6 DIVIDE([R] , [S])

7.3 Einige historische Bemerkungen

Was wir hier besprochen haben, hat eine lange Vorgeschichte. Bereits 1970 veröffentlichte E. F. Codd, ein Mitarbeiter des IBM Research Labaratory (IBM Forschungslabor) in San Jose in Kalifornien einen Artikel, der sehr berühmt werden sollte. Er hatte die Überschrift: 'A Relational Model for Large Shared Data Banks' [Codd]. In diesem Artikel wurden einige abstrakte Prinzipien für ein Datenbankmanagement definiert. C.J. Date (vgl. dazu [Date1]) hat dann eine Definition des Relationalen Modells versucht. Vergleichen Sie dazu bitte noch einmal das Ende des sechsten Kapitels.

Während der frühen siebziger Jahre des vorigen Jahrhunderts wurden mehrere Datenbank-managementsysteme, die auf den Prinzipien aus Codds Artikel basierten, versuchsweise zu Forschungszwecken entwickelt. In den späten siebziger Jahren entstanden kommerzielle Produkte, die sich dann in den achtziger Jahren weiter verbreiteten. Ich nenne Ihnen Oracle, Ingres und DB2 als zeitweise weitverbreitete Produkte in großen Multi-User Umgebungen, während hingegen Access, Foxpro, Paradox und andere Produkte (nicht zu vergessen MySQL) den PC-Markt dominierten.

Die acht Operatoren, die Codd ursprünglich für ein relationales Datenbankmanagementsys-tem forderte und definierte, sind genau die, die wir in diesem Kapitel besprochen haben.

7.4 Der Nutzen dieser Operatoren

Wie Sie sicher schon gemerkt haben, gehört es zu den Eigentümlichkeiten in relationalen Datenbanken, dass man zur Vermeidung von Datenredundanzen seine Daten auf mehrere kleinere Tabellen und Relationsklassen aufteilt. Deshalb braucht man Werkzeuge, um diese Tabellen wieder zusammenzuführen und benutzerverständliche Auskünfte über den Datenbe-stand geben zu können. Denn: kein Benutzer auf dieser Welt interessiert sich für den Fremdschlüsselwert der Artikelgruppe „Kleinteile". Aber jeder Benutzer unserer Datenbank „Allerhand" will wissen, wie die Artikelgruppe des Artikels „Schrauben" **heißt**. Dafür brauchen wir den Join.

Wir brauchen diese Operatoren außerdem unter anderem für die folgenden Zwecke:

- Für die Definition von Teilmengen einer Relationsklasse, die gesucht werden sollen
- Für die Definition von Teilmengen einer Relationsklasse, die woanders eingefügt werden sollen
- Für die Definition von Teilmengen einer Relationsklasse, die nach einer bestimmten Regel verändert werden sollen.
- Für die Definition von Teilmengen einer Relationsklasse, die gelöscht werden sollen.
- Für die Definition von Integritätsbedingungen an eine Datenbank. Vergleichen Sie dazu bitte das folgende Kapitel 8
- Usw., usw.

7.5 Anforderungen an eine Datensprache

Von daher ist klar, dass wir an jeden Anbieter einer Datensprache die entscheidende Frage stellen müssen:

- Können mit dieser Sprache diese acht Operatoren angebildet werden?

Sie werden sehen, dass das mit SQL problemlos geht – mit Ausnahme des Operators UNION, wo man zwei Befehle zur Durchführung dieses Operators braucht, wenn man keine der Ausgangstabellen verändern will.

Allerdings schaffe ich es nicht, diesen Abschnitt zu beenden, ohne (mal wieder) auf eine weitere wichtige Frage an eine Datensprache hinzuweisen:

- Respektiert diese Sprache in all ihren Bereichen die Prinzipien des relationalen Modells?

Und – auch das werden Sie sehen – da sieht es mit SQL gar nicht mehr so gut aus.

7.6 Zusammenfassung

In diesem Kapitel ging es um die Operatoren zur Bearbeitung und Verbindung von Relationen und Äquivalenzklassen von Relationen. Wir haben in Abschnitt 7.2 acht grundlegende Operatoren beschrieben. Die Beschreibung dieser Operatoren verlief immer nach dem gleichen Schema:

- Eine kurze Einführung
- Die Definition auf der Ebene der Relationen
- Der Nachweis, dass diese Definition verträglich ist mit der Äquivalenzklassenbildung von Relationen. Das bedeutet: Komponentenweise Umordnungen von Relationen werden wieder auf komponentenweise Umordnungen der Bilder abgebildet.

  Beachten Sie, dass wir hier ganz entscheidenden Gebrauch von der Anforderung der eindeutigen Namensvergabe für die Komponenten, die an der Äquivalenzklasse einer Relation beteiligt sind, gemacht haben. Und erinnern Sie sich daran – insbesondere, falls Ihnen das alles zu abstrakt ist, – dass diese Attributnamen nichts anderes sind als die Spaltenüberschriften unserer klassischen relationalen Tabellen.

- Definition auf der Ebene der Äquivalenzklassen der Relationen
- Beispiele

Die Operatoren, die wir beschrieben haben, waren

- Die Vereinigung UNION
- Der Durchschnitt INTERSECTION
- Die Differenz DIFFERENCE
- Das Produkt PRODUCT
- Die Restriktion RESTRICT
- Die Projektion PROJECT
- Die Verbindung JOIN
- Die Division DIVIDE

Ich habe Ihnen einen ganz kurzen Überblick über die Entstehungsgeschichte unseres relationalen Modells gegeben und Ihnen auch einige der daran beteiligten Pioniere genannt. (Abschnitt 7.3)

Ich habe in Abschnitt 7.4 versucht, noch einmal auf den Nutzen dieser theoretischen Konzepte hinzuweisen. Insbesondere auch auf den Nutzen, den unser Anwender davon hat.

Und in Abschnitt 7.5 konnten wir **die** Anforderung an eine Datensprache für relationale Datenbanken formulieren:

- In jeder Datensprache müssen diese acht Operatoren darzustellen sein.

Übungsaufgaben

1. UNION

a) Sei [R] die Menge aller Artikel, deren *Preis* < 100 € ist. Sei [S] die Menge aller Artikel, deren *Preis* > 1000 € ist. Stellen Sie UNION([R], [S]) in der Form

ARTIKEL   WHERE   *Bedingungen*

dar.

b) Sei [R] die Menge aller Artikel, die vom Kunden mit der *Id* 12 bestellt wurden. Sei [S] die Menge aller Artikel, die vom Kunden mit der *Id* 13 bestellt wurden. Stellen Sie UNION([R], [S]) in der Form

ARTIKEL   WHERE   *Bedingungen*

dar.

c) Sei [R] die Menge aller Artikel, die von *John Lee Hooker* bestellt wurden. Sei [S] die Menge aller Artikel, die von *Groucho Marx* bestellt wurden. Stellen Sie UNION([R], [S]) in der Form

ARTIKEL   WHERE   *Bedingungen*

dar.

d) Sei [R] die Menge aller Artikel, die von *Arnold Hau* bestellt wurden. Sei [S] die Menge aller Artikel, die von *Federico Fellini* bestellt wurden. Sei [T] die Menge aller Artikel, die von *Manfred Mammut* bestellt wurden. Stellen Sie

UNION ([R] , [S] , [T]) := UNION (UNION ([R] , [S]) , [T])

in der Form

ARTIKEL   WHERE   *Bedingungen*

dar.

2. INTERSECTION

Bearbeiten Sie jetzt alle Teilaufgaben von Aufgabe 1, aber ersetzen Sie UNION durch INTERSECTION

3. DIFFERENCE

Bearbeiten Sie jetzt die Teilaufgaben a) bis d) von Aufgabe 1, aber ersetzen Sie UNION durch DIFFERENCE

4. Bestimmen Sie Grad und Kardinalität von BESTELLUNGEN x KUNDE

5. Sie wollen alle Attribute der Artikel sehen, die nicht bestellt wurden. Stellen Sie diese Abfrage auf dreierlei Weisen dar:

    a) In der Form   ARTIKEL   WHERE   *Bedingungen*

    b) In der Form   PROJECT

                (

                    ARTIKEL EQUIJOIN BESTELLUNGEN

                      ON *Bedingung*

)

                (Alle Attribute von ARTIKEL)

    c) In der Form   PROJECT

                (

                    ARTIKEL x BESTELLUNGEN

                    WHERE *Bedingung*

)

                (Alle Attribute von ARTIKEL)

6. Beschreiben Sie den einzigen sinnvollen natürlichen Join zwischen ARTIKEL und ARTIKELGRUPPE. Beschreiben Sie Ihn in Worten und auf zwei verschiedene Weisen als Formel mit Hilfe der Operatoren aus diesem Kapitel.

7. Bestimmen Sie Grad und Kardinalität von ARTIKELGRUPPE x ARTIKEL x PERSON x LIEFERANT.

8. Überlegen Sie, wie man auf sinnvolle Weise einen Join von mehr als zwei Tabellen definieren kann. Beschreiben Sie einen sinnvollen natürlichen Join zwischen ARTIKEL, ARTIKELGRUPPE, PERSON und LIEFERANT. Beschreiben Sie Ihn in Worten und auf zwei verschiedene Weisen als Formel mit Hilfe der Operatoren aus diesem Kapitel.

9. Sei [R] :=   PROJECT

                (

                        BESTELLUNGEN

                        WHERE *ArtikelId* = 2

)

                (

                        ArtikelId

)

    Beschreiben Sie die Relationsklasse BESTELLUNGEN / [R] , die man erhält, wenn aus der Tabelle BESTELLUNGEN die Relationsklasse [R] herausdividiert. Wie viele Sätze erhält man?

10. Sei [R] :=   PROJECT

                (

                        BESTELLUNGEN

                        WHERE *ArtikelId* = 2 oder *ArtikelId* = 29

)

                (

                        ArtikelId

)

Beschreiben Sie die Relationsklasse BESTELLUNGEN / [R] , die man erhält, wenn aus der Tabelle BESTELLUNGEN die Relationsklasse [R] herausdividiert. Wie viele Sätze erhält man?

11. Zeigen Sie: Für zwei beliebige Relationen gilt:

- DIVIDE(PRODUCT (R, S) , S) = R

12. Zeigen Sie: Für zwei beliebige Relationsklassen gilt:

- DIVIDE(PRODUCT ([R], [S]) , [S]) = [R]

13. Sei JOIN_AG := ARTIKEL   NATURAL JOIN   ARTIKELGRUPPE
                  ON   ARTIKEL.*Artikelgruppeld* = ARTIKELGRUPPE.*Id*

Wie viele Datensätze hätte in unserer Datenbank Allerhand die Relationsklasse DIVIDE(JOIN_AG , ARTIKELGRUPPE)

8 Die Integrität einer Datenbank und Schlüssel aller Art

Man möchte natürlich, dass die abgespeicherten Daten einer Datenbank den Ausschnitt der Realität, den sie abbilden sollen, auch korrekt repräsentieren. Dabei gibt es offensichtlich zwei verschiedene Arten von Bedingungen, die solch eine korrekte Datenbank erfüllen muss:

- Wahrheitsanforderungen, die nur durch den Vergleich mit der Realität überprüft werden können. Zum Beispiel: Wohnt *Albert Einstein* wirklich in der *Raumstraße 2*, wie wir in der Tabelle PERSON gespeichert haben? Oder: Ist der Kunde mit der *Id* 16 wirklich der Besteller des Artikels mit der *Id* 19 - so, wie es in der Tabelle BESTELLUNGEN gespeichert wurde?

- Logische Integritätsanforderungen, die die Gestalt der einzelnen Tabellen bzw. Relationsklassen und die Beziehungen zwischen den verschiedenen Relationsklassen einer Datenbank betreffen. Wir können uns zum Beispiel genauso gut fragen: Gibt es überhaupt einen Kunden mit der *Id* 16 in der Tabelle KUNDE, denn schließlich wird auf diese KUNDE.*Id* ja in der Tabelle BESTELLUNGEN Bezug genommen. Offensichtlich muss diese Frage zuerst geklärt sein, ehe ich die Frage aus Punkt 1 überhaupt erfolgversprechend untersuchen kann.

Kriterien der letzteren Art, die offensichtlich nicht die vollständige inhaltliche Korrektheit der gespeicherten Daten sichern, sondern nur die Einhaltung bestimmter logischer Grundvoraussetzungen für diese Korrektheit betreffen, nennen wir **Integritätsbedingungen**. Es wird sich zeigen, dass man einige Bedingungen so allgemein formulieren kann, dass sie als Kriterien für jede Datenbank dienen können - unabhängig vom konkreten Inhalt und Entwurf der Datenbank. Eine zentrale Rolle spielen dabei die Begriffe **Schlüsselkandidat**, **Primärschlüssel** und **Fremdschlüssel**. Wir werden diese Begriffe jetzt der Reihe nach untersuchen.

8.1 Schlüsselkandidaten (Candidate Keys)

Insbesondere für die Verwaltungen der Beziehungen zwischen zwei Relationsklassen (denken Sie zum Beispiel an die Beziehung zwischen Artikeln und Kunden in der Relationsklasse BESTELLUNGEN) braucht man die Möglichkeit, die Elemente einer Relationsklasse eindeutig und redundanzfrei zu kennzeichnen. Alle derartigen Möglichkeiten sind Kandidaten für einen Schlüssel und man definiert deshalb:

Definition:

[R] sei eine Relationsklasse. Eine Teilmenge K der Attribute von [R] heißt **Schlüsselkandidat**, wenn die folgenden zwei Bedingungen erfüllt sind:

- Die **Eindeutigkeit**: Jedes Element von [R] ist eindeutig durch die Werte der Attribute von K charakterisiert. Zwei voneinander verschiedene Elemente in [R] können nie in den Werten der Attribute aus K übereinstimmen. Diese Tatsache gilt für einen Schlüsselkandidaten prinzipiell - unabhängig davon, wie viele Elemente gerade aktuell zu der Relationsklasse gehören.

- **Irreduzibilität**: K verliert die Eigenschaft der Eindeutigkeit, sobald man ein oder mehrere Attribute aus K entfernt.

Diese Irreduzibilität wird oft auch **Minimalität** genannt. Beachten Sie bitte, dass jede Relationsklasse mindestens einen Schlüsselkandidaten hat - denn Relationsklassen enthalten keine doppelten Elemente. Also erfüllt die Menge aller Attribute einer Relationsklasse schon die Bedingung der Eindeutigkeit. Und diese Menge kann man nun - oft auf mehrere Weisen - so verkleinern, bis sie bei einer weiteren Verkleinerung diese Eigenschaft der Eindeutigkeit verlieren würde - bis sie also irreduzibel ist. Folgende Eigenschaften von Schlüsselkandidaten sollten Ihnen klar sein:

- Oft haben Relationsklassen wirklich nur einen Kandidaten für einen Schlüssel. Das muss aber nicht so sein. Es kann durchaus mehrere Schlüsselkandidaten geben.

- **Schlüsselkandidaten** können Mengen von Attributen sein, die nur ein einziges Element enthalten. Dann heißen sie **einfach**. Falls sie aus mehreren Attributen bestehen, heißen sie **zusammengesetzt**.

8.2 Primärschlüssel

Über Primärschlüssel haben wir in diesem Buch schon mehrfach geredet. Das interessante ist: Für Schlüsselkandidaten gibt es ein theoretisches Kriterium, quasi eine mathematische Formel, die Sie auf eine Relationsklasse legen können und diese Formel sagt Ihnen, welche Attributkombinationen Schlüsselkandidaten sind. Nicht so bei Primärschlüsseln.

„Definition":

> Der **Primärschlüssel** einer Relationsklasse ist derjenige Schlüssel unter den Schlüsselkandidaten, für den sich der Datenbankadministrator beim Entwurf der Tabelle als passende Charakterisierung der Elemente der Tabelle entscheidet. Der Primärschlüssel ist wichtig für das Datenbankmanagementsystem. Es benutzt ihn zum raschen Lokalisieren der entsprechenden Sätze auf dem Festspeichermedium und zur Verwaltung der Beziehungen zwischen verschiedenen Tabellen. Wichtige Kriterien für einen „guten" Primärschlüssel sind:
>
> • Der Primärschlüssel sollte eine Attributkombination oder ein Attribut sein, dass keinerlei Bedeutung für den Anwender hat. Nur so können Sie sicher sein, dass die datenbankinterne Logik und die anwenderspezifische Logik nicht miteinander in Konflikt kommen können.
>
> • Außerdem sollte die Attributkombination des Schlüsselkandidaten, den Sie zum Primärschlüssel machen, eine möglichst einfache Gestalt haben.

Der Primärschlüssel wird mehr als alle anderen Schlüsselkandidaten in anderen Relationsklassen benutzt, um sich auf Elemente der ursprünglichen Relationsklasse zu beziehen. So wird zum Beispiel der Primärschlüssel *Id* der Relationsklasse KUNDE benutzt, um in der Relationsklasse BESTELLUNGEN einen bestimmten Kunden zu kennzeichnen, der die betreffende Bestellung ausgeführt hat. Oder anders gesagt: Der Kunde, der zu dem Element aus der Relationsklasse BESTELLUNGEN gehört, wird über den Primärschlüssel KUNDE.*Id* referenziert.

Es gilt darüber hinaus: Viele Datenbankmanagementsysteme können die jeweiligen Ausprägungen der referenziellen Integrität nur dann sichern und verwalten, wenn die entsprechenden Beziehungen mit Hilfe eines Primärschlüssels erstellt wurden. Sie sehen, der Begriff des Primärschlüssels führt uns automatisch zu unserem nächsten Thema, dem Fremdschlüssel.

8.3 Fremdschlüssel und referentielle Integrität

Definition:

Sei [R] eine Relationsklasse. Eine Menge *FS* von Attributen von [R] heißt **Fremd-schlüssel**, falls die folgende Bedingung erfüllt ist:

- Es gibt eine Relationsklasse [S] mit einem Schlüsselkandidaten *SK*, so-dass jede Wertbelegung für die Attribute in *FS* mit einer Wertbelegung für die Attribute in *SK* übereinstimmt.

Betrachten Sie noch einmal ein Bespiel aus unserer Beispieldatenbank:

Unsere Relationsklasse ARTIKEL sah - als Tabelle dargestellt - folgendermaßen aus (Ich zeige Ihnen nur einige Sätze):

Id	Artikelnr	Bezeichnung	ArtikelgruppeId	LieferantId	Bestandsmenge	Preis
6	A0020002	Akku	2	5	890	2,37 €
7	A0040003	Altsaxophon	4	19	98	4.000,00 €
24	A0050002	Banane	5	10	521	0,31 €
8	A0030001	Bilderrahmen	3	22	767	177,85 €
9	A0020006	Computer	2	15	390	1.119,98 €
14	A0060003	Der Name der Rose	6	6	562	26,21 €
15	A0060002	Der Termin	6	22	153	16,00 €
29	A0020003	Drucker	2	11	0	2.300,00 €
16	A0020004	Drucker	2	14	8	879,99 €
25	A0020001	DVD-Player	2	22	12	175,35 €

Bild 8-1 Die ersten zehn Artikel bei alphabetischer Sortierung nach der *Bezeichnung*

und wir hatten schon in Kapitel 5 festgestellt:

- *Id* ist der Primärschlüssel. Das heißt: Einer der möglicherweise mehreren Schlüssel-kandidaten ist die Menge mit dem Attribut *Id*. Wir machen diesen Schlüsselkandida-ten, der sehr einfach strukturiert ist, zum Primärschlüssel.

- Um noch einmal den Begriff des Schlüsselkandidaten zu erläutern: Auch die Attributkombination (*Id*, *Bezeichnung*) ist eindeutig, aber sie ist **kein** Schlüsselkandidat, denn diese Attributkombination verliert das Charakteristikum der Eindeutigkeit nicht, wenn man das Attribut *Bezeichnung* aus ihr entfernt. Diese Attributkombination ist also **nicht minimal** in Bezug auf die Anforderung der Eindeutigkeit.

- *ArtikelgruppeId* ist ein Fremdschlüssel, der die Werte des Primärschlüssels der Tabelle ARTIKELGRUPPE annimmt. Es besteht eine Referenz von ARTIKEL.*ArtikelgruppeId* auf ARTIKELGRUPPE.*Id*. Damit wird gespeichert, zu welcher Artikelgruppe der Artikel gehört.

- *LieferantId* ist ein Fremdschlüssel, der die Werte des Primärschlüssels der Tabelle LIEFERANT annimmt. Es besteht eine Referenz von ARTIKEL.*LieferantId* auf LIEFERANT.*Id*. Damit wird der Lieferant des Artikels gespeichert. Jeder Artikel hat höchstens einen Lieferanten in diesem Versandhaus.

Nun können wir eine der wichtigsten relationalen Integritätsbedingungen formulieren, die sogenannte **referentielle Integrität**:

Definition der referentiellen Integrität:

Zu jedem Wert eines Fremdschlüssels muss es ein Element in der referenzierten Relationsklasse geben, dessen referenzierter Schlüsselkandidat genau diesen Wert hat.

Diese referentielle Integrität kann auf verschiedene Weise verletzt werden und Sie haben verschiedene Möglichkeiten, in Ihrem Datenbankmanagementsystem festzulegen, wie es darauf reagieren soll:

1. Diese referentielle Integrität kann beim Hinzufügen von Elementen in die Relationsklasse, die den Fremdschlüssel enthält, verletzt werden Falls Sie einen Satz hinzufügen, bei dem der Fremdschlüssel einen Wert hat, der nicht in dem entsprechenden Schlüsselkandidaten bei der referenzierten Tabelle vorkommt, haben Sie die referentielle Integrität verletzt.

   Beispiel:

   Sie fügen in die Relationsklasse ARTIKEL das Element

   (31 , 'A0990001' , 'Fehlerfreie Software' , 99 , 15 , 7 , 33.00) hinzu, obwohl es die Artikelgruppe mit der **Id** 99 gar nicht gibt. Dann ist die Integrität Ihrer Datenbank verletzt. Sie sollten deshalb Ihr Datenbankmanagementsystem anweisen können, solche Einfügeoperationen zu verbieten. Hier gibt es für ein Datenbankmanagementsystem nur diese eine Möglichkeit, zu reagieren.

2. Die referentielle Integrität kann beim Löschen von Elementen aus der Relationsklasse, in der der Schlüsselkandidat steht, auf den von anderen Relationsklassen hin referenziert wird, verletzt werden. Sie dürfen offensichtlich keine Elemente entfernen, deren Schlüsselkandidaten noch als Fremdschlüssel in anderen Relationsklassen auftauchen.

Beispiel:

Sobald Sie in der Relationsklasse ARTIKELGRUPPE das Element

$$(\, 5 \, , \, \text{'Lebensmittel'} \,)$$

löschen, verlieren alle Elemente in der Relationsklasse ARTIKEL, bei denen als **Artikelgruppeld** der Wert 5 angegeben war, ihre Beziehung zur Relationsklasse ARTIKELGRUPPE. Die Datenbank ist nicht mehr in einem "integren" Zustand. Sie haben bei den meisten relationalen Datenbankmanagementsystemen zwei verschiedene Möglichkeiten der Reaktion, die festgelegt werden können:

-   Das Löschen der Artikelgruppe mit der **Id** 5 wird verboten, solange es noch Artikel aus dieser Artikelgruppe gibt.
-   Alle Artikel, die zu der Artikelgruppe 5 gehören, werden mitgelöscht. Aber Vorsicht: So kann man seine Datenbank sehr schnell sehr klein kriegen, denn: In unserem Fall bedeutet das auch: Alle Bestellungen von Artikeln der Artikelgruppe 5 müssen gelöscht werden. Und alle erledigten Bestellungen.

3. Schließlich können Sie die referentielle Integrität durch das Ändern von Elementen verletzen. Entweder, indem Sie den Fremdschlüssel eines Elementes in einer Relationsklasse auf einen Wert ändern, dem kein Schlüsselkandidatenwert in der referenzierten Tabelle entspricht. Oder, indem Sie den Schlüsselkandidaten des Elementes einer Relationsklasse verändern, auf den sich Fremdschlüssel aus anderen Relationsklassen beziehen.

Beispiele:

Sie ändern in der Relationsklasse ARTIKEL das Element

(11 , 'A0040002' , 'Fake Book' , **4** , 6 , 920 , 42.00)

in

(11 , 'A0040002' , 'Fake Book' , **99** , 6 , 920 , 42.00)

Dann haben Sie dasselbe Problem wie bei unserem Einfügebeispiel. Wieder gibt es für ein Datenbankmanagement nur eine Möglichkeit, zu reagieren – wenn es denn überhaupt etwas tun soll: Durch Ablehnung.

Oder aber: Sie ändern in der Relationsklasse ARTIKELGRUPPE beispielsweise das Element

(**5**,Lebensmittel)

in

(**55**,Lebensmittel)

Dann entsteht dieselbe problematische Situation wie bei unserem Löschbeispiel. Jetzt hat ein Datenbankmanagementsystem wieder zwei Möglichkeiten zu reagieren:

- Entweder wird jedwede Änderung eines Primärschlüssels, auf den sich andere Fremdschlüssel beziehen, verboten. D.h. die obige Änderung wird verweigert.

- Oder alle Fremdschlüsselwerte in der Tabelle ARTIKEL, die den Wert 5 haben (die sich also auf 'Lebensmittel' beziehen) werden mit auf den Wert 55 geändert.

Lassen Sie mich das, was wir hier an einem konkreten Beispiel besprochen haben, noch einmal allgemein formulieren:

8.4 Regeln beim Umgang mit Fremdschlüsseln

Eine Warnung vorneweg: Viele Datenbankmanagementsysteme sind nur mit unzureichenden Mitteln zur Sicherung der referentiellen Integrität ausgestattet. Je nach dem System, mit dem Sie arbeiten, werden Sie zusätzliche Programmierarbeit leisten müssen, um die im Folgenden beschriebenen Vorgehensweisen zu realisieren.

Der Datenbankdesigner muss sich beim Entwurf eines Fremdschlüssels stets mit den folgenden Fragen befassen:

1. Wie soll sich das System verhalten, wenn versucht wird, einen Satz aus einer Tabelle zu löschen, die einen Schlüsselkandidaten besitzt, auf den sich ein Fremdschlüssel aus einer anderen Tabelle bezieht? Es gibt (zunächst) zwei Möglichkeiten der Reaktion:

    - **Eingeschränkt (engl. Restricted):**

        das bedeutet, das System schränkt die Möglichkeit, einen Satz zu löschen, auf die Fälle ein, in denen es keine Bezüge durch andere Fremdschlüssel gibt.

    - **Das sogenannte Kaskadenlöschen (engl. Cascades):**

        In diesem Falle werden die Sätze in den anderen Tabellen, die einen Fremdschlüsselwert enthalten, der sich auf den zu löschenden Satz bezieht, mitgelöscht. Beachten Sie, dass das unter Umständen eine Kettenreaktion von Löschvorgängen auslösen kann - in dem Falle nämlich, wo die zu löschenden Sätze ihrerseits wieder Schlüsselkandidaten enthalten, auf die sich andere Fremdschlüssel beziehen. Und was soll passieren, wenn ein Glied in dieser Kette mit der Löschoption Restricted angelegt ist?

Die andere Frage, mit der sich ein Datenbankdesigner beim Entwurf eines Fremdschlüssels befassen muss, lautet:

2. Wie soll sich das System verhalten, wenn der Endbenutzer versucht, einen Schlüsselkandidaten eines Satzes aus einer Tabelle zu ändern, auf den sich ein Fremdschlüssel aus einer anderen Tabelle bezieht? Es gibt wieder zwei Möglichkeiten der Reaktion:

    - **Eingeschränkt (engl. Restricted):**

        das bedeutet, das System schränkt die Möglichkeit, einen Schlüsselkandidaten zu ändern, auf die Fälle ein, in denen es keine Bezüge durch andere

Fremdschlüssel aus den entsprechenden anderen Tabellen auf diesen Schlüsselkandidaten gibt.

- **Das sogenannte Kaskadenändern (engl. Cascades):**
  In diesem Falle werden die Fremdschlüssel in den anderen Tabellen, die sich auf den zu ändernden Schlüsselkandidaten beziehen, mitgeändert.

Wir werden im Kapitel über SQL besprechen, wie man diese Optionen in SQL festlegt.

8.5 Ein Verbot für NULL-Werte – aber nur in Primärschlüsseln

Ich habe schon mehrmals in diesem Buch gegen Nullwerte polemisiert. Eine minimale Vorsichtsmaßnahme gegen die Verwirrungen, die NULL-Werte stiften, ist die sogenannte Integrität der Entitäten, die **Entity-Integrität**[1]. Da NULL-Werte für Elemente von Relationsklassen keinen Sinn machen, spreche ich für den Rest dieses Kapitels nur noch von Tabellen:

Definition der Integrität der Entitäten

Keine Komponente des Primärschlüssels einer Tabelle darf für irgendein Element dieser Tabelle einen NULL-Wert enthalten.

Das bedeutet:

Selbst wenn man in seinem Datenbankdesign NULL-Werte zulässt, **muss** es in jeder Tabelle immer mindestens einen Schlüsselkandidaten geben, der keinerlei NULL-Werte enthält.

Mit Hilfe der NULL-Werte kann man die Regeln für die Fremdschlüssel folgendermaßen abschwächen:

---

[1] zum Begriff Entität vgl. Kapitel 2 und Kapitel 11. „Integrität der Entität" meint hier: Die Integrität des Datensatzes, genauer: die Integrität des Primärschlüssels des Datensatzes.

Definition: (erweiterte Definition des Fremdschlüssels)

> Sei [R] eine Tabelle. Eine Menge FS von Attributen von [R] heißt **Fremdschlüssel**, falls die folgende Bedingung erfüllt ist:
>
> - Es gibt eine Tabelle [S] mit einem Schlüsselkandidaten SK, sodass jede Wertbelegung für die Attribute in FS entweder NULL ist oder mit einer Wertbelegung für die Attribute in SK übereinstimmt.

Und wir erhalten auch eine erweiterte Form der **referentiellen Integrität**:

referentielle Integrität: (erweiterte Version)

> Zu jedem Wert eines Fremdschlüssels, der nicht NULL ist, muss es ein Element in der referenzierten Tabelle geben, bei dem der referenzierte Schlüsselkandidat genau diesen Wert hat.

Das bedeutet, dass man – wenn man sich auf dieses Spiel mit den NULL-Werten einlässt – gerne sein Datenbankmanagement sowohl für die Operation des Löschens als auch für Update-Operationen zu einer weiteren Form der Reaktion veranlassen können möchte:

Die Option „Setze auf NULL" (Nullify):

- Jedes Mal, wenn versucht wird, einen Satz aus einer Tabelle zu löschen, die einen Schlüsselkandidaten besitzt, auf den sich ein Fremdschlüssel aus einer anderen Tabelle bezieht, wird der Fremdschlüssel in dieser anderen Tabelle auf NULL gesetzt.

- Und genauso gilt: Wenn man versucht, einen Schlüsselkandidaten eines Satzes aus einer Tabelle zu ändern, auf den sich ein Fremdschlüssel aus einer anderen Tabelle bezieht, wird der Fremdschlüssel in dieser anderen Tabelle auf NULL gesetzt.

In unserer Tabelle BESTELLUNGEN würde die Option NULLIFIES z.B. bedeuten, es gäbe Bestellungen ohne einen Kunden. Sie könnten auch versucht sein, bei dem Fremdschlüssel *ArtikelgruppeId* in der Tabelle ARTIKEL NULL-Werte zuzulassen – z.B. für den Fall, dass für einen neuen Artikel eine neue Artikelgruppe einzurichten wäre, was aus den verschiedensten Gründen erst zu einem späteren Zeitpunkt stattfinden könnte.

In all diesen Fällen würde ich stets lieber mit einer Artikelgruppe der Art „Bezeichnung noch unbekannt", die eine konkrete *Id* hat, arbeiten. Mögliche NULL-Werte in Fremdschlüsseln werden bei späteren Abfragen, Sortierungen und anderen Verarbeitungen immer wieder Ärger machen. Mein Rat bleibt immer derselbe: Vermeiden Sie NULL-Werte, wo es irgend geht.

8.6 Abschließende Definition für die Integrität einer relationalen Datenbank

Ich erinnere Sie an unsere erste Definition der Integrität einer relationalen Datenbank im fünften Kapitel im Abschnitt 5.8. Mit den jetzt entwickelten Begriffen können wir definieren:

Definition der Integrität einer relationalen Datenbank:

Die **Integrität** einer relationalen Datenbank wird durch die Erfüllung der folgenden drei Bedingungen für alle beteiligten Tabellen definiert:

1. Die **Entity-Integrität**.

2. Die **referentielle Integrität**.

3. Alle weiteren **Constraints** sind erfüllt.

8.7 Zusammenfassung

Wir haben in diesem Kapitel die folgenden Punkte besprochen:

- Datenbankmanagementsysteme können nur die logische Stimmigkeit, die Integrität einer Datenbank sichern helfen

- Die Menge von Attributkombinationen, aus der man den Primärschlüssel auswählt, besteht aus den so genannten Schlüsselkandidaten. Schlüsselkandidaten sind jeweils eindeutig identifizierend für ein Element der Relationsklasse und verlieren diese Eigenschaft, wenn man sie verkleinert. (Abschnitt 8.1)

- Primärschlüssel sollten frei von Anwenderbedeutung und so einfach wie möglich strukturiert sein. Sie werden vom Datenbankmanagementsystem zur Optimierung von Suchzugriffen auf der Festplatte und zur Verwaltung von Beziehungen zwischen verschiedenen Relationsklassen gebraucht. (Abschnitt 8.2)

- Die Beziehung zwischen zwei Tabellen wird über einen Schlüsselkandidaten und einen Fremdschlüssel, der sich auf diesen Schlüsselkandidaten bezieht, geregelt. Die Korrektheit dieser Beziehung nennt man referentielle Integrität. (Abschnitt 8.3)

- Die referentielle Integrität kann bei Einfüge-, Lösch- und Update-Operationen verletzt werden. Es gibt für das Datenbankmanagementsystem drei Möglichkeiten darauf zu reagieren: Mit der Verbotsoption „Restricted", mit der Weitergabeoption „Cascades" und mit der Option „Nullify", die Fremdschlüsselwerte ohne korrespondierende Schlüsselkandidatenpartner auf NULL setzt. (Abschnitt 8.4)

- Die Entity-Integrität verbietet NULL-Werte in Primärschlüsseln (Abschnitt 8.5)

Mit Hilfe dieser Punkte war dann eine neue Definition der Integrität einer relationalen Datenbank möglich, die knapper und präziser war als unser erster Definitionsversuch im fünften Kapitel in Abschnitt 5.8 (Abschnitt 8.6)

Übungsaufgaben

1. (Warnung: die folgende Tabelle ist voller Entwurfsfehler, die wir im 12. Kapitel genauer untersuchen werden. Können Sie diese Entwurfsfehler jetzt schon beschreiben?)

   a) Was ist ein Schlüsselkandidat? Geben Sie eine vollständige Definition.

   b) In einer Bibliothek will man eine Datenbank einrichten, in welcher der Buchbestand verwaltet wird. Sehen Sie in der folgenden Abbildung die Tabelle, die man dazu implementiert:

Id	Autor	Titel	Verlag
12	Goll	JAVA als erste Programmiersprache	Teubner
14	Johnson	Entwurfsmuster	Addison-Wesley
16	Weiß	JAVA als erste Programmiersprache	Teubner
17	Gamma	Entwurfsmuster	Addison-Wesley
25	Zschiegner	Diskrete Mathematik	Vieweg
76	Dieker	Datenstrukturen und Algorithmen	Teubner
136	Beutelspacher	Diskrete Mathematik	Vieweg
183	Beutelspacher	Kryptologie	Vieweg
212	Helms	Entwurfsmuster	Addison-Wesley
815	Müller	JAVA als erste Programmiersprache	Teubner

   Warum ist die Attributkombination (*Id, Autor*) kein Schlüsselkandidat?

   c) Diese Tabelle hat zwei Schlüsselkandidaten. Welche sind das?

   d) Für welchen dieser Schlüsselkandidaten würden Sie sich als Primärschlüssel entscheiden? Begründen Sie Ihre Entscheidung.

2. Machen Sie noch einmal Aufgabe 2 aus dem 5. Kapitel, diesmal mit dem exakten Werkzeug, das wir uns jetzt erarbeitet haben.

3. Wenn Sie Aufgabe 5 aus Kapitel 5 richtig bearbeitet haben, wissen Sie, dass im Falle des Setzens der Cascaden-Option für alle Löschvorgänge in der Datenbank Allerhand das Löschen der Artikelgruppe mit der *Id* 1 die Konsequenz hat, das insgesamt 16 Sätze aus der Datenbank gelöscht werden. Überlegen Sie, was bei gleicher Opti-

onswahl für Updatevorgänge die Veränderung der *Id* der Artikelgruppe *Kleinteile* für Konsequenzen hätte.

4. (Fortsetzung von Aufgabe 3) Überlegen Sie (oder besser noch: Diskutieren Sie mit Kommilitonen oder Kollegen), wie man „default"-mäßig die Delete-Optionen und wie man „default"-mäßig die Update-Optionen bei möglichen Verletzungen der referentiellen Integrität setzen sollte. Sollte man bei Delete und Update identisch verfahren? Betrachten Sie die Situation aus Aufgabe 3 dabei als ein repräsentatives Beispiel.

Vierter Teil:

Verbesserungen der Performance

9 Speicherstrukturen und Optimierungen

Die Fragestellungen, die wir in diesem Kapitel untersuchen werden, sind sehr interessant und beschäftigen sich alle mit dem Problem:

- Wie organisiere ich die physikalische Speicherung meiner Daten auf dem Festspeichermedium so, dass ich bei den wichtigsten, immer wieder erfolgenden Zugriffen auf meine Datenbank eine möglichst performante Verarbeitung erhalte.

Wir haben im 3. Kapitel im einleitenden Teil dieses Buches schon angefangen über diese Problematik zu sprechen. Jetzt, wo wir sehr viel mehr über relationale Datenbanken wissen und auch mehr Beispielmaterial zur Verfügung haben, ist es Zeit, auf diesen Punkt zurückzukommen. Wir werden dabei einige komplizierte theoretische Konzepte diskutieren, darum gehört dieses Kapitel ebenfalls in diesen Teil des Buches und das, obwohl der Begriff der Relationsklasse hier keine Rolle spielt. Außerdem werden Sie sehen, welche wichtige Rolle die Primärschlüssel in dieser ganzen Angelegenheit spielen.

Ich empfehle Ihnen zu diesem Thema auch den – online verfügbaren – Anhang D („Storage Structure and Access Methods") zu dem Buch „An Introduction To Database Systems" von C.J. Date. [Date2] In diesem Anhang werden einige Fragen auch noch weitergehender behandelt als ich das hier leisten kann.

Ich möchte bei dem, was ich mit Ihnen bespreche, mit einer Analogie arbeiten: Ich werde Sie zuweilen bitten, sich den Festspeicher als einen Karteischrank vorzustellen. Ein Karteischrank wurde und wird immer noch in Bibliotheken und Büros zur Verwaltung von Informationen verwendet, die auf Karteikarten notiert sind. Diese Karteikarten stecken in Schubladen, die Schubladen bilden dann den gesamten Schrank. Bild 9-1 zeigt Ihnen, wie so etwas aussieht. Diese Analogie wird nicht in allen Bereichen vollständig sein, wir wollen sie nicht überstrapazieren, aber sie wird Ihnen einen guten Eindruck von den Konzepten geben, um die wir uns in diesem Kapitel bemühen werden.

Ich beginne mit einigen Verabredungen über die Terminologie in diesem Kapitel:

- Eine Tabelle nennen wir jetzt **Datei**, denn das ist die Form, in der sie das Betriebssystem kennt und verwaltet.
- Eine **Seite** ist die Bezeichnung für eine Einheit des Hintergrundspeichers. Ich nenne diesen Speicher in diesem Kapitel immer den **Festspeicher**.
- Eine **Menge von Seiten**, eine **Seitenmenge** ist eine Zusammenfassung von mehreren Seiten zu einer logisch oder auch physikalisch definierten Einheit.

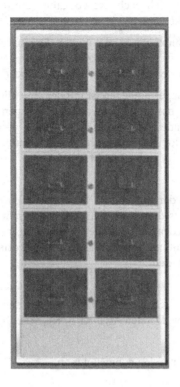

Bild 9-1 Ein Karteischrank

Für unsere Analogie gilt:

- Der Festspeicher wird dargestellt durch den gesamten Karteischrank.
- Eine Seite des Festspeichers wird durch eine Schublade repräsentiert, eine Seitenmenge ist eine Unterabteilung des Karteischranks, die aus mehreren Schubladen besteht.
- Ein Datensatz irgendeiner Datei steht grundsätzlich auf einer Karteikarte.

9.1 Seitenmengen und Dateien – der Festspeichermanager

Ich habe im dritten Kapitel die Begriffe DBMS, Dateimanager und Festspeichermanager eingeführt. Für unseren Karteischrank haben wir folgende Aufgabenverteilung:

- Das DBMS kümmert sich nach wie vor „nur" um die Datensätze, es befasst sich nicht mit dem Karteischrank

- Der Dateimanager hingegen denkt in den Organisationsstrukturen der einzelnen Schubladen des Karteischranks, er sagt dem Festspeichermanager, welche Schublade bzw. welche Karteikarte in welcher Schublade zu bearbeiten ist.

- Der Festspeichermanager hingegen ist mit der eigentlichen physikalischen Speicherverwaltung befasst – das betrifft sowohl das Einfügen oder Löschen von Karteikarten aus einer Schublade als auch die Organisation der Schubladenreihefolge. Denn: es gibt sowohl eine logische als auch eine physikalische Reihenfolge der Schubladen. Diese sind im Allgemeinen **nicht** identisch.

Das bedeutet in der Sprache der Informatik: Die „untere Etage" der Datenverwaltung, der Festspeichermanager erlaubt es dem Dateimanager, in logischen Kategorien von dem Lesen und Schreiben von Seiten zu „denken". Er – der Dateimanager – ist nicht mit der eigentlichen physikalischen Speicherverwaltung befasst. Das leistet der Festspeichermanager. Diese Funktion nennt man **Seitenmanagement**.

Ein Beispiel soll dies klarer machen. Wir arbeiten wieder mit unserer Datenbank Allerhand und zwar mit den Tabellen bzw. Dateien ARTIKEL, KUNDE und BESTELLUNGEN.

Zur Vereinfachung der Betrachtungen nehmen wir an:

- Die Sätze in den Dateien seien logisch nach Primärschlüsseln von KUNDE und ARTIKEL geordnet, genauer: die Artikeldatei sei nach den ARTIKEL.*Id*s geordnet, die Kundendatei nach KUNDE.*Id*s und die Datei BESTELLUNGEN nach *KundeId* und bei gleicher *KundeId* nach *ArtikelId*. „Logisch geordnet" bedeutet: das DBMS erhält bei einer Anforderung von mehreren Sätzen diese Sätze in dieser Sortierung.

- Weiterhin nehmen wir **zunächst** an, zu jeder Datei gehöre eine eigene Seitenmenge, in der die Datei enthalten ist und jeder Satz einer Datei beanspruche jeweils eine eigene Seite. In unserem Bild bedeutet das:

Jede Datei hat eine eigene Unterabteilung in unserem Karteischrank, die aus einer oder mehreren Schubladen besteht. In jeder Schublade ist immer höchstens eine Karteikarte. Ich mache diese – offensichtlich unrealistische – Annahme, weil ich mit Ihnen zuallererst über das Management der Beziehungen zwischen **verschiedenen** Seiten, d.h. verschiedenen Schubladen reden möchte. Danach besprechen wir die Verwaltung des Inhalts einer einzigen Seite bzw. einer einzigen Schublade und lassen diese Einschränkung dann auch wieder fallen.

Betrachten wir nun die folgende Ereignisabfolge:

1. Zunächst sei die Datenbank leer. Das bedeutet: In unserem Karteischrank gibt es nur eine Schublade, die Schublade mit der Nummer 0, in der eine gültige Karteikarteninformation vorhanden ist. Diese Information betrifft den Zusammenhang zwischen logischer und physikalischer Reihenfolge der Schubladen – wir werden das gleich genauer besprechen können. Und es gibt bisher nur eine einzige „echte" Unterabteilung in unserem Karteischrank – das ist die Unterabteilung aller leeren Schubladen. Diese Schubladen werden in aufsteigender Reihenfolge nummeriert.

   Das bedeutet tatsächlich: Es gibt lediglich die Seite 0 mit ihrer besonderen Funktion der Speicherung von Metadaten und eine einzige „echte" Seitenmenge, die Menge aller leeren Seiten. Die Seiten dieser Menge werden in aufsteigender Reihenfolge nummeriert.

2. Der Dateimanager fordert die Erzeugung einer neuen Seitenmenge für Kundensätze an und fügt 4 Kunden, K1, K2, K3 und K4 ein. Der Festspeichermanager entfernt die Seiten 1 bis 4 aus der Menge der leeren Seiten, erklärt diese Seiten (die Menge dieser Seiten) zur Kunden-Seitenmenge und fügt in jede Seite einen Kundensatz ein. In unserer Veranschaulichung sind jetzt die Schubladen 1 bis 4 die Kundenabteilung, in jeder Schublade ist eine Karteikarte. Unser Festspeicher bzw. unser Karteischrank sieht jetzt folgendermaßen aus:

0	1	2	3	4
Metadaten	Kunde K1	Kunde K2	Kunde K3	Kunde K4
5	6	7	8	9
Leer	Leer	Leer	Leer	Usw.

Bild 9-2 Festspeicherstruktur nach dem Anlegen der Datenbank Allerhand und dem ersten Einfügen von Sätzen aus der Tabelle KUNDE

3. Das Analoge passiere für ARTIKEL und BESTELLUNGEN. Es werden 7 Artikel-
sätze A1, A2, A3, A4, A5, A6 und A7 eingefügt und 10 Bestellungssätze. Die Bestellungen stelle ich dar in der Form B[K*i*,A*j*]. Damit meine ich: der Kunde K*i* hat
den Artikel A*j* bestellt. Die 10 Bestellsätze sind:

B[K1,A1], B[K1,A2], B[K1,A3], B[K1,A4], B[K2,A3],

B[K2,A4], B[K2,A5], B[K3,A5], B[K3,A6], B[K4,A7]

0	1	2	3	4
Metadaten	Kunde K1	Kunde K2	Kunde K3	Kunde K4
5	**6**	**7**	**8**	**9**
Artikel A1	Artikel A2	Artikel A3	Artikel A4	Artikel A5
10	**11**	**12**	**13**	**14**
Artikel A6	Artikel A7	Bestellung [K1,A1]	Bestellung [K1,A2]	Bestellung [K1,A3]
15	**16**	**17**	**18**	**19**
Bestellung [K1,A4]	Bestellung [K2,A3]	Bestellung [K2,A4]	Bestellung [K2,A5]	Bestellung [K3,A5]
20	**21**	**22**	**23**	**24**
Bestellung [K3,A6]	Bestellung [K4,A7]	Leer	Leer	Usw.

Bild 9-3 Festspeicherstruktur nach dem Anlegen der Datenbank Allerhand und dem ersten Einfügen von
Sätzen aus der Tabellen KUNDE, ARTIKEL und BESTELLUNGEN

Jetzt haben wir (ich „vergesse" mal die anderen Tabellen unserer Datenbank) vier Seitenmengen bzw. Karteischrankabteilungen:

- Die Kunden-Seitenmenge   {Seite 1, ... , Seite 4}
- Die Artikel-Seitenmenge   {Seite 5, ... , Seite 11}
- Die Bestellungen-Seitenmenge   {Seite 12, ... , Seite 21}
- und die Menge der freien Seiten {Seite 22 ff. }

Behalten Sie unsere Veranschaulichung im Gedächtnis: Eine Seite entspricht einer Schublade,
bisher ist in jeder Schublade höchstens eine Karteikarte.

Bild 9-3 zeigt Ihnen, wie unser Festspeicher bzw. unser Karteischrank jetzt aussieht.

Nach diesen anfänglichen drei Schritten werden nun weitere Verarbeitungen vorgenommen:

- Der Dateimanager übergibt an den Festspeichermanager einen neuen Kunden K5
  zum Einfügen. Dieser nimmt dazu die erste freie Seite/Schublade – sie trägt die
  Nummer 22. Diese Einheit wird der Kunden-Seitenmenge hinzugefügt und der entsprechende Eintrag erfolgt.

- Der Kunde K2 wird gelöscht, d.h. Seite/Schublade Nr. 2 wird der Abteilung „leere
  Seiten" hinzugefügt. (Ich weiß, wir verletzen die referentielle Integrität, aber für das
  hier besprochene ist das ohne Belang)

- Der Dateimanager übergibt an den Festspeichermanager einen neuen Artikel A8 zum
  Einfügen. Dieser nimmt dazu die erste freie Seite/Schublade – das ist jetzt die
  Nummer 2. Diese Einheit wird der Artikel-Seitenmenge hinzugefügt und der ent-
  sprechende Eintrag erfolgt.

- Schließlich wird der Kunde K3 gelöscht, d.h. Seite/Schublade Nr. 3 wird der Abteilung „leere Seiten" hinzugefügt.

Bild 9-4 zeigt Ihnen, wie mittlerweile unsere Festspeicherstruktur/Karteischrankstruktur
aussieht.

0	1	2	3	4
Metadaten	Kunde K1	Artikel A8	Leer	Kunde K4
5	**6**	**7**	**8**	**9**
Artikel A1	Artikel A2	Artikel A3	Artikel A4	Artikel A5
10	**11**	**12**	**13**	**14**
Artikel A6	Artikel A7	Bestellung [K1,A1]	Bestellung [K1,A2]	Bestellung [K1,A3]
15	**16**	**17**	**18**	**19**
Bestellung [K1,A4]	Bestellung [K2,A3]	Bestellung [K2,A4]	Bestellung [K2,A5]	Bestellung [K3,A5]
20	**21**	**22**	**23**	**24**
Bestellung [K3,A6]	Bestellung [K4,A7]	Kunde K5	Leer	Usw.

Bild 9-4 Festspeicherstruktur nach dem Einfügen von Kunde K5, dem Löschen von Kunde K2, dem Einfügen von Artikel A8 und dem Löschen von Kunde K3

Sie sehen: Wenn das System eine Weile in Gebrauch ist, haben Sie überhaupt keine Chance mehr, eine physikalisch sinnvolle Anordnung Ihrer Datensätze zu garantieren.

Um dieses Problem in den Griff zu kriegen, greift man auf das Konstruktionsprinzip einer verketteten Liste zurück.

- Die Seitenmengen werden in Form einer verketteten Liste miteinander verbunden, wo jede Seite in einem so genannten Seitenkopf zusätzliche Informationen enthält. Dazu gehört vor allem die Adresse der logisch folgenden Seite, die in einem Zeiger gespeichert wird.

Das bedeutet für unseren Karteischrank: In jeder Schublade gibt es eine zusätzliche Information, aus der hervorgeht, welche Nummer die logisch nächste Schublade hat. Das ist im Allgemeinen nicht die Schublade rechts daneben.

Genauso muss man es in der Seitenkopfinformation angeben, wenn man sich auf einer Seite befindet, die die logisch letzte Seite einer Seitenmenge darstellt.

0	1	2	3	4
Ende	Next: **4**	Ende	Next: **23**	Next: **22**
Metadaten	Kunde K1	Artikel A8	Leer	Kunde K4
5	**6**	**7**	**8**	**9**
Next: **6**	Next: **7**	Next: **8**	Next: **9**	Next: **10**
Artikel A1	Artikel A2	Artikel A3	Artikel A4	Artikel A5
10	**11**	**12**	**13**	**14**
Next: **11**	Next: **2**	Next: **13**	Next: **14**	Next: **15**
Artikel A6	Artikel A7	Bestellung [K1,A1]	Bestellung [K1,A2]	Bestellung [K1,A3]
15	**16**	**17**	**18**	**19**
Next: **16**	Next: **17**	Next: **18**	Next: **19**	Next: **20**
Bestellung [K1,A4]	Bestellung [K2,A3]	Bestellung [K2,A4]	Bestellung [K2,A5]	Bestellung [K3,A5]
20	**21**	**22**	**23**	**24**
Next: **21**	Ende	Ende	Next: **24**	Next: **25**
Bestellung [K3,A6]	Bestellung [K4,A7]	Kunde K5	Leer	Usw.

Bild 9-5 Festspeicherstruktur aus Bild 9-4 mit Seitenkopfinformationen über die logisch „nächste" Seite.

Betrachten Sie dazu das Bild 9-5, wo ich versucht habe, diese Logik darzustellen.

Es gilt:

- Die Informationen aus den Seitenköpfen, insbesondere die Adressen der logisch nächsten Sätze kennt und verwaltet nur der Festspeichermanager, sie sind dem Dateimanager völlig unbekannt.

  Nur der Festspeichermanager kennt den Unterschied zwischen logischer und physikalischer Anordnung der Karteikästen in unserem Karteischrank.

- Es ist offensichtlich von Vorteil, wenn logisch eng verwandte Sätze aus Dateien auch physikalisch dicht beieinander positioniert werden. Wir haben darüber schon im Abschnitt über das **Clustering** gesprochen. Diese Herangehensweise an die physikalische Speicherung wird durch die Tatsache unterstützt, dass der Festspeichermanager immer Gruppen von Seiten aus einer Seitenmenge allokiert und deallokiert. Diese Gruppen enthalten stets eine feste Zahl von Seiten, beispielsweise 64 Seiten.

  In unserem Bild von einem Karteischrank bedeutet das, dass der Festspeichermanager immer eine Gruppe von **physikalisch nebeneinander liegenden** Karteikästen verarbeitet und dem Dateimanager zur Verfügung stellen kann.

Jetzt können wir daran gehen, genauer die Metadaten auf der Seite 0 zu betrachten. Stellen Sie sich dazu vor, der Dateimanager erteilt dem Festspeichermanager die Aufgabe, den Artikel A4 zurück zu stellen, ihn – eventuell nach einer Updateverarbeitung – wieder in der entsprechenden Schublade abzustellen. Dazu muss der Festspeichermanager lediglich wissen, wo, auf welcher Seite, in welcher Schublade die Seitenmenge der Artikeldatei beginnt. Dann kann er sich mit Hilfe der „Nächste Seite"-Angaben bis zu der gewünschten Seite vorarbeiten. Allgemein gilt:

> Um in den Seitenmengen navigieren zu können, muss der Festspeichermanager für jede Seitenmenge wissen, wo die erste Seite liegt. Dazu legt sich der Festspeichermanager ein Inhaltsverzeichnis für die Festplatte an, das auf der Seite 0 steht. Es enthält eine Liste der Seitenmengen, die zurzeit auf der Festplatte existieren und einen Zeiger auf die jeweils erste Seite dieser Seitenmengen..

Abbildung 9-6 zeigt Ihnen, wie dieses Inhaltsverzeichnis in unserem Beispiel aussehen würde

0	
Ende	
Metadaten	
Seitenmenge	**Nummer (Adresse) der ersten Seite**
Leere Seiten	3
Kunden	1
Artikel	5
Bestellungen	12

Bild 9-6 Metadaten auf Seite 0 der Festplatte zur Lokalisierung der Anfänge der verschiedenen Seitenmengen

Nun möchte ich mit Ihnen die Aufgaben des Dateimanagers genauer analysieren:

9.2 Seiten und Dateien – der Dateimanager

Die Existenz eines Dateimanagers ermöglicht es, dass sich das DBMS überhaupt nicht um die Beziehung zwischen den Datensätzen und den Seiten, auf denen sie gespeichert sind, zu kümmern braucht. Das DBMS kann vollständig in den Begriffen der Datenbank „denken". Die Herstellung der Beziehungen zwischen den Datensätzen einerseits und den physikalischen Seiten andererseits übernimmt der Dateimanager. Man nennt diese Aufgabe *Record-Management*.

Wenn Sie wieder an den Karteischrank denken, dann bedeutet das: Der Dateimanager bekommt vom DBMS die Anforderung für einen Satz mitgeteilt und er muss seinerseits dem Festspeichermanager mitteilen, welche Schublade er dafür übergeben bekommen möchte.

Lassen Sie uns diese Aufgabe wieder an Hand von Beispielen diskutieren und erläutern. Wir arbeiten jetzt mit der Tabelle ARTIKEL. Wir nehmen jetzt an (und das ist bei weitem realistischer), dass auf eine Seite mehrere Datensätze passen. Jetzt sind also in einer Schublade mehrere Karteikarten. Die vorherige Annahme, dass wir nun einen Satz pro Seite zulassen, haben wir gebraucht, um die Beziehungen zwischen den verschiedenen Seiten zu diskutieren. **Jetzt geht es um die Navigation innerhalb einer Seite, innerhalb einer Schublade.**

Ich möchte noch einmal den Unterschied in der Bedeutung der verschiedenen Verarbeitungs-schritte für die Verarbeitungsgeschwindigkeit betonen:

- Das Laden oder Schreiben von Schubladen/Seiten bedeutet möglicherweise Fest-speicherzugriffe, also Kommunikation zwischen Festspeicher und Hauptspeicher und ist daher eine Bedrohung für eine gute Performance.

- Die Navigation in **einer** Schublade/auf **einer** Seite findet ausschließlich im Haupt-speicher statt und ist daher für das Performanceverhalten nicht von Bedeutung.

Die logische Ordnung für die Datensätze sei wieder die Sortierung nach dem Primärschlüssel, also die Sortierung nach dem Feld ARTIKEL.*Id*. Man betrachte die folgende Ereignisabfolge:

1. Zunächst werden die sieben Artikel A1 bis A7 eingefügt und auf einer Seite ge-speichert. Mit A1 meine ich den Artikel mit ARTIKEL.*Id* = 1. Betrachten Sie dazu die Abbildung 9-7. Beachten Sie bitte auch, dass wir noch einen großen Anteil an freiem, nicht genutzten Platz auf dieser Seite haben.

	Weitere Seitenkopf-Daten					
A1	Artikel A1 Lampenschirme	**A2**	Artikel A2 Hilfsmotoren	**A3**	Artikel A3 Video-Recorder	
A4	Artikel A4 Steinway Flügel	**A5**	Artikel A5 Topfpflanzen	**A6**	Artikel A6 Akku	
A7	Artikel A7 Altsaxophon					

Bild 9-7 Struktur der Seite   nach dem ersten Speichern der sieben Artikel A1, A2, A3, A4, A5, A6, A7

2. Anschließend fügt das DBMS einen neuen Artikel, beispielsweise den Artikel A12 ein, der auf der Seite   hinter A7 eingefügt wird. Denn auf Seite   war ja noch Platz.

3. Das DBMS löscht nun den Satz für den Artikel A4, der Platz auf der Seite wird freigegeben und anschließend werden die folgenden Sätze „nach vorne" geschoben.

4. Das DBMS fügt einen weiteren Artikel, den Artikel A9 ein. Wieder wird dieser Artikel auf der Seite , auf der noch Platz ist, eingefügt. Dazu wird der Artikel A12 einen Platz weiter nach hinten geschoben und der Artikel A9 wird zwischen A7 und A12 eingefügt. Betrachten Sie dazu Bild 9-8.

	Weitere Seitenkopf-Daten						
A1	Artikel A1 Lampenschirme	**A2**	Artikel A2 Hilfsmotoren	**A3**	Artikel A3 Video-Recorder		
A5	Artikel A5 Topfpflanzen	**A6**	Artikel A6 Akku	**A7**	Artikel A7 Altsaxophon		
A9	Artikel A9 Computer	**A12**	Artikel A12 Schrauben				

Bild 9-8 Struktur der Seite   nach dem Einfügen von Artikel A12, dem anschließenden Löschen von Artikel A4 und dem schließlichen Einfügen des Artikels A9

Der zentrale Punkt bei all dem, was wir hier in diesem Kapitel bisher besprochen haben, ist:

- innerhalb **einer** Seite/Schublade ist die logische und die physikalische Anordnung der Datensätze identisch. Dafür sorgt der Dateimanager.

- Der Festspeichermanager organisiert wie oben beschrieben die Anordnung der **verschiedenen** Seiten. Hier sind logische und physikalische Reihenfolgen im Allgemeinen unterschiedlich, ihre Beziehung wird durch die Verkettungsparameter möglich.

Der Dateimanager identifiziert die Karteikarten/Datensätze intern durch so genannte **Record-Id**s. Ich verwende dafür die Abkürzung RID. Verwechseln Sie diese RID bitte nicht mit dem Primärschlüssel. Es gilt:

- RID ist eine Information des Dateimanagers, die nur dieser kennt und verwaltet.
- Der Primärschlüssel ist eine Information des Datenbankmanagementsystems. (Seine Rolle beim Performance-Optimierten Speichern besprechen wir im Abschnitt 9.8, wo es um das Hashing geht).

Die **Record-Id** eines Satzes r besteht aus zwei Teilen:

1. Der Nummer der Seite   , auf der der Datensatz steht und
2. einer Adresse in der „Fußzeile" der Seite, wo genau verzeichnet steht, an welcher Adresse der Datensatz r auf der Seite   gespeichert steht.

Für unsere Karteikastenveranschaulichung bedeutet das:

Wir legen in jede Schublade eine „Adresstabelle", in der drinsteht, wo (z.B. hinter welchem Reiter) die betreffende Karteikarte abgelegt ist.

Dann hat der Dateimanager zu jeder Karteikarte eine Information, die aus zwei Teilen besteht:

1. Der Nummer der Schublade, in der die Karteikarte steckt und
2. der Zeile der Adresstabelle der Schublade, in der steht, wo diese Karteikarte abgelegt ist.

Abbildung 9-9 verdeutlicht Ihnen, wie **Record-Id**s aufgebaut sind und wo sie verwaltet werden.

Viele von Ihnen werden jetzt die Frage stellen:

Warum braucht man diese „umständliche" Form des Verweises von Adressen auf Adressen? Warum gibt man in der RID nicht gleich die aktuelle Adresse des Satzes auf der jeweiligen Seite an?

Die Antwort lautet: Weil dann die RID bei jeder Verschiebung des Satzes auf einer Seite mit verändert werden müsste. Unsere oben besprochene Ereignisabfolge sollte Ihnen aber zeigen, dass man im Allgemeinen mit häufigen Veränderungen der Adresse eines Satzes auf einer Seite rechnen muss. Bei unserer Lösung bleibt der Schlüssel bei einer Verschiebung eines Satzes auf einer Seite erhalten, nur in dem „Adressfach", auf das dieser Schlüssel – die RID – hinweist, steht eine andere Adresse.

Das wird in unserer weiteren Diskussion der Index-Verfahren eine wichtige Rolle spielen. Sie werden merken: Auch hier ist einer der „Schlüssel" zum Erfolg eine Schlüssellogik für die Datensätze, bei der praktisch keine Updates der Schlüsselwerte nötig sind.

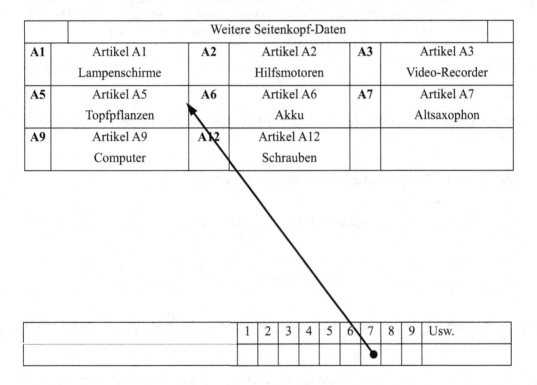

RID des Satzes Artikel A6 :   (Seite   , Adressbox 7)

Bild 9-9 Informationen der **Record-Id**s (RIDs)

Ich möchte diesen Abschnitt mit der Diskussion einiger Konsequenzen aus dieser Vorgehensweise abschließen:

- Man braucht für alle möglichen Arten von direkten Zugriffen bessere Herangehensweisen als das sequentielle Lesen. Dazu gehören: Index-Verfahren, das so genannte Hashing, Zeigerketten und Kompressions-Techniken. Einiges davon werden wir im Folgenden besprechen.

- Wir werden im Folgenden immer annehmen, dass die beste „physikalische" Anordnung die Sortierung nach dem Primärschlüssel ist.

- Und vergegenwärtigen Sie sich bitte noch einmal: Die **Record-Id**s interessieren nur den Dateimanager, nicht den Festspeichermanager und auch nicht das DBMS. Im Gegensatz dazu hat der Dateimanager keinerlei Interesse an dem konkreten Attributaufbau eines Datensatzes. Der interessiert nur das DBMS.

9.3 Indizes

Nun betrachten wir Zugriffe, bei denen Abfragebedingungen für bestimmte Felder vorliegen. Ein Beispiel:

Betrachten Sie die Personentabelle. Wir nehmen an, die Abfrage

Lies alle Personen aus der Stadt *Ort*

sei eine wichtige Abfrage, die oft durchgeführt wird und deshalb eine gute Performance haben muss. (*Ort* ist hier natürlich ein variabler Parameter)

Dann könnte der Datenbankadministrator entscheiden, die Tabelle Personen folgendermaßen zu speichern:

- Zwei Dateien – eine Personendatei und eine neue „extra" Orts-Datei (wahrscheinlich in verschiedenen Seitenmengen)

- Die Orts-Datei können wir uns nach Ortsnamen sortiert vorstellen – wir machen den Ortsnamen zum Primärschlüssel. In dieser Datei ORT enthält außerdem jeder Satz einen Zeiger auf die RID des Satzes aus der Personendatei, zu der dieser Ort gehört. Beachten Sie, dass wir es hier nicht mit einem Verfahren zur Vermeidung von Datenredundanz zu tun haben: Es wird keine neue relationale Tabelle eingerichtet, sondern man versucht, ein nach dem Attribut *Ort* sortierte Datei aufzubauen, in der übrigens jeder Ort so oft vorkommt wie er auch in der Tabelle PERSON erscheint. Also durchaus mehrmals. Außerdem bleibt das Attribut in der Tabelle PERSON erhalten. Betrachten Sie dazu das Bild 9-10.

Ortsdatei (Index)   **Personendatei (Tabelle PERSON)**

Ort	Zeiger auf RID von
Berlin	Satz mit Id = 5
Bonn	Satz mit Id = 6
New York	Satz mit Id = 4
New York	Satz mit Id = 7
Regensburg	Satz mit Id = 1
Regensburg	Satz mit Id = 3
Wuppertal	Satz mit Id = 2

Id	Name	Vorname	..	Ort
1	Schneider	Helge	..	Regensburg
2	Engels	Karl	..	Wuppertal
3	Mozart	Wolfgang	..	Regensburg
4	Picasso	Pablo	..	New York
5	Einstein	Albert	..	Berlin
6	Chaplin	Charlie	..	Bonn
7	Lennon	John	..	New York

Bild 9-10 Ein Index für das Feld Ort in der Personentabelle

Wenn wir nun beispielsweise alle Personen aus Regensburg haben wollen, stehen dem Datenbank-Management-System die folgenden beiden Alternativen zur Auswahl:

1. Durchsuche einfach die gesamte Personendatei und wähle alle Sätze, bei denen der Ort *„Regensburg"* ist, aus.

oder

2. Suche die Orts-Datei nach allen *„Regensburg"* - Einträgen ab und hole Dir zu jedem Eintrag mit dem zugehörigen Zeiger den Satz aus der Personendatei.

Bei einem niedrigen Anteil von Personen aus Regensburg, ist die zweite Strategie günstiger, denn:

- Auf Grund der Sortierung nach dem Ortsnamen kann das Datenbank-Management-System aufhören, nach Einträgen aus Regensburg zu suchen, sobald ein Ort erreicht wird, der alphabetisch hinter Regensburg steht.
- Selbst falls das Datenbank-Management-System gezwungen ist, die gesamte Orts-Datei zu durchsuchen, wird das schneller gehen und weniger I/O-Operationen erfordern, denn die Sätze der Orts-Datei sind natürlich wesentlich kleiner.

Diese Orts-Datei nennt man einen **Index** (den „*Orts-Index*") für die Personendatei.

Allgemein gilt die folgende Definition:

Definition:

Ein **Index** für ein spezielles Attribut einer Datei besteht aus einer zweiten Datei, in der alle vorkommenden Attributwerte zusammen mit den RIDs der zugehörigen Sätze aus der ursprünglichen Datei gespeichert sind.

Ein Index für einen Primärschlüssel heißt oft **Primärindex**, Indizes anderer Attribute heißen dementsprechend **Sekundärindizes**. Indizes zu Schlüsselkandidaten heißen aus offensichtlichen Gründen **eindeutige Indizes**.

9.4 Das Arbeiten mit Indizes

Wie wir bereits besprochen haben, beschleunigen Indizes viele Suchprozesse. Das ist ihr Vorteil. Andererseits verlangsamen Indizes natürlich Updates, denn jeder Update einer Datei, bei der das Index-Attribut betroffen ist, verlangt die entsprechenden Updates der Index-Datei.

Deshalb muss man sich beim Einrichten eines Index stets fragen: Was ist wichtiger: Die Performanceverbesserung bei Suchvorgängen nach dem Index-Feld oder der Ärger über die Performanceverschlechterung bei Update-Operationen.

Da eine massenhafte, also performance-anfällige Datenverarbeitung bevorzugt bei Such- und Auswertungsoperationen auftritt, während Update-Operationen oft nur einen einzelnen Datensatz betreffen, entscheidet man sich öfter für als gegen einen weiteren Index.

Indizes können auf verschiedene Weisen genutzt werden:

1. Für den sequentiellen Zugriff auf eine Datei in der durch den Index definierten Reihenfolge. In unserem Beispiel hieße das: Man durchsuche die Personendatei in alphabetischer Reihenfolge der Ortseinträge

2. Für den direkten Zugriff auf eine Datei gemäß dem Attributwert eines Index-Feldes. In unserem Beispiel hieße das: Man suche alle Personen aus Frankfurt am Main.

3. Für Existenzabfragen. Wenn ich wissen will: Stehen in meiner Datei Personen aus Berlin, dann muss ich nur überprüfen, ob der Ort „*Berlin*" in meiner Index-Datei vorkommt

Eine Datei kann mehrere Indizes haben. Betrachten Sie die Abfrage:

Lies alle Personen mit dem Vornamen *Vorname* aus der Stadt *Ort*

Wieder sind hier *Vorname* und *Ort* Parameter, die konkrete Werte tragen können, z.B.

Lies alle Personen mit dem Vornamen „John" aus der Stadt „New York"

Dann kann der größte Teil dieser Abfrage auf Index-Ebene abgehandelt werden. Betrachten Sie die folgende Beispiel-Situation in Bild 9-11.

Dann liefere der Ort „New York" die RIDs *r4* und *r7*, der Vorname „John" liefert dann die RID *r7* und erst dann brauchen die vollständigen Sätze – in diesem Fall ist es nur einer - gelesen werden. Dieses Verfahren ist ganz offensichtlich sogar noch günstiger für die Performance, wenn zu den gegebenen Parametern überhaupt kein Satz existiert.

Man nennt Indizes auch „**invertierte Listen**" weil hier nicht jeweils zu einer *Id* ein Attributwert verzeichnet ist sondern zu einem Attributwert eine dazugehörige RID eingetragen ist. Die „Standard" - Richtung der funktionalen Abhängigkeit zwischen Schlüssel und Attributwert ist hier also gerade invertiert.

Dateien, bei denen zu jedem Feld ein Index definiert ist, heißen **vollständig invertiert**.

Ich habe jetzt aufgehört, die Veranschaulichung vermittels unserer Karteischrankanalogie noch weiter zu diskutieren, aber es sollte klar geworden sein:

Dem Aufbau eines Index entspricht die Einrichtung eines weiteren Karteischranks, in dessen Schubläden viel mehr Karteikarten als in die Schubläden des ursprünglichen Karteischranks passen, da weniger Informationen gespeichert werden. (z.B. bei unseren Personen nur der Ort). Zu diesen Informationen findet man dann die RIDs der vollständigen Sätze. Da bei den

„Index"-Karteischränken viel mehr Sätze in eine Schublade gehen, muss man im günstigen Falle weniger verschiedene Schubladen öffnen, um einen Satz zu finden, d.h. man muss weniger Festspeicherzugriffe machen als bei einer Suche ohne Index.

Vornamensdatei (Index)

Vorname	Zeiger auf RID von
Albert	Satz mit Id = 5
Charlie	Satz mit Id = 6
Helge	Satz mit Id = 1
John	Satz mit Id = 7
Karl	Satz mit Id = 2
Pablo	Satz mit Id = 4
Wolfgang	Satz mit Id = 3

Ortsdatei (Index)

Ort	Zeiger auf RID von
Berlin	Satz mit Id = 5
Bonn	Satz mit Id = 6
New York	Satz mit Id = 4
New York	Satz mit Id = 7
Regensburg	Satz mit Id = 1
Regensburg	Satz mit Id = 3
Wuppertal	Satz mit Id = 2

Personendatei (Tabelle PERSON)

Id	Name	Vorname	.	Ort
1	Schneider	Helge	.	Regensburg
2	Engels	Karl	.	Wuppertal
3	Mozart	Wolfgang	.	Regensburg
4	Picasso	Pablo	.	New York
5	Einstein	Albert	.	Berlin
6	Chaplin	Charlie	.	Bonn
7	Lennon	John	.	New York

Bild 9-11 Zwei Indizes für die Personentabelle: Einer für den Vornamen und einer für das Feld Ort

9.5 Indizes für Kombinationen von Feldern

Lassen Sie mich das letzte Beispiel noch etwas ausspinnen. Wir können auch für die **Attributkombination** „*Vorname*"/„*Ort*" einen Index aufbauen.

Vorname/Ort-Datei (Index)		Personendatei (Tabelle PERSON)				

Vorname/Ort	Zeiger auf RID von	Id	Name	Vorname	.	Ort
AlbertBerlin	Satz mit Id = 5	1	Schneider	Helge	.	Regensburg
CharlieBonn	Satz mit Id = 6	2	Engels	Karl	.	Wuppertal
HelgeRegensburg	Satz mit Id = 1	3	Mozart	Wolfgang	.	Regensburg
JohnNew York	Satz mit Id = 7	4	Picasso	Pablo	.	New York
KarlWuppertal	Satz mit Id = 2	5	Einstein	Albert	.	Berlin
PabloNew York	Satz mit Id = 4	6	Chaplin	Charlie	.	Bonn
WolfgangRegensburg	Satz mit Id = 3	7	Lennon	John	.	New York

Bild 9-12 Ein Index für die Feldkombination Vorname/Ort in der Personentabelle

Dann wäre die Abfrage

> Lies alle Personen mit dem Vornamen „*John*" aus der Stadt „*New York*"

noch performanter zu lösen. Beachten Sie, dass es für das Performanceverhalten einen Unterschied macht, ob Sie einen Index für „*Vorname*"/„*Ort*" oder für „*Ort*"/„*Vorname*" aufbauen. Und beachten Sie, dass ein Index für „*Vorname*"/„*Ort*", der zuerst nach dem Vornamen sortiert ist, auch als ein Index für das Feld „Vorname" dienen kann.

All das bedeutet: Je besser Sie über die Struktur Ihrer Dateien und die häufigsten Abfragen Bescheid wissen, desto besser können Sie durch einen geschickten Index-Aufbau die Performance verbessern.

9.6 Dichte und lichte Indizes

Bei den Indizes reicht es zur Reduzierung der I/O-Zugriffe aus, die Seitenzahl anzugeben, auf der der Satz steht, man braucht gar nicht die genauen Adressen, denn sobald man die richtige Seite vom Festspeicher in den Arbeitsspeicher geladen hat, finden alle weiteren Verarbeitungsschritte dort statt und sind natürlich auch entsprechend schnell durchgeführt.

Wir nehmen nun außerdem wieder an, dass die „physikalische" Anordnung der Sätze einer Datei mit der Sortierung der Werte in einem bestimmten Feld übereinstimmt. Genauer: die „physikalische" Anordnung der Sätze der Personendatei entspreche der numerischen Sortierung des zugehörigen Primärschlüssels *Id*. Noch einmal anders gesagt: Wir nehmen ein Intra-File-Clustering der Datei PERSON in Bezug auf das Attribut PERSON.*Id* an.

Außerdem definieren wir einen Index für dieses Feld. Dann besteht keine Notwendigkeit, in diesen Index für jeden Satz der Datei einen Eintrag zu machen. Stattdessen brauchen wir nur für jede Seite, die die Datei „verbraucht", einen Eintrag in den Index. Dabei verfahren wir folgendermaßen:

- (Nur) für diejenigen Sätze der Personendatei, die auf ihrer jeweiligen Seite als letzte Sätze stehen, erfolgt ein Eintrag in den Index.

Betrachten Sie dazu Abbildung 9-13. Wir machen hier zur Vereinfachung der Diskussion die Annahme, dass auf jede Seite nur zwei Personen passen.

Primärindex (licht)

Id	Zeiger auf Beginn von
2	Seite $\sigma - 1$
4	Seite σ
6	Seite $\sigma + 1$
7	Seite $\sigma + 2$

Personendatei (Tabelle PERSON)

Id	Name	Vorname	.	Ort
1	Schneider	Helge	.	Regensburg
2	Engels	Karl	.	Wuppertal
3	Mozart	Wolfgang	.	Regensburg
4	Picasso	Pablo	.	New York
5	Einstein	Albert	.	Berlin
6	Chaplin	Charlie	.	Bonn
7	Lennon	John	.	New York

Seite σ — Zeilen 3, 4; Seite $\sigma + 1$ — Zeilen 5, 6; Seite $\sigma + 2$ — Zeile 7.

Bild 9-13 Ein Beispiel für einen nicht dichten bzw. lichten Index

Nehmen wir an, wir wollten die Person mit dem Primärschlüssel *Id* = 5 finden. Dazu wird zuerst der Index durchgegangen, bis man den ersten Primärschlüssel findet, der größer oder gleich 5 ist. In unserem Beispiel ist das 6. Damit hat man die Seite, auf der man suchen muss, lädt sie in den Hauptspeicher und der Rest geht sehr schnell.

Man nennt solch einen Index **licht** bzw. **nicht-dicht**. Alle Indizes, die wir vorher diskutiert haben, heißen **dicht**.

Die **Vorteile** von nicht-dichten Indizes sind der geringere Platz, den sie benötigen und eine noch schnellere Performance bei Suchanfragen. Ein **Nachteil** ist, dass sie offensichtlich alleine keine Existenzabfragen entscheiden können – im Gegensatz zu den dichten Indizes, die das können, wie wir weiter oben gesehen haben.

Beachten Sie schließlich, dass man lichte Indizes **nur für** das Feld bzw. die Feldkombination definieren kann, für welche(s) die Datei **physikalisch angeordnet** wurde. Für die Attribute eines lichten Index muss also beim Anlegen oder letzten Reorganisieren der Tabelle das „Clustering" festgelegt worden sein. Ohne dieses Clustering funktioniert auch der lichte Index nicht mehr.

9.7 Eine kurze Bemerkung zu B-Bäumen (engl. B-Trees)

Dieser Abschnitt ist nur für diejenigen von Ihnen wirklich verständlich, die sich schon einmal mit Graphentheorie und dort speziell mit Baumstrukturen und den verschiedensten Such-, Einfüge- und Löschalgorithmen auseinander gesetzt haben. Es gibt eine sehr umfangreiche, gute Literatur zu diesem Thema, z.B. [Aigner], [Ott], [Sedge].

Ein Graph (d. i. eine Struktur, die aus Knoten und Kanten besteht) heißt **Baum** genau dann, wenn dieser Graph zusammenhängend und zyklenfrei ist. Betrachten Sie Bild 9-14, wo ich Ihnen zwei Bäume als Beispiele vorstelle.

Baumstrukturen kommen in unserem Zusammenhang zum Einsatz, falls Index-Dateien zu groß werden und daher nicht mehr in der Lage sind, eine wirkliche Verbesserung der Verarbeitungsgeschwindigkeit zu garantieren. Dann muss man Index-Dateien für diese Indizes bilden und zwar – sonst würde ja überhaupt nichts gewonnen – lichte Index-Dateien.

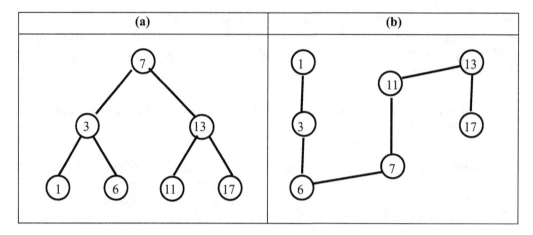

Bild 9-14 Zwei Bäume

Macht man das einmal, hat man einen ein-stufigen Index, führt man das Verfahren ein weiteres Mal für die obere Index-Stufe durch, hat man einen zwei-stufigen Index usw. Drei-stufige Indizes kommen in der Praxis am häufigsten vor. Solche Indexstrukturen sind baumartig, man gelangt von der obersten Indexinformation auf genau einem Weg bis hinunter zu dem gesuchten Datensatz.

Betrachten Sie unser Beispiel (a) aus Bild 9-14. Ich schlage folgende allgemeine Suchregel vor:

- Ist die gesuchte Zahl (der gesuchte Index) kleiner als die Zahl in dem aktuellen Knoten, gehe die linke Kante weiter (d.h. gehe zur linken Adresse), ist sie größer, gehe die rechte Kante weiter.

Mit dieser Regel können Sie im Falle des Baums 9-14 (a) mit höchstens drei Zugriffen für **jede** Zahl entscheiden, ob sie in dem Baum vorkommt oder nicht **und** Sie können gegebenenfalls auch noch den zu einer existierenden Zahl gehörenden Datensatz einlesen.

Im Falle des Baums 9-14 (b) können es leicht bis zu sieben Zugriffe werden, bis man eine gegebene Zahl gefunden hat bzw. weiß, dass sie in dem Baum nicht existiert. Man nennt solch einen Baum **unausgewogen**. Viele Autoren verwenden dafür das Wort **degeneriert**. Allgemein gilt:

- Ein Baum ist **unausgewogen**, falls verschiedene Blätter verschiedene Entfernungen zur Wurzel haben, falls also verschiedene Zweige verschieden lang sind und eine unterschiedliche Anzahl von Knoten beinhalten. Da das Durchsuchen eines Baums einen Festspeicher-Zugriff für jeden aufgesuchten Knoten verlangt, sind die Verarbeitungszeiten für eine Suche desto schwerer vorauszusagen je unausgewogener der Baum ist.

Dagegen ist der Baum 9-14 (a) extrem ausgewogen.

Im Allgemeinen hat man bei den Baumstrukturen, die bei dem Bilden von mehrstufigen Indizes entstehen, das Problem, dass solch ein Baum im Laufe der Zeit durch viele Einfüge- und Löschoperationen sehr unausgewogen werden kann.

Deshalb wurde im Mai 1972 erstmals eine spezielle Art von baumartigen Indexstrukturen entwickelt, bei der diese Gefahr nicht besteht. Sie heißen **B-Bäume** (englisch **B-Trees**) und man kann sich streiten, ob das B für Balanced = Ausgewogen steht oder auf einen der beiden Entwickler dieser Strukturen hinweist, auf Rudolf Bayer, einen (mittlerweile emeritierten) Professor an der TU München. Der andere Entwickler war übrigens Edward M. McCreight [Bayer].

Bei B-Bäumen – und das ist ihr riesiger Vorteil – garantiert der Einfüge- und Löschalgorithmus, dass solch ein B-Baum stets ausgewogen bleibt.

Seit 1972 hat es zahlreiche Forschungsarbeiten und Weiterentwicklungen zu diesem Komplex gegeben, heute repräsentieren B-Bäume wahrscheinlich die am meisten verbreitete Speicherstruktur in Datenbanksystemen überhaupt. Ich kann Sie für eine genauere Beschreibung dieser Strukturen und der Einfüge- und Löschalgorithmen leider nur auf die einschlägige Literatur verweisen, da diese Fragen über das eigentliche Thema dieses Buches hinausgehen. Vgl. [Date2] – dort finden Sie auch weitere Literaturhinweise.

Die nächste Technik der Performance unterstützenden Speichermethoden ist das so genannte **Hashing**. Der Begriff kommt aus dem Englischen. Dort meint das Verb „to hash" zerhacken, verstreuen. Ich habe mir sagen lassen, dass dieses Wort in der Metzgereibranche eine große Rolle spielt. Im Deutschen wird meist auch das Wort **Hashing** benutzt, die Übersetzung im Informatikbereich heißt: gestreute Speicherung. Warum diese Methode so heißt, werden Sie gleich sehen.

9.8 Hashing

Hashing ist eine Technik, die einen schnellen direkten Zugriff auf einen bestimmten Datensatz ermöglichen soll. Dazu wird ein bestimmtes Feld ausgesucht – im Allgemeinen der Primärschlüssel – mit dessen Hilfe der Speicherplatz des Satzes bestimmt wird. Genauer:

- Jeder Datenbanksatz wird an einer Adresse – d.h. einer festgelegten RID oder auch nur auf einer festgelegten Seitennummer – gespeichert, die man als Funktionswert eines bestimmten Feldes, des **Hash-Feldes** erhält. Die Funktion nennt man **Hash-Funktion**, die berechnete Adresse heißt **Hash-Adresse**.

- Alle Speicherungs- und Suchfunktionen laufen dann immer über diese Berechnung des Speicherplatzes. Die Durchführung dieser Berechnungen übernimmt das DBMS.

Klar ist: Eine Datei kann mehrere Indizes haben, aber nur eine Hash-Funktion, denn die Hash-Funktion legt die tatsächliche physikalische Speicherung fest.

Man sollte die Hash-Funktion immer so wählen, dass die Menge der möglichen Funktionswerte um einen geeignet gewählten, nicht zu kleinen aber auch nicht zu großen Prozentsatz (der richtet sich nach den Wachstumsprognosen für die jeweilige Datei) größer ist als die Menge der tatsächlichen Sätze.

Es im Allgemeinen nicht sinnvoll, als Hash-Funktion (beispielsweise vom Primärschlüssel) die Identität zu nehmen. Denn in der Praxis ist es oft so, dass beispielsweise in unserer Tabelle PERSON 100 Sätze sind, die tatsächlichen Werte der Primärschlüssel aber zwischen 1 und – sagen wir – 1.000.000 schwanken können. Die Definition

$$\text{Hash}(\textit{Id}) := \textit{Id}$$

ergäbe eine riesige Spannweite von möglichen Speicheradresswerten für die 100 Sätze aus meiner Tabelle, was zu großen Lücken zwischen den einzelnen gespeicherten Sätzen führen würde.

Ein Beispiel für eine Hash-Funktion für unsere Personendatei mit dem angenommenen Bestand von 100 Sätzen, *Id*-Werten zwischen 1 und 1.000.000 und einer gedämpften Wachstumsprognose könnte

$$\text{Hash-Adresse des Satzes mit dem Primärschlüssel } \textit{Id} := \text{Hash}(\textit{Id}) := \textit{Id} \bmod 149$$

sein. (Das ist der Rest, der beim Teilen durch 149 bleibt. 149 ist eine Primzahl, man nimmt in diesem Zusammenhang gerne Primzahlen.)

Bei diesem Vorgehen ist eine Problematik offensichtlich: Die „physikalische" Speicherreihenfolge entspricht weder der Sortierung des Hash-Feldes (in unserem Beispiel immer der Primärschlüssel) noch irgendeinem anderen irgendwie sinnvollem Kriterium. Man kann und sollte sich aber natürlich für sequentielle Suchvorgänge zusätzlich die jeweils nötigen Indizes anlegen.

Der zweite Nachteil besteht darin, dass es stets die Möglichkeit der Kollisionen gibt: Es kann immer wieder passieren, dass zwei oder mehr Datensätze auf dieselbe Adresse hin „gerechnet" werden.

Es gibt mehrere Möglichkeiten, wie darauf reagiert werden kann. Beispielsweise könnte man die errechnete Hash-Adresse nicht als die genaue Speicheradresse des betreffenden Datensatzes auffassen, sondern als Startpunkt für ein sequentielles Suchen, das z.B. beim Einfügen genau dann abbricht, wenn der erste freie Platz gefunden wurde. Je mehr Datensätze auf eine Seite passen desto besser ist diese Lösung.

Eine andere, nach Date [Date2] wahrscheinlich in der Praxis öfters anzutreffende Lösung besteht darin, dass man die Hash-Adresse als den Anfangspunkt einer verketteten Liste definiert, die alle Datensätze enthält, für die diese Hash-Adresse ausgerechnet wurde.

9.9 Erweiterbares Hashing (engl. Extendable Hashing)

Ein anderer Nachteil des Hash-Verfahrens besteht darin, dass beim kontinuierlichem Anwachsen der „gehashten" (zerhackten) Datei auch die Zahl der Kollisionen wächst und irgendwann einmal des Performanceverhalten so schlecht wird, dass die Notwendigkeit besteht, die Datei mit einer neuen Hash-Funktion zu reorganisieren.

Ein Ausweg aus diesem Problem ist das so genannte **Erweiterbare Hashing**. Bei diesem Verfahren ist es garantiert, dass man nie mehr als zwei Plattenzugriffe braucht, um einen Satz aus einer Datei zu finden. In den meisten aller Fälle wird es nur ein Plattenzugriff sein – egal wie groß die Datei ist. Das Feld, mit dem das Erweiterbare Hashing-Verfahren arbeitet, muss für jeden Datensatz einen eindeutigen Wert haben, der sonst nicht mehr vorkommt. Das bedeutet: Es ist der Primärschlüssel oder ein anderer Schlüsselkandidat. In der nun folgenden Erklärung dieses Verfahrens wird grundsätzlich mit dem Primärschlüssel als Hash-Feld gearbeitet:

Das Verfahren des Erweiterbaren Hashing funktioniert folgendermaßen:

Sei h die Hash-Funktion und sei Id der Primärschlüssel des Datensatzes r. Wir nennen $h(Id)$ den **Pseudoschlüssel** von r.

Es sei z.B. $h(Id) := Id$ mod 149

Zu der Datei gehört ein **Verzeichnis**, das auch auf der Platte gespeichert wird. Dieses Verzeichnis besteht aus einer Variablen d und 2^d Zeigern auf Daten-Seiten, auf denen die Sätze der Datei gespeichert werden. Man nennt d die Tiefe des Verzeichnisses.

Nehmen Sie beispielsweise an, d sei 3. Das bedeutet, bisher hat eine Verzeichnistiefe von 3 ausgereicht, um alle Datensätze ohne Kollisionen zu speichern. Mit anderen Worten: Es gibt $2^3 = 8$ Zeiger auf Seiten des Festspeichers, d.h. 8 Seiten bieten für die bisher vorhandenen Sätze genügend Platz.

Nun sei Ps ein Pseudoschlüssel $h(Id)$ eines Datensatzes r. Wir betrachten die d führenden Bits in der Darstellung von Ps als vorzeichenlose Dualzahl und nennen diese Dualzahl *MiniPs*.

Es gilt für alle $1 \leq i \leq 2^d$: Der i. Zeiger des Verzeichnisses zeigt auf eine Seite, die alle Sätze enthält mit der Eigenschaft: $MiniPs_2 = i - 1$. Also $i = MiniPs_2 + 1$

Also: der 1. Pointer zeigt auf alle Sätze, für die gilt: *MiniPs* = 0...00

der 2. Pointer zeigt auf alle Sätze, für die gilt: *MiniPs* = 0...01

der 3. Pointer zeigt auf alle Sätze, für die gilt: *MiniPs* = 0...10

jeweils d Ziffern

usw.

Betrachten wir wieder unsere Beispielsituation. Ich gebe Ihnen ein paar Werte:

Id	$h(Id) = Id$ mod 149	*MiniPs*	Nr des Zeigers, der auf die Seite zeigt, auf der der Datensatz steht
299	1 = 00000001	000	1
12	12 = 00001100	000	1
168	19 = 00010011	000	1
781	36 = 00100100	001	2
199	50 = 00110010	001	2
1563	73 = 01001001	010	3
295	146 = 10010010	100	5
Usw.	Usw.	Usw.	Usw.

Da 148 – die größtmögliche Zahl – in der Dualzahldarstellung den **acht**stelligen Wert 10010100 besitzt, stelle ich hier alle Pseudoschlüssel achtstellig dar.

Es kann in unserem Fall höchstens $2^3 = 111_2 = 8$ Zeiger geben, d.h. es gibt auch höchstens 8 Seiten für die bisher vorhandenen Sätze.

Das zusätzlich zu der Datei gespeicherte Verzeichnis sieht etwa so aus:

	Wert
Tiefe	3
1. Zeiger	Seitenadresse 1
2. Zeiger	Seitenadresse 2
3. Zeiger	Seitenadresse 3
4. Zeiger	Seitenadresse 4
5. Zeiger	Seitenadresse 5
6. Zeiger	Seitenadresse 6
7. Zeiger	Seitenadresse 7
8. Zeiger	Seitenadresse 8

Bitte beachten Sie, dass mehrere aufeinander folgende Zeiger auch auf dieselbe Seite zeigen können. Dies tritt dann auf, wenn nicht genügend Datensätze mit einem festen Minischlüssel vorliegen, um eine Seite zu füllen. In solchen Fällen speichert man die Sätze mit dem darauf folgenden Minischlüssel auch noch auf dieser Seite und der entsprechende Zeiger zeigt ebenfalls auf diese Seite.

Wir halten also fest:

- Mehrere Zeiger können auf ein und dieselbe Seite zeigen.

Allgemein gilt:

Um beispielsweise den Satz mit dem Primärschlüssel *Id* zu finden, berechnen wir *Ps* = *h(Id)*. Anschließend berechnen wir die „zuständige" Zeile des Verzeichnisses. Wir berechnen also i = *MiniPs* + 1 und ermitteln den Wert des i. Zeigers, der in dieser Zeile im Verzeichnis steht. Das ist der **erste Festspeicherzugriff**.

Anschließend gehen wir zu der in diesem Zeiger angegebenen Seite und lesen dort den gewünschten Datensatz. Das ist der **zweite Festspeicherzugriff**.

In unserem Beispiel suchen wir jetzt den Satz mit der Id = 419. Es ist $Ps = h(419)$ = 121 = 01111001_2 Anschließend berechnen wir die „zuständige" Zeile des Verzeichnisses als Zeile = $MiniPs + 1 = 011_2 + 1 = 3 + 1 = 4$ und ermitteln den Wert des Zeigers in der 4. Zeile. Das ist der **erste Festspeicherzugriff**.

Anschließend gehen wir zu der in diesem Zeiger angegebenen Seite und lesen dort den gewünschten Datensatz. Das ist der **zweite Festspeicherzugriff**.

Beachten Sie: In der Praxis ist das Verzeichnis in den allermeisten Fällen klein genug, um vollständig im Hauptspeicher gehalten werden zu können. Dann entfällt einer der beiden Plattenzugriffe.

Was passiert jetzt bei Seitenüberlauf? Wir müssen zwei Fälle unterscheiden. Ich bespreche das mit Ihnen an unserem bisher entwickelten Beispiel.

1. Nehmen Sie an, auf die Seite **p** sei voll. Auf die Seite **p** zeige aber nicht nur ein Pointer, der 1. Zeiger, der für $MiniPs$ = 000 zuständig ist sondern auch der für $MiniPs$ = 001 zuständige 2. Zeiger. Wir wollen nun einen neuen Satz mit $MiniPs$ = 000 bzw. $MiniPs$ = 001 einfügen. In dieser Situation wird die Seite in zwei neue Seiten aufgespalten, genauer: Es wird eine neue leere Seite hinzugenommen, auf die alle 001-Sätze der Datenbank hin verschoben werden. Der 001-Pointer zeigt jetzt auf diese neue Seite.

2. Nehmen Sie wieder an, die Seite **p** ist voll. Auf die Seite **p** zeige jetzt aber nur ein Pointer, nämlich der 1. Zeiger, der für $MiniPs$ = 000 zuständig ist. Wir wollen einen neuen Satz mit $MiniPs$ = 000 einfügen. Jetzt müssen wir das Verzeichnis verdoppeln: Dazu erhöhen wir erhöhen d von 3 auf 4. Bezüglich der Adressen können wir wie folgt verfahren:

Neuer Zeiger	Kriegt die Adresse von	Neuer Zeiger	Kriegt die Adresse von
0000	Altem Zeiger 000	1000	Altem Zeiger 100
0001	Altem Zeiger 000	1001	Altem Zeiger 100
0010	Altem Zeiger 001	1010	Altem Zeiger 101
0011	Altem Zeiger 001	1011	Altem Zeiger 101
0100	Altem Zeiger 010	1100	Altem Zeiger 110
0101	Altem Zeiger 010	1101	Altem Zeiger 110
0110	Altem Zeiger 011	1110	Altem Zeiger 111
0111	Altem Zeiger 011	1111	Altem Zeiger 111

Anschließend verfährt man wieder wie in Punkt 2. Beachten Sie, dass diese Verdopplung keinerlei Plattenzugriff erfordert und daher völlig unproblematisch für die Performance ist.

9.10 Zusammenfassung

Wir haben einige der am häufigsten vorkommenden Speicherstrukturen betrachtet. Dazu haben wir zuerst die Verknüpfung zwischen den Seiten einer Seitenmenge mit Hilfe der Verkettungsinformationen in den Seitenköpfen betrachtet. (Abschnitt 9.1)

Nachdem die Verknüpfung zwischen einzelnen Seiten klar war, haben wir das Konzept der **Record-Id**, der RID untersucht, die updateresistent zwei Informationen beinhaltet:

- Die Nummer der Seite des betreffenden Satzes und
- die Adresse der „Box" in der Fußzeile der betreffenden Seite, in welcher der tatsächliche Speicherort dieses Satzes auf der Seite verzeichnet ist.

All das finden Sie im Abschnitt 9.2

Im Anschluss daran konnten wir zwei der wichtigsten Speicherstrukturen untersuchen:

- Indizes (Abschnitte 9.3, 9.4 und 9.5), dichte und lichte Indizes (Abschnitt 9.6) und B-Bäume zur Strukturierung von Indizes (Abschnitt 9.7). Bei all diesen Techniken diskutierten wir ihre jeweilige Rolle und ihre Funktion beim sequentiellen und beim direkten Zugriff auf die Sätze einer Datei.
- Hashing (Abschnitt 9.8) und Erweiterbares Hashing und die Bedeutung dieser Techniken für den direkten Zugriff auf die Sätze einer Datei (Abschnitt 9.10).

Beachten Sie, dass die meisten Benutzer mit all diesen Fragen nicht befasst sein werden. Sie werden bloß immer sagen: Warum dauert der Zugriff so lange. Lediglich der DBA, der für das physikalische Design der Datenbank verantwortlich ist, muss sich in diesem Gebiet genau auskennen. Natürlich sollten auch Implentierer von Datenbankmanagementsystemen in all den hier behandelten Gebieten sehr gut Bescheid wissen.

Übungsaufgaben

1. Formulieren Sie die Definition eines Indexes mit eigenen Worten. Was ist der Zweck der Anlage eines Indexes für ein Attribut einer Tabelle bzw. einer Datei?

2. Was ist ein Primärindex, was ein Sekundärindex? Wie viele eindeutige Indizes gibt es für eine Tabelle mit 3 Attributen, von denen genau ein Attribut der einzige Schlüsselkandidat und damit auch der Primärschlüssel ist?

3. Beschreiben Sie den Unterschied zwischen einem dichten und einem lichten Index mit eigenen Worten. Wie viele lichte Indizes kann man grundsätzlich für eine Datei definieren? Warum ist das so?

4. **Die** „Standard"-Hash-Funktion, die mit dem Primärschlüssel *Id* einer Tabelle arbeitet, lautet: hash(*Id*) := *Id* mod p für eine Zahl p. Geben Sie einen Grund dafür an, warum man für p grundsätzlich am liebsten Primzahlen wählt.

5. Betrachten Sie noch einmal Abschnitt 5.2 aus dem 5. Kapitel. Ich behaupte: Das Hash-Verfahren ist ein weiterer Grund dafür, Primärschlüssel möglichst frei von Anwenderinformationen zu halten. Geben Sie für diese Behauptung eine sorgfältige Begründung.

Fünfter Teil: SQL

10 SQL

SQL (Structured Query Language) ist die am weitesten verbreitete Zugriffssprache auf Relationale Datenbanken. Es gibt – je nach Produkt – die verschiedensten Dialekte und ich muss Sie erneut warnen: SQL ist keineswegs konsequent an der relationalen Theorie orientiert, die Sie in den vergangenen Kapiteln kennen gelernt haben. Ich werde versuchen, Ihnen die Grundlagen dieser Sprache so zu erklären, dass Sie diese zur Lösung Ihres jeweiligen Problems korrekt anwenden können. Viele Dialekte und natürlich auch der Standard SQL3 sind leistungsfähiger und können mehr als ich Ihnen hier erklären kann - entnehmen Sie das bitte Ihren jeweiligen Handbüchern. Für die spätere tägliche Praxis empfehle ich Ihnen die hervorragende „Quick Reference Map" von Helmut Balzert [Balzert], mit der man alle nötigen SQL-Kenntnisse in der Jackentasche hat. Das stimmt im wahrsten Sinne des Wortes: hier sind alle wichtigen Informationen gut lesbar auf etwas mehr als einer DIN A4-Seite untergebracht, die man wie eine Landkarte lesen, falten und einstecken kann.

Ehe es losgeht, eine Bemerkung zum Layout dieses Kapitels. Um Ihnen deutlich zu machen, welche Worte und Begriffe aus der Sprache SQL stammen, schreibe ich all diese SQL-Begriffe in Großbuchstaben. Das ist aber keineswegs so vorgeschrieben und Sie können es bei Ihrer eigenen Programmierung vollkommen anders machen. Alles, was Sie in SQL programmieren, ist – anders als etwa in C++ oder Java nicht Case-sensitive. Wir beginnen mit der Beschreibung der wichtigsten Datentypen in SQL.

10.1 Die wichtigsten Datentypen

Als Datentypen gibt es - je nach Produkt, mit dem Sie arbeiten - die verschiedensten Möglichkeiten:

- Numerische Datentypen, z.B.:

    - **Integer** oder **Int** für ganze Zahlen
    - **Smallint** für ganze Zahlen, die je nach DBMS kleiner sein müssen als **integer** - Zahlen
    - **Numeric**(p,q) für Dezimalzahlen mit genau p Stellen, von denen q Stellen nach dem Dezimalpunkt stehen
    - **Decimal**(p,q) für Dezimalzahlen mit mindestens p Stellen, von denen q Stellen nach dem Dezimalpunkt stehen
    - **Real** für Dezimalzahlen mit sogenannter einfacher Genauigkeit
    - **Double Precision** für Dezimalzahlen mit sogenannter doppelter Genauigkeit

o **Float(p)** Dezimalzahl mit einer Genauigkeit von mindestens p Stellen.

- Datentypen zur Speicherung von Strings oder Zeichen, z.B.

    o **Character** oder **Char** für ein Zeichen
    o **Character**(n) oder **Char**(n) für Zeichenketten, die aus genau n Zeichen bestehen.
    o **Varchar**(n) für Zeichenketten, die aus höchstens n Zeichen bestehen.

- Einen logischen Datentyp zur Speicherung von Wahrheitswerten wie „*false*" und „*true*", nämlich:

    o **Boolean**

Daneben gibt es noch weitere Datentypen wie **Date** zur Speicherung von einem Datum und **Time** zur Speicherung von Uhrzeiten.

Wir beginnen mit zwei Befehlen aus dem Bereich der Daten-Definitions-Sprache (engl. Data Definition Language - abgekürzt: DDL). Den ersten DDL-Befehl haben wir schon im fünften Kapitel besprochen. Er dient zum Anlegen einer Tabelle und heißt CREATE TABLE:

10.2 CREATE TABLE

CREATE TABLE   *Tabellenname*
(

Attributname1	*Attributtyp1*	DEFAULT-*Festlegung1*	*Attributintegritätsregel1*,
Attributname2	*Attributtyp2*	DEFAULT-*Festlegung2*	*Attributintegritätsregel2*,
Attributname3	*Attributtyp3*	DEFAULT-*Festlegung3*	*Attributintegritätsregel3*,

....,

| *Attributnamen* | *Attributtypn* | DEFAULT-*Festlegungn* | *Attributintegritätsregeln*, |

Tabellenintegritätsregeln

)

Bild 10-1 CREATE TABLE-Befehl, allgemeines Format

Erklärung:

Der Befehl CREATE TABLE dient zum Anlegen einer Tabelle. Sein allgemeines Format sehen Sie in Bild 10-1. In dieser allgemeinen Form ist **n** die Anzahl der Attribute, d.h. der Spalten, die Ihre Tabelle haben soll. Diese Zahl **n** muss > 0 sein. Der Befehl enthält die folgenden Informationen:

- den **Namen**, den Sie **der Tabelle** geben wollen
- die **Namen der Attribute**, welche die Tabelle enthalten soll
- die **Datentypen**, die die jeweiligen Werte der einzelnen Attribute haben sollen

Viele der möglichen Datentypen habe ich Ihnen im vorherigen Abschnitt erläutert. Falls das für Ihre Zwecke nicht ausreicht, sehen Sie bitte in den Informationen zu Ihrem speziellen DBMS nach, was für zusätzliche Möglichkeiten es gibt.

Für jedes Attribut kann eine **DEFAULT-Festlegung** vorgenommen werden, die angibt, welchen Wert dieses Attribut annehmen soll, wenn beim Einfügen eines Satzes bei diesem Attribut keine Angaben gemacht wurden. Ohne DEFAULT-Festlegung ist in einem solchen Falle der zugeordnete Wert immer NULL.

Die Standard-Attributsintegritätsregel ist der Verbot von NULL-Werten. Sie lautet:

NOT NULL

Es gibt vier Arten von Integritätsregeln für die gesamte Tabelle. Das sind:

- Die sogenannte **CHECK-Bedingung**. Sie hat die Form:

  CHECK(*Bedingung*)

  Wie so eine Bedingung aussieht, werden wir noch genauer bei der Besprechung des WHERE-Teils des SELECT-Befehls untersuchen. Beispiele sind:

  CHECK(***Land*** = 'Deutschland')
  CHECK(***Artikelnr*** LIKE 'A%')
  CHECK(***Bestandsmenge*** >= 0)
  CHECK((***Artikelnr*** LIKE 'A%') AND (***Bestandsmenge*** >= 0))

- Die **Primärschlüsselbedingung**. Sie legt den Primärschlüssel der Tabelle fest und hat die Form:

  PRIMARY KEY (*Namen der Attribute, die den Primärschlüssel bilden*)

  Mehrere Attributnamen werden durch Kommata getrennt. Wie Sie wissen, haben wir in unserer Datenbank Allerhand nur Primärschlüssel, die aus genau einem Attribut bestehen. Ich habe es auch noch immer gleich genannt, nämlich **Id**, sodass die Primärschlüsselbedingung bei uns stets heißt:

  PRIMARY KEY(**Id**)

- Die **Schlüsselkandidatenbedingung**. Mit ihr kann ich Attribute oder Attributkombinationen als eindeutig kennzeichnen und so diese Eindeutigkeit durch das DBMS kontrollieren lassen. Sie lautet:

  UNIQUE(*Attributnamen*)

  Mehrere Attributnamen werden wieder durch Kommata getrennt. Bei unserer ARTIKEL - Tabelle könnte ich z.B. schreiben:

  UNIQUE(**Artikelnr**)

- Die **Foreign Key-Bedingung**. Mit ihr legt man für einzelne Attribute fest, dass sie sich als Fremdschlüssel auf einen Primärschlüssel einer anderen Tabelle beziehen. Gleichzeitig legt man zum Schutz der referentiellen Integrität bestimmte Reaktionen des DBMS fest, wenn durch einen Lösch- oder Updateversuch diese referentielle Integrität gefährdet ist. Im einzelnen:

  Die Foreign Key-Bedingung beginnt mit der Zeile:

  FOREIGN KEY(*Attributname***1**) REFERENCES *Tabellenname* (*Attributname***2**)

  Dabei ist *Attributname***1** der Name des Attributs oder der Attributkombination, die Fremdschlüssel werden soll. *Attributname***2** ist der Name des Attributs oder der Attributkombination, auf die sich mein Fremdschlüssel beziehen soll. *Attributname***2** kann weggelassen werden. Dann wird automatisch der Primärschlüssel der anderen Tabelle genommen.

Beispiele:

Für das Attribut *ArtikelgruppeId* in der Tabelle ARTIKEL könnte man schreiben:

FOREIGN KEY(*LieferantId*) REFERENCES LIEFERANT

Oder auch

FOREIGN KEY(*LieferantId*) REFERENCES LIEFERANT(*Id*)

Nun hatten wir im Kapitel 8 über die referentielle Integrität vier Möglichkeiten für das DBMS diskutiert, wie es auf Verletzungsversuche der referentiellen Integrität reagieren kann. Wir diskutieren zunächst den Fall eines Löschversuches eines referenzierten Satzes. Das würde in unserem Beispiel bedeuten, wir würden versuchen, den Lieferanten mit der *Id* 6 zu löschen, obwohl es noch Artikel gibt, bei denen dieser Lieferant zugeordnet ist.

1. Der Löschversuch wird verweigert. Dann müsste man schreiben:

    ON DELETE NO ACTION

2. Alle Artikel des Lieferanten 6 werden mitgelöscht. Dazu muss es heißen:

    ON DELETE CASCADE

3. Bei allen Artikeln mit Lieferant 6 wird der Attributwert *LieferantId* auf NULL gesetzt. (Scheußlich) Dafür schreibt man:

    ON DELETE SET NULL

4. Bei allen Artikeln mit Lieferant 6 wird der Attributwert *LieferantId* auf den gegebenenfalls dafür vorgesehenen Default-Wert gesetzt. Man schreibt:

    ON DELETE SET DEFAULT

Falls man das Verhalten bei möglichen Verletzungen der referentiellen Integrität durch Update eines referenzierten Satzes voreinstellen will, hat man analoge Formulierungen zur Auswahl

> ON UPDATE NO ACTION
> ON UPDATE CASCADE
> ON UPDATE SET NULL
> ON UPDATE SET DEFAULT

Beispiel:

Ich erinnere Sie noch einmal an das Beispiel eines CREATE TABLE-Befehls aus Kapitel 5:

```
CREATE TABLE ARTIKEL
(
    Id                 Integer       NOT NULL,
    Artikelnr          varchar(10)   NOT NULL ,
    Bezeichnung        varchar(30)   NOT NULL,
    ArtikelgruppeId    Integer       NOT NULL,
    LieferantId        Integer       NOT NULL,
    Bestandsmenge      Integer       NOT NULL DEFAULT 0,
    Preis              float(2)      NOT NULL DEFAULT 0,

    PRIMARY KEY(Id),
    FOREIGN KEY(ArtikelgruppeId) REFERENCES ARTIKELGRUPPE
    ON  UPDATE  NO  ACTION
    ON  DELETE  NO  ACTION,

    FOREIGN KEY(LieferantId) REFERENCES LIEFERANT
    ON  UPDATE  NO ACTION
    ON  DELETE  NO ACTION,

    CHECK (Preis >= 0)
)
```

Sie sehen, ich war übervorsichtig. Tatsächlich wären die folgenden Einstellungen (fast) genauso vorsichtig, aber sinnvoller:

```
CREATE TABLE ARTIKEL
(
    Id                Integer      NOT NULL,
    Artikelnr         varchar(10)  NOT NULL ,
    Bezeichnung       varchar(30)  NOT NULL,
    ArtikelgruppeId   Integer      NOT NULL,
    LieferantId       Integer      NOT NULL,
    Bestandsmenge     Integer      NOT NULL DEFAULT 0,
    Preis             float(2)     NOT NULL DEFAULT 0,

    PRIMARY KEY(Id),
    FOREIGN KEY(ArtikelgruppeId) REFERENCES ARTIKELGRUPPE
    ON UPDATE CASCADE
    ON DELETE NO ACTION,

    FOREIGN KEY(LieferantId) REFERENCES LIEFERANT
    ON UPDATE CASCADE
    ON DELETE NO ACTION,

    CHECK (Preis >= 0)
)
```

Der nächste DDL-Befehl, den Sie kennen müssen, dient zum Löschen einer Tabelle:

10.3 DROP TABLE

Das allgemeines Format dieses Befehls lautet:

DROP TABLE *Tabellenname*

Bild 10-2 DROP TABLE-Befehl, allgemeines Format

Und dieser Befehl löscht die entsprechende Tabelle. Natürlich nur, wenn dadurch nicht die referentielle Integrität verletzt wird. Darum können Sie diesen Befehl bei unserer Datenbank nur bei einer Tabelle ausprobieren. Ehe Sie weiterlesen, überlegen Sie, ob Sie selber darauf kommen, welche Tabelle das ist. Dann machen Sie eine Sicherung Ihrer Datenbank und testen den Befehl:

DROP TABLE ERLEDIGTEBESTELLUNGEN

Danach können Sie übrigens nach und nach alle Tabellen dieser Datenbank löschen. Finden Sie selber eine Reihenfolge heraus, in der das möglich ist.

Wir können nun die Befehle aus dem Bereich der Daten-Manipulations-Sprache (engl. Data Definition Language - abgekürzt: DML) von SQL besprechen. Wir beginnen mit dem wichtigsten und umfangreichsten Befehl in SQL, dem SELECT:

10.4 Der SELECT - Befehl

Der SELECT-Befehl erlaubt es, alle möglichen Datenkombinationen aus bestehenden Tabellen zum Anschauen und Weiterverarbeiten zu erhalten. Ich benutze folgende Festlegungen zur Charakterisierung der allgemeinen Form:

- Alle Angaben, die in eckigen Klammern [ ] stehen, sind optional - d.h. sie müssen nicht in einem SELECT-Befehl stehen. Die Klammern selbst gehören nicht zu dem SELECT-Befehl

- das Zeichen | bedeutet "oder" (und zwar im ausschließenden Sinne) - d.h. es steht zwischen zwei oder mehr Möglichkeiten, von denen nur eine in einem wirklichen SELECT - Befehl vorkommen darf.

Das allgemeine Format ist:

SELECT   [ALL | DISTINCT] * | *Attributliste1*

FROM   *Tabelle1 [Aliasname1]*

                    [

                      ,*Tabelle2 [Aliasname2]*,

                        Tabelle3 [Aliasname3],

                              …………………….……..,

                                      ………………………………,

                              Tabellen [Aliasnamen]

                    ]

[WHERE   *Bedingung1*]

[GROUP BY   *Attributliste2*]

[HAVING   *Bedingung2*]

[ORDER BY   *Attributliste3*]

Bild 10-3 SELECT-Befehl, allgemeines Format

In der *Attributliste3*, die eine Sortierreihenfolge der erhaltenen Sätze festlegt, kann jedes Attribut noch mit dem Zusatz ASC (Abkürzung für ascending = engl. aufsteigend) oder DESC (Abkürzung für descending = engl. absteigend) versehen werden. Der Default ist ASC.

Ich erkläre jetzt diese allgemeine Darstellung in allen Einzelheiten und versuche, Ihnen alles mit Beispielen zu verdeutlichen.

Die Erklärung von [ALL | DISTINCT]

Hier ist einer der Punkte, an denen SQL und die relationale Theorie nicht immer übereinstimmen. Wir haben darüber in diesem Buch schon ein paar Mal gesprochen. Angenommen, Sie wollen alle Orte sehen, die in unserer Tabelle PERSON vorkommen. Sie machen also eine "sture" (nicht relationale) Projektion auf die Spalte Ort. Dann erhalten Sie mit:

SELECT ALL *Ort*

FROM   PERSON

und mit

SELECT   *Ort*

FROM   PERSON

alle Orte aus der Tabelle PERSON – und zwar wird jeder Ort gerade so oft angezeigt, wie er in der Tabelle PERSON vorkommt. Das ist keine Relation mehr. Denn (zur Erinnerung) Relationen sind Mengen und Mengen können nicht ein- und dasselbe Element mehrmals enthalten. Also ist das auch keine Relationsklasse. Es widerspricht völlig unserer Definition des relationalen Modells.

Dagegen erhalten Sie mit

SELECT DISTINCT   *Ort*

FROM   PERSON

das gewünschte Ergebnis, nämlich die Relationsklasse, die aus genau den Orten besteht, die in der Tabelle PERSON vorkommen.

Bitte beachten Sie, dass Sie bei Auslassung der Spezifikation ALL oder DISTINCT das unerwünschte Ergebnis bekommen. Defaultmäßig wird so verfahren, als hätte man ALL geschrieben.

Erklärung von * | *Attributliste*1

Hinter dem Schlüsselwort SELECT werden die Attribute aufgeführt, die Ihre Ergebnistabelle enthalten soll. Sie können dort ein * schreiben - das bedeutet, Ihre Ergebnistabelle enthält alle Attribute der Tabellen, die hinter dem Schlüsselwort FROM stehen. Falls sich die SELECT - Abfrage auf mehrere Tabellen bezieht, falls hinter FROM also mehrere Tabellen angegeben sind, können Sie durch die Angabe *Tabellenname.** erreichen, dass alle Attribute der Tabelle mit dem angegebenen Namen in der Ergebnistabelle erscheinen.

Falls Sie dagegen eine bestimmte Auswahl von Attributen kennzeichnen wollen, aus der Ihre Ergebnistabelle bestehen soll, müssen Sie diese Attribute einzeln hinter der Schlüsselwort SELECT aufführen. Dabei ist es eine gute Praxis - und bei gleichen Attributnamen in verschiedenen Tabellen sogar nötig - nicht einfach nur den Attributnamen hinzuschreiben sondern davor noch - durch einen Punkt getrennt - den Namen der Tabelle, zu der dieses Attribut ursprünglich gehört. In der Sprache unseres siebten Kapitels definiert die Angabe der Attribute die Projektion, die durchgeführt wird.

Sie können außer den Attributnamen auch noch Konstanten wie z.B. einen erklärenden Text in diese Liste schreiben. Die Ergebnistabelle hat dann eine Spalte mehr, in der in jeder Zeile diese Konstante steht. Diese Tatsache werden wir im Abschnitt über den INSERT-Befehl noch auf eine andere Weise ausnutzen:

Einige Beispiele zur Verdeutlichung:

- SELECT   *
  FROM   ARTIKEL

  liefert die vollständige Artikeltabelle

- SELECT DISTINCT *Bezeichnung*
  FROM   ARTIKELGRUPPE

  liefert alle Bezeichnungen aus der Tabelle ARTIKELGRUPPE

  Bemerkung: Natürlich ist hier das DISTINCT nicht nötig, aber ich habe mir angewöhnt, bei jeder Projektion das DISTINCT automatisch dazu zu schreiben, um sicher zu gehen, nicht die Welt der Relationsklassen zu verlassen.

- SELECT   *
  FROM   ARTIKEL, ARTIKELGRUPPE

  liefert das vollständige relationale Produkt der Relationen ARTIKEL und ARTIKELGRUPPE. Und

- SELECT   ARTIKEL.*, ARTIKELGRUPPE.*Bezeichnung*
  FROM   ARTIKEL, ARTIKELGRUPPE

  liefert das relationale Produkt aus der Relation ARTIKEL und der Projektion auf das Attribut Bezeichnung in der Relation ARTIKELGRUPPE. Sie können sich denken, dass wir da noch eine Restriktion anwenden werden, ehe ich Ihnen eine Ergebnistabelle angebe.

Erklärung von FROM   *Tabelle1 [Aliasname1]*

         [

             ,Tabelle2 [Aliasname2],

             Tabelle3 [Aliasname3],

             ....,

             ....,

             Tabellen [Aliasnamen]

         ]

Wie Sie schon aus den vorangegangenen Beispielen sehen konnten, stehen hinter dem Schlüsselwort FROM die Namen der Tabellen, die für die SELECT - Abfrage benötigt werden. Das sind grundsätzlich alle Tabellen, für die gilt: In *Attributliste1* oder in *Attributliste2* oder in *Attributliste3* steht (mindestens) ein Attribut aus dieser Tabelle.

Hinter den eigentlichen Tabellennamen können sie noch Aliasnamen für diese Tabellen schreiben, die es Ihnen ermöglichen, die Tabellen in den anderen Teilen des SELECT-Befehls mit diesen Aliasnamen anzusprechen. Man macht dies zum Beispiel, um Abkürzungen zur Kennzeichnung einzelner Tabellen zur Verfügung zu haben oder um zwei Kopien ein und derselben Tabelle unterscheiden zu können.

Wir werden zunächst – bis zum Abschnitt über JOINS – in unseren Beispielen immer nur eine Tabelle hinter dem Schlüsselwort FROM betrachten.

Erklärung der WHERE - Klausel im SELECT - Befehl

Mit der WHERE - Klausel im SELECT - Befehl führt man eine relationale Restriktion aus. Sie hat in der einfachsten Form folgendes Format:

    WHERE *Attribut Vergleichsoperator Wert.*

Als Vergleichsoperatoren können Sie

=	für gleich
<> oder !=	für ungleich,
>	für größer als
>=	für größer oder gleich

<=   für kleiner oder gleich

<   für kleiner als

verwenden.

Beispiele

- SELECT * FROM PERSON
  WHERE   *Ort* = 'Frankfurt'

  liefert Ihnen alle Attribute der Personen aus Frankfurt

- SELECT DISTINCT *Name* FROM PERSON
  WHERE *Name* >= 'S'

  liefert Ihnen alle Namen Ihrer Personen aus der Tabelle PERSON, die mit S oder einem alphabetisch dahinter liegenden Buchstaben beginnen.

Beachten Sie:

Vergleiche dieser Art erfolgen grundsätzlich auf der Basis des dazugehörigen ASCII-Codes der Buchstaben, d.h. "alphabetische Reihenfolge" bedeutet in diesem Zusammenhang immer: Erst kommen alle Großbuchstaben - korrekt sortiert - dann alle Kleinbuchstaben. Ich werde in meinen Beispielen auf diese Besonderheit keine Rücksicht nehmen.

Das erste Beispiel ist eine relationale Restriktion. Das zweite Beispiel ist – dank des zusätzlichen Schlüsselwortes DISTINCT – die Hintereinanderschaltung einer relationale Restriktion und einer anschließenden Projektion.

Verknüpfungen von Bedingungen

- Bedingungen in der WHERE - Klausel können mit NOT verneint werden.
- Zwei oder mehr Bedingungen in der WHERE - Klausel können mit AND zu einer Und-Aussage verbunden werden. Eine solche Und-Aussage ist wahr genau dann, wenn beide Teilaussagen wahr sind.
- Zwei oder mehr Bedingungen in der WHERE - Klausel können mit OR zu einer Oder-Aussage verbunden werden. Es handelt sich hierbei um das einschließende

Oder. Eine solche Oder-Aussage ist wahr genau dann, wenn mindestens eine der beiden Teilaussagen wahr ist.

Beachten Sie bitte:

$$(A \text{ AND } B) \text{ OR } C$$

bedeutet etwas anderes als

$$A \text{ AND } (B \text{ OR } C)$$

Denn:

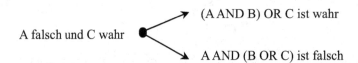

A falsch und C wahr

(A AND B) OR C ist wahr

A AND (B OR C) ist falsch

Grundsätzlich bindet AND stärker als OR, d.h. es gilt:

A AND B OR C = (A AND B) OR C

Sie sparen sich (und anderen, die Ihre Programme warten müssen) viel Ärger, wenn Sie mit einem verdeutlichenden Klammernsetzen nicht zu sparsam sind.

Beispiele

- Sie wollen alle Elemente der Relationsklasse BESTELLUNGEN sehen, bei denen der Artikel mit der *Id* 4 bestellt wurde und wo die Bestell*menge* größer als 5 ist:

  SELECT * FROM BESTELLUNGEN
  WHERE   *ArtikelId* = 4
  AND   *Menge* > 5

- Sie wollen alle Elemente der Relationsklasse BESTELLUNGEN sehen, bei denen die Artikel mit der *Id* 4 oder 10 bestellt wurden:

SELECT * FROM BESTELLUNGEN

WHERE *ArtikelId* = 4 OR *ArtikelId* = 10

- Sie wollen alle Elemente der Relationsklasse BESTELLUNGEN sehen, bei denen die Artikel mit der *Id* 4 oder 10 bestellt wurden, aber ohne die Bestellungen des Kunden mit der *Id* 20:

Dafür zeige ich Ihnen zwei verschiedene Möglichkeiten:

SELECT * FROM BESTELLUNGEN

WHERE (*ArtikelId* = 4 OR *ArtikelId* = 10) AND *KundeId* != 20

Oder

SELECT * FROM BESTELLUNGEN

WHERE (*ArtikelId* = 4 OR *ArtikelId* = 10) AND NOT *KundeId* = 20

Die Operatoren IN und BETWEEN ..... AND

Die Operatoren IN und BETWEEN helfen Ihnen bei der Formulierung von Vergleichsabfragen.

Mit dem Schlüsselwort IN können Sie abprüfen, ob ein bestimmter Attributwert in einer angegebenen Menge existiert.

Mit dem Schlüsselwort BETWEEN können Sie einen Attributwert daraufhin überprüfen, ob er zwischen zwei gegebenen Werten liegt, die gegebenenfalls auch angenommen werden können.

Wir schauen uns direkt Beispiele an:

Beispiele:

- Sie wollen die Daten der Personen mit den *Id*s 1,3,5 und 7 sehen. Das können Sie (mindestens) auf zweierlei Weisen realisieren:

SELECT * FROM PERSON
WHERE   **Id** = 1 OR **Id** = 3 OR **Id** = 5 OR **Id** = 7

oder mit IN

SELECT * FROM PERSON
WHERE   **Id** IN (1 , 3 , 5 , 7)

- Sie wollen die Bezeichnungen und Preise der Artikel sehen, deren Preis zwischen 100.- und 1000.- liegt. Ich zeige Ihnen wieder zwei Möglichkeiten:

SELECT   DISTINCT   *Bezeichnung* , *Preis*
FROM   ARTIKEL
WHERE   *Preis* >= 100 AND *Preis* <= 1000

oder aber:

SELECT   DISTINCT   *Bezeichnung* , *Preis*
FROM   ARTIKEL
WHERE   *Preis* BETWEEN 100 AND 1000

Wir werden weiter unten über Unterabfragen sprechen und Sie werden sehen, dass man diese Operatoren auch dort gut verwenden kann.

Der NULL-Operator

NULL-Werte (d.h. fehlende Einträge) machen Ärger - auch bei SQL. Einen NULL-Wert kann man **nur** durch die Abfrage IS NULL erkennen. Umgekehrt: Werte, die keine NULL - Werte sind, können mit NOT (*Attributname* IS NULL) oder aber auch mit *Attributname* IS NOT NULL abgefragt werden.

Beispiel:

- Da wir in unserer Datenbank keine NULL-Werte erlaubt haben, muss ich hypothetisch werden: Ich nehme an, in unserer Tabelle PERSON wären in der Spalte Ländernamen NULL-Werte erlaubt und wir hätten auch solche Datensätze. Wenn man dann beispielsweise alle Personen sehen will, die nicht aus den USA kommen, dann darf ich **nicht** schreiben:

SELECT * FROM PERSON
WHERE *Land* <> 'USA'

Denn bei dieser Programmierung würden alle Personen bei denen in der Länderspalte ein NULL - Wert steht, nicht angezeigt. Stellen Sie sich vor, was das bei länderspezifischen Berechnungsprogrammen in Datenbanken, wo das Alter, das Einkommen, die Schulbildung und ähnliches mit abgespeichert ist, zur Folge hätte.

Ich muss, um meine korrekte Personenauswahl zu bekommen, programmieren:

SELECT * FROM PERSON
WHERE *Land* <> 'USA' OR *Land* IS NULL

Diese Sonderformeln, an die man bei der Programmierung von Datenbanken, die NULL-Werte enthalten, immer denken muss, sind es, die mich neben den vielen theoretischen Argumenten, die gegen NULL-Werte sprechen, skeptisch über NULL-Werte urteilen lassen.

Musterabfragen mit LIKE

Gesetzt den Fall, Sie wollen einen Attributwert nicht mit einem vollständigen Wert vergleichen, sondern nur mit einem "ungefähren" Muster - dann dürfen Sie nicht mit dem Gleichheitszeichen arbeiten, sondern Sie müssen den Operator LIKE verwenden. Sehen Sie hier zunächst (nur die einfachsten) Regeln zur Erstellung von Mustern[1]:

- Das Symbol für eine beliebige Zeichenkette beliebiger Länge ist: %
- Das Symbol für genau ein beliebiges Zeichen ist: _

Die allgemeine Form der Abfrage lautet

Attributname LIKE *Muster* oder   *Attributname* NOT LIKE *Muster*

---

[1] Beachten Sie bitte: Bei der Programmierung von Abfragen in ACCESS **müssen** Sie statt % das Zeichen * und statt _ **müssen** Sie das Zeichen ? verwenden.

Beispiele:

- Wenn Sie z.B. alle Personen suchen, deren Namen mit dem Buchstaben C anfangen, programmieren Sie den Befehl

  SELECT *   FROM   PERSON
  WHERE   *Name*   LIKE 'C%'

- Suchen Sie die Person Meier, die eventuell auch Meyer heißen könnte, programmieren Sie den Befehl:

  SELECT *   FROM   PERSON
  WHERE   *Name*   LIKE 'Me_er'

Einfache Unterabfragen mit den Operatoren IN und EXISTS

Den Operator IN haben Sie vorhin kennen gelernt - Sie können die Menge, in der sich ein Attributwert befinden soll, auch mit einem weiteren SELECT-Befehl charakterisieren:

Sie suchen beispielsweise alle Artikeldaten der Artikel, für die eine Bestellung vorliegt:

  SELECT *
  FROM   ARTIKEL
  WHERE *Id* IN (SELECT *ArtikelId*
                   FROM   BESTELLUNGEN)

Dagegen fragt der Operator EXISTS eine Menge daraufhin ab, ob sie leer ist oder nicht. Sie erhalten also mit dem folgenden Befehl wieder alle Artikeldaten der Artikel, für die eine Bestellung vorliegt:

  SELECT   *
  FROM   ARTIKEL
  WHERE EXISTS   (SELECT   *
                     FROM   BESTELLUNGEN
                     WHERE   ARTIKEL.*Id* = BESTELLUNGEN.*ArtikelId*)

Sie sehen hier, wie Sie solche Unterabfragen interpretieren müssen:

Zuerst wird ein Tupel aus der oberen Tabelle - in diesem Falle der Tabelle ARTIKEL - genommen, dann wird dieses Tupel in der Unterabfrage überprüft. In dieser Unterabfrage sind
dann die Vergleichswerte aus der oberen Tabelle - in diesem Falle der Wert von ARTIKEL.*Id*
- die bestimmten, festen Werte des Tupels aus der oberen Tabelle, das gerade überprüft wird.
Versuchen Sie immer, bei komplexeren SQL - Befehlen nicht die Ruhe zu verlieren, sondern
unbeirrt nacheinander Abschnitt für Abschnitt zu verstehen und dann aufeinander zu beziehen.

Nun können wir den nächsten Abschnitt unseres allgemeinen SELECT-Befehls besprechen:

Die GROUP BY-Klausel und die Aggregatfunktionen

Zunächst ein einführendes Beispiel:

- Sie wollen Ihre Artikeltabelle auswerten - und zwar interessiert Sie, welche Lieferanten für welche Artikelgruppen zuständig sind. Sie haben alles vergessen, was ich
  Ihnen über SQL erzählt habe und Sie programmieren den Befehl:

  SELECT   *ArtikelgruppeId, LieferantId*
  FROM   ARTIKEL

Das Resultat dieser Abfrage ist die linke "Tabelle" aus Abbildung 10-4. Sie sehen
dort die ersten 20 Sätze von insgesamt 30 Sätzen. Wenn Sie diese Tabelle genauer
ansehen, bemerken Sie, dass viele Zeilen mehrmals auftreten (Beispielsweise Zeile 3
und Zeile 9). Sie wollten aber natürlich nur jedes Paar oder sagen wir besser: jede
Gruppierung nur einmal sehen. Also korrigieren Sie Ihren Befehl folgendermaßen:

  SELECT DISTINCT   *ArtikelgruppeId , LieferantId*
  FROM   ARTIKEL

und Sie erhalten jetzt eine echte relationale Tabelle. Betrachten Sie dazu die rechte
Tabelle in Abbildung 10-4.

Resultat der „Abfrage SELECT *ArtikelgruppeId*, *LieferantId* FROM ARTIKEL" (die ersten 23 Sätze)	Resultat der „Abfrage SELECT DISTINCT *ArtikelgruppeId*, *LieferantId* FROM ARTIKEL" (vollständige Tabelle)
<table><tr><th>Artikelgruppeld</th><th>Lieferantld</th></tr><tr><td>1</td><td>6</td></tr><tr><td>9</td><td>5</td></tr><tr><td>2</td><td>15</td></tr><tr><td>4</td><td>6</td></tr><tr><td>9</td><td>19</td></tr><tr><td>2</td><td>5</td></tr><tr><td>4</td><td>19</td></tr><tr><td>3</td><td>22</td></tr><tr><td>2</td><td>15</td></tr><tr><td>6</td><td>22</td></tr><tr><td>4</td><td>6</td></tr><tr><td>1</td><td>10</td></tr><tr><td>3</td><td>10</td></tr><tr><td>6</td><td>6</td></tr><tr><td>6</td><td>22</td></tr><tr><td>2</td><td>14</td></tr><tr><td>5</td><td>10</td></tr><tr><td>1</td><td>6</td></tr><tr><td>5</td><td>14</td></tr><tr><td>1</td><td>22</td></tr><tr><td>2</td><td>20</td></tr><tr><td>5</td><td>11</td></tr><tr><td>3</td><td>5</td></tr></table>	<table><tr><th>Artikelgruppeld</th><th>Lieferantld</th></tr><tr><td>1</td><td>6</td></tr><tr><td>1</td><td>10</td></tr><tr><td>1</td><td>17</td></tr><tr><td>1</td><td>22</td></tr><tr><td>2</td><td>5</td></tr><tr><td>2</td><td>11</td></tr><tr><td>2</td><td>14</td></tr><tr><td>2</td><td>15</td></tr><tr><td>2</td><td>20</td></tr><tr><td>2</td><td>22</td></tr><tr><td>3</td><td>5</td></tr><tr><td>3</td><td>10</td></tr><tr><td>3</td><td>22</td></tr><tr><td>4</td><td>6</td></tr><tr><td>4</td><td>19</td></tr><tr><td>5</td><td>10</td></tr><tr><td>5</td><td>11</td></tr><tr><td>5</td><td>14</td></tr><tr><td>6</td><td>6</td></tr><tr><td>6</td><td>10</td></tr><tr><td>6</td><td>22</td></tr><tr><td>9</td><td>5</td></tr><tr><td>9</td><td>19</td></tr></table>

Bild 10-4 Zwei Abfragen: SELECT (DISTINCT) *ArtikelgruppeId*, *LieferantId* FROM   ARTIKEL

Dieselbe Tabelle hätten Sie erhalten, wenn Sie den folgenden Befehl eingegeben hätten:

SELECT	*ArtikelgruppeId* , *LieferantId*
FROM	ARTIKEL
GROUP BY	*ArtikelgruppeId*, *LieferantId*

Testen Sie das!

Halten wir als also als erstes Ergebnis fest:

GROUP BY - Erste vorläufige Version – ohne HAVING-Bedingung:

Die allgemeine Form eines SELECT - Befehls mit GROUP - BY Klausel lautet:

SELECT	*Attributliste1 , weitere Ausdrücke*
FROM	*Tabellennamen*
WHERE	*Bedingungen*
GROUP BY	*Attributliste2*

Es gilt stets: ***Attributliste1*** **und** ***Attributliste2*** **müssen dieselben Attribute beinhalten**. Das ist sehr wichtig und wird oft falsch gemacht. Wenn der Teil *weitere Ausdrücke* in unserer Schablone leer ist, erhält man bei einem solchen Befehl dieselbe Ergebnistabelle wie bei dem Befehl:

SELECT DISTINCT	*Attributliste1*
FROM	*Tabellennamen*
WHERE	*Bedingungen*

jedoch möglicherweise in einer anderen Sortierung.

Sie sehen: Der einzige Grund, warum es die GROUP BY - Klausel gibt, muss in dem Teil begründet sein, den wir geheimnisvoll mit *weitere Ausdrücke* umschrieben haben - sonst könnte man auch stets mit SELECT DISTINCT arbeiten. Hier kommen nun die Aggregatfunktionen ins Spiel. Betrachten Sie wiederum ein Beispiel:

Beispiel zum Thema „Aggregatfunktionen"

- Sie wollen zu jeder Gruppe, die in Ihrer Artikeltabelle von den Artikeln einer Artikelgruppe gebildet werden, den Preis des teuersten Artikels sehen. Dafür gibt es die Aggregatfunktion MAX( ) und Sie geben den Befehl ein:

```
SELECT      Artikelgruppeld, MAX(Preis) AS maxPreis
FROM        ARTIKEL
GROUP BY    Artikelgruppeld
```

Mit der Formel „AS maxPreis" können Sie sich eine Überschrift für die Tabellenspalte der Aggregatfunktion erzeugen. Sie erhalten als Ergebnis:

Artikelgruppeld	maxPreis
1	23,99 DM
2	2.300,00 DM
3	400,12 DM
4	52.000,00 DM
5	35,00 DM
6	26,21 DM
9	99,23 DM

Bild 10-5 Artikelgruppen-*Id*s mit den Preisen der jeweils teuersten Artikel in dieser Artikelgruppe

Mit Hilfe dieses Beispiels formulieren wir unsere nächste Definitionsversion:

GROUP BY - Zweite vorläufige Version – ohne HAVING-Bedingung:

Die allgemeine Form eines SELECT - Befehls mit GROUP - BY Klausel lautet:

```
SELECT      Attributliste1 , weitere Ausdrücke
FROM        Tabellennamen
WHERE       Bedingungen
GROUP BY    Attributliste2
```

Es gilt stets: *Attributliste1* und *Attributliste2* müssen dieselben Attribute beinhalten. Der Teil weitere Ausdrücke besteht aus Ausdrücken der Form:

Aggregatfunktion(Term)

in dem für alle Sätze der Tabelle, die zu der jeweiligen Gruppe gehören, ein bestimmter Wert ermittelt wird. In dem Term, der als Argument der Aggregatfunktion dient, sind alle möglichen Attributnamen der verwendeten Tabellen erlaubt. Es gibt die folgenden 5 Aggregatfunktionen:

- MAX(*Term*): Berechnet den größten Wert von *Term*, der in der Gruppe auftritt. Die Angabe von DISTINCT in der Aggregatfunktion MAX hat keine Wirkung. NULL - Werte werden in der Berechnung nicht berücksichtigt.

- MIN(*Term*): Berechnet den kleinsten Wert von *Term*, der in der Gruppe auftritt. Die Angabe von DISTINCT in der Aggregatfunktion MIN hat keine Wirkung. NULL - Werte werden in der Berechnung nicht berücksichtigt.

- SUM(*Term*): Berechnet die Summe aller Werte von *Term*, die in der Gruppe auftreten. Die Angabe von DISTINCT in der Aggregatfunktion SUM hat die Wirkung, dass mehrfach auftretende Werte nur einmal summiert werden. NULL - Werte werden in der Berechnung nicht berücksichtigt.

- AVG(*Term*): Berechnet den Durchschnitt aller Werte von *Term*, die in der Gruppe auftreten. (engl. average = Durchschnitt) Die Angabe von DISTINCT in der Aggregatfunktion AVG hat die Wirkung, dass mehrfach vorkommende Werte von *Term* so behandelt werden, als kämen sie nur einmal vor. NULL - Werte werden in der Berechnung nicht berücksichtigt.

- COUNT(*Term*): Ermittelt die Anzahl der Elemente, die in der Gruppe bei der durch *Term* definierten Projektion auftreten. Bei COUNT(*) werden alle Sätze gezählt, auch wenn NULL-Werte auftreten oder zwei Sätze identisch sein sollten. Ansonsten gilt: NULL-Werte werden nicht berücksichtigt. Bei Verwendung von DISTINCT werden nur die voneinander verschiedenen Werte von *Term* gezählt, ohne DISTINCT wird jedes existierende (d.h. nicht NULL seiende) Tupel der Gruppe gezählt.

Sie können Aggregatfunktionen auch ohne Verwendung von GROUP BY benutzen. Dann dürfen allerdings in der Attributliste der Projektion Ihres SELECT-Befehls außer den Aggregatfunktionen mit ihrem Termen keine weiteren Attributnamen auftreten.

Die folgenden Beispiele sollen Ihnen diese Regeln verdeutlichen:

Beispiele:

- Sie suchen in Ihrer Artikeltabelle den kleinsten Artikelpreis:

```
SELECT  MIN(Preis)
FROM    ARTIKEL
```

Das war einfach. Interessanter wird die folgende Aufgabe:

- Sie suchen die Artikeldaten des Artikels mit dem kleinsten Artikelpreis:

```
SELECT        *
FROM       ARTIKEL
WHERE      Preis     =      (
                                   SELECT  MIN(Preis)
                                   FROM    ARTIKEL
                             )
```

Diese Abfrage liefert das gewünschte Ergebnis, nämlich:

Id	Artikelnr	Bezeichnung	Artikelgruppe	LieferantId	Bestandsmenge	Preis
24	A0050002	Banane	5	10	521	0,31 €

Bild 10-6 Der billigste Artikel

Machen Sie sich bitte klar, wie dieser Befehl arbeitet: Die Tabelle ARTIKEL existiert hier in 2 Versionen: In der Version A wird sie Satz für Satz gelesen und bei jedem Satz erfolgt die Anfrage an die Version B der Artikeltabelle: Was ist der kleinste vorkommende Preis? Anschließend erfolgt die Entscheidung, ob der Satz aus der Version A in die Ergebnistabelle übernommen wird oder nicht. Es ist deshalb besser, hier mit Aliasnamen zu arbeiten. Auf diese Weise können Sie klar erkennen, auf welche Version Ihrer Tabelle sich der jeweilige Attributname bezieht. Sie vermeiden Fehler und erhalten leichter zu pflegende Programme. Diese Regel sollten Sie bei allen komplexeren SQL - Befehlen beherzigen, in denen eine Tabelle mehrmals vorkommt. Unser Befehl lautet in solch einer verbesserten Version:

```
SELECT        A1.*
FROM       ARTIKEL A1
WHERE      A1.Preis    =     (
                                   SELECT  MIN(A2.Preis)
                                   FROM    ARTIKEL A2
                             )
```

- Sie suchen für jede Artikelgruppe den billigsten Artikelpreis:

      SELECT   *Artikelgruppeld*, MIN(*Preis*)
      FROM   ARTIKEL
      GROUP BY   *Artikelgruppeld*

- Sie suchen für jede Artikelgruppe die Daten des Artikels, der in seiner Artikelgruppe am billigsten ist:

      SELECT A1.*
      FROM   ARTIKEL A1
      WHERE   A1.*Preis* = (
                          SELECT MIN(A2.*Preis*)
                          FROM   ARTIKEL A2
                          WHERE   A2.*Artikelgruppeld* = A1.*Artikelgruppeld*
)

  Ihnen sollte klar sein: Hier **müssen** Sie mit Aliasnamen arbeiten.

- Sie suchen die Summe aller Artikelpreise:

      SELECT   SUM(*Preis*)
      FROM   ARTIKEL

- Sie suchen für jede Artikelgruppe die Summe der zugehörigen Artikelpreise:

      SELECT   *Artikelgruppeld* , SUM(*Preis*)
      FROM   ARTIKEL
      GROUP BY   *Artikelgruppeld*

- Sie suchen für jede Artikelgruppe die Summe der zugehörigen Artikelpreise. Sie wollen aber nur die Sätze angezeigt bekommen, wo diese Summe größer als 1000 ist. Sie schlagen vielleicht folgende Lösung vor:

Warnung: diese Lösung ist falsch.

SELECT	*ArtikelgruppeId*, SUM(*Preis*)
FROM	ARTIKEL
GROUP BY	*ArtikelgruppeId*
WHERE	SUM(*Preis*) > 1000

Warnung: diese Lösung ist falsch.

In einer **WHERE-Bedingung** dürfen **keine Aggregatfunktionswerte** als Vergleichswerte benutzt werden. In solchen Fällen müssen Sie die HAVING - Klausel benutzen. Sie wird weiter unten erklärt.

- Sie suchen den Durchschnitt aller Artikelpreise:

    | SELECT | AVG(*Preis*) |
    | FROM | ARTIKEL |

- Sie suchen für jede Artikelgruppe den Durchschnitt der zugehörigen Artikelpreise:

    | SELECT | *ArtikelgruppeId* , AVG(*Preis*) |
    | FROM | ARTIKEL |
    | GROUP BY | *ArtikelgruppeId* |

- Sie suchen die Anzahl der Sätze in Ihrer Artikeltabelle

    | SELECT | COUNT(*) |
    | FROM | ARTIKEL |

- Sie suchen die Anzahl der Artikelgruppen in Ihrer Artikeltabelle:

    | SELECT | COUNT(DISTINCT *ArtikelgruppeId*) |
    | FROM | ARTIKEL |

- Sie suchen pro Artikelgruppe die Anzahl der Artikel, die zu dieser Artikelgruppe gehören:

SELECT   *Artikelgruppeld*, COUNT(*) AS   Artikelanzahl
FROM   ARTIKEL
GROUP BY   *Artikelgruppeld*

Sie erhalten die folgende Tabelle:

Artikelgruppeld	Artikelanzahl
1	5
2	7
3	5
4	3
5	4
6	4
9	2

Bild 10-7 Artikelanzahl pro Artikelgruppe

Nun möchte ich mit Ihnen noch den letzten Baustein des GROUP BY Abschnittes eines SELECT-Befehls untersuchen: Die HAVING-Klausel:

GROUP BY mit HAVING-Klausel (endgültige Version):

Die allgemeine Form eines SELECT - Befehls mit GROUP - BY Klausel lautet:

SELECT   *Attributliste1 , weitere Ausdrücke*
FROM   *Tabellennamen*
WHERE   *Where - Bedingungen*
GROUP BY   *Attributliste2*
HAVING   *Having - Bedingungen*

Es gilt stets: *Attributliste1* und *Attributliste2* müssen dieselben Attribute beinhalten. Der Teil weitere Ausdrücke besteht aus Ausdrücken der Form:

$$Aggregatfunktion(Term)$$

in dem für alle Sätze der Tabelle, die zu der jeweiligen Gruppe gehören, ein bestimmter Wert ermittelt wird. In dem Term, der als Argument der Aggregatfunktion dient, sind alle möglichen Attributnamen der verwendeten Tabellen erlaubt. Es gibt die folgenden 5 Aggregatfunktionen:

- MAX(*Term*):   Berechnet den größten Wert von *Term*, der in der Gruppe auftritt. Die Angabe von DISTINCT in der Aggregatfunktion MAX hat keine Wirkung. NULL - Werte werden in der Berechnung nicht berücksichtigt.

- MIN(*Term*):   Berechnet den kleinsten Wert von *Term*, der in der Gruppe auftritt. Die Angabe von DISTINCT in der Aggregatfunktion MIN hat keine Wirkung. NULL - Werte werden in der Berechnung nicht berücksichtigt.

- SUM(*Term*):   Berechnet die Summe aller Werte von *Term*, die in der Gruppe auftreten. Die Angabe von DISTINCT in der Aggregatfunktion SUM hat die Wirkung, dass mehrfach auftretende Werte nur einmal summiert werden. NULL - Werte werden in der Berechnung nicht berücksichtigt.

- AVG(*Term*):   Berechnet den Durchschnitt aller Werte von *Term*, die in der Gruppe auftreten. (engl. average = Durchschnitt) Die Angabe von DISTINCT in der Aggregatfunktion AVG hat die Wirkung, dass mehrfach vorkommende Werte von *Term* so behandelt werden, als kämen sie nur einmal vor. NULL - Werte werden in der Berechnung nicht berücksichtigt.

- COUNT(*Term*):   Ermittelt die Anzahl der Elemente, die in der Gruppe bei der durch *Term* definierten Projektion auftreten. Bei COUNT(*) werden alle Sätze gezählt, auch wenn NULL-Werte auftreten oder zwei Sätze identisch sein sollten. Ansonsten gilt: NULL-Werte werden nicht berücksichtigt. Bei Verwendung von DISTINCT werden nur die voneinander verschiedenen Werte von *Term* gezählt, ohne DISTINCT wird jedes existierende (d.h. nicht NULL seiende) Tupel der Gruppe gezählt.

Mit der HAVING-Klausel müssen alle die Bedingungen an die Gruppierungen formuliert werden, die mit Hilfe von Ausdrücken der Form

$$Aggregatfunktion(Term)$$

gebildet werden.

Sie können Aggregatfunktionen auch ohne Verwendung von GROUP BY benutzen. Dann dürfen allerdings in der Attributliste der Projektion Ihres SELECT-Befehls außer den Aggregatfunktionen mit ihrem Termen keine weiteren Attributnamen auftreten.

Beispiele:

- Erinnern Sie sich? Wir hatten in unseren Beispielen ein ungelöstes Problem. Es lautete:

  Sie suchen für jede Artikelgruppe die Summe der zugehörigen Artikelpreise. Sie wollen aber nur die Sätze angezeigt haben, wo diese Summe größer als 1000 ist

  Die Lösung muss mit Hilfe von HAVING .... formuliert werden:

SELECT	*Artikelgruppeld* , SUM(*Preis*)
FROM	ARTIKEL
GROUP BY	*Artikelgruppeld*
HAVING	SUM(*Preis*) > 1000

  Wenn Sie nur die Artikelgruppeld interessiert, geht es auch einfacher:

SELECT	*Artikelgruppeld*
FROM	ARTIKEL
GROUP BY	*Artikelgruppeld*
HAVING	SUM(*Preis*) > 1000

- Ein anderes Beispiel: Sie wollen für jeden Kunden die Anzahl seiner Bestellungen und die Anzahl der insgesamt bestellten Artikel sehen:

SELECT	*Kundeld* ,		
	COUNT(*)	AS	AnzahlBestellungen ,
	SUM(*Menge*)	AS	AnzahlArtikel
FROM	BESTELLUNGEN		
GROUP BY	*Kundeld*		

Sie erhalten die folgende Ergebnistabelle:

KundeId	AnzahlBestellungen	AnzahlArtikel
2	2	15
3	2	13
4	3	25
7	1	25
8	2	24
12	3	14
13	5	69
15	3	106
16	3	116
18	2	19
20	1	8
23	2	8
25	1	36

Bild 10-8 Anzahl der Bestellungen und Anzahl der insgesamt bestellten Artikel pro Kunde

- Nun wollen Sie nur noch für die Kunden die Anzahl ihrer Bestellungen und die Anzahl der insgesamt bestellten Artikel sehen, bei denen diese Anzahl > 20 ist:

SELECT	*KundeId* ,		
	COUNT(*)	AS	AnzahlBestellungen ,
	SUM(*Menge*)	AS	AnzahlArtikel
FROM	BESTELLUNGEN		
GROUP BY	*KundeId*		
HAVING	SUM(*Menge*) > 20		

Unsere Tabelle sieht jetzt so aus:

Kundeld	AnzahlBestellungen	AnzahlArtikel
4	3	25
7	1	25
8	2	24
13	5	69
15	3	106
16	3	116
25	1	36

Bild 10-9 Anzahl der Bestellungen und Anzahl der insgesamt bestellten Artikel für die Kunden, bei denen die Anzahl der insgesamt bestellten Artikel größer als 20 ist.

- Um die Sache noch komplizierter zu machen, wollen Sie jetzt nur noch für die Kunden die Anzahl ihrer Bestellungen und die Menge der insgesamt bestellten Artikel sehen, bei denen diese Mengensumme > 20 ist und bei denen mindestens eine Bestellung den Artikel mit der *Id* 16 enthält. Diese letzte Bedingung ist zwar auch eine Bedingung an die Gruppe, darf aber nicht mit HAVING formuliert werden. Denn sie enthält einen Attributnamen als Vergleichsterm und nicht einen Ausdruck einer Aggregatfunktion. Was tun? Die Lösung besteht darin, vor der Bildung der Gruppen der Bestellungen eines Kunden die "falschen" Kunden mit einer geeigneten WHERE-Bedingung herauszufiltern und dann zu gruppieren:

```
SELECT        B1.Kundeld ,
              COUNT(B1.Id)     AS      AnzahlBestellungen ,
              SUM(B1.Menge)    AS      AnzahlArtikel
FROM          BESTELLUNGEN B1
WHERE         B1.Kundeld  IN (
                               SELECT     B2.Kundeld
                               FROM       BESTELLUNGEN B2
                               WHERE      B2.ArtikelId = 16
                             )
GROUP BY      B1.Kundeld
HAVING        SUM(B1.Menge) > 20
```

Und wir erhalten als Ergebnis:

KundeId	AnzahlBestellungen	AnzahlArtikel
15	3	106
16	3	116

Bild 10-10 Anzahl der Bestellungen und Anzahl der insgesamt bestellten Artikel für die Kunden, bei denen die Anzahl der insgesamt bestellten Artikel größer als 20 ist und die (mindestens) einen Artikel mit der *Id* 16 bestellt haben.

Die ORDER BY - Klausel

Die ORDER BY - Klausel ist im Gegensatz zum GROUP BY sehr schnell erklärt: Sie steht stets am Ende eines SELECT-Befehls und definiert die Reihenfolge, in der die Tupel der Ergebnistabelle angeordnet werden. Ihre allgemeine Form ist

ORDER BY   Orderliste

Dabei gilt:

Sortiert werden kann nach allen Attributen der Tabellen, die hinter dem FROM aufgezählt werden – also auch nach Attributen, die gar nicht in der Attributliste1 hinter dem ersten SELECT stehen. Sortiert werden kann außerdem nach allen Ausdrücken der Form Aggregatfunktion(*Term*) sein, die Teil der Projektionsliste hinter dem ersten SELECT sind.

Sortiert wird hierarchisch, indem die Sortierbegriffe der Orderliste der Reihe nach von links nach rechts durchgegangen werden

Jedes Element der Orderliste kann noch mit dem Zusatz ASC (Abkürzung für ascending = engl. aufsteigend) oder DESC (Abkürzung für descending = engl. absteigend) versehen werden. Falls nichts hinzugefügt wird oder falls ASC hinzugefügt wird, werden die Sätze der Ergebnistabelle für diesen Begriff in aufsteigender Reihenfolge sortiert. Falls man DESC hinzufügt, werden die Sätze der Ergebnistabelle für diesen Begriff in absteigender Reihenfolge sortiert.

Auf die Elemente der Attributliste hinter dem ersten SELECT kann in der Orderliste auch mit der Zahl hingewiesen werden, die der Position dieses Elements in der Projektionsliste entspricht. Bei Elementen der Art Aggregatfunktion(Term) muss sogar so verfahren werden. Das ist natürlich von dem relationalen Standpunkt aus, bei dem die Reihenfolge der Attribute keine Rolle spielen darf, eine Katastrophe.

Beispiele:

- Sie wollen die Daten Ihrer Personentabelle sortiert nach Namen und Vornamen sehen. Dann geben Sie ein:

  SELECT   *

  FROM   PERSON

  ORDER BY   *Name , Vorname*

- Nun wollen Sie die *ArtikelId*s und die dazugehörigen Bestellmengen-Summen aus Ihrer Bestellungen-Tabelle sehen, in absteigender Reihenfolge nach der Summe der Bestellmengen sortiert. Bei gleicher Bestellmengen-Summe soll aufsteigend nach *ArtikelId* sortiert werden. Das alles erreichen Sie mit dem folgenden Befehl:

  SELECT   *ArtikelId* , SUM(*Menge*) AS Mengensumme

  FROM   BESTELLUNGEN

  GROUP BY   *ArtikelId*

  ORDER BY   2 DESC, *ArtikelId*

  Abbildung 10-11 zeigt Ihnen die dabei entstehende Tabelle.

Damit wissen wir genügend über den SELECT-Befehl für eine Tabelle und wir können uns jetzt der Verbindung von mehreren Tabellen zuwenden.

JOINS, JOINS, JOINS

Sie erinnern sich: Alle Joins sind das Ergebnis einer Hintereinanderausführung von drei Operatoren: einem Produkt, auf das eine Restriktion und dann eine Projektion angewendet wird. Restriktionen und Projektionen können wir schon mit dem SELECT - Befehl durchführen. Es bleibt, das Produkt zweier oder mehrerer Tabellen zu besprechen. Das ist übrigens der leichteste Teil der ganzen Angelegenheit.

Artikelld	Mengensumme
13	100
19	100
24	75
11	45
10	32
2	25
18	20
12	11
16	11
15	10
17	10
4	9
14	8
6	4
22	4
29	4
1	3
9	3
7	2
3	1
26	1

Bild 10-11 Summe der Bestellmengen für jede *ArtikelId*, absteigend nach der Bestellmengensumme sortiert.

Das Produkt zweier Tabellen

Seien TAB1 und TAB2 zwei Tabellen. Dann erhält man mit dem folgenden SELECT-Befehl das relationale Produkt TAB1 x TAB2:

```
SELECT        *
FROM        TAB1, TAB2
```

Wir werden jetzt einige Beispiele besprechen, bei denen ich mich oft auch auf die bisher besprochenen Aufgabenstellungen beziehe. Unsere bisherigen Lösungen eigneten sich aus dem folgenden Grund nicht als Programmausschnitte, die Sie einem Endanwender "verkaufen" können: Sie gaben dem Endanwender Zugriff auf die Tabellenschlüssel, die Sie zur eindeutigen Kennzeichnung Ihrer Sätze brauchten. So etwas sollten Sie unter allen Umständen vermeiden. Ich selber vertraue bei meinen Programmen nicht einmal dem jeweiligen Relationalen Datenbankmanagementsystem diese Verwaltung an, sondern versuche durch geeignete Programmierung die eindeutige Schlüsselvergabe und die Sicherung der relationalen Integrität zu gewährleisten. Doch das ist vielleicht ein zu weitgehender Standpunkt. Ich habe jedoch genügend schlechte Erfahrungen gemacht, wenn ich mich nicht an diese Regeln gehalten habe. Wir werden über die Möglichkeiten zur Sicherung der relationalen Integrität noch genauer sprechen. Zunächst unsere Beispiele:

Beispiele:

- Sie wollen für jeden Artikel seine Bezeichnung und die Bezeichnung der Artikelgruppe sehen und zwar nach Artikelgruppen geordnet:

SELECT DISTINCT	A.*Bezeichnung* , AG.*Bezeichnung*
FROM	ARTIKEL A , ARTIKELGRUPPE AG
WHERE	A.*ArtikelgruppeId* = AG.*Id*
ORDER BY	AG.*Bezeichnung* , A.*Bezeichnung*

Der Vollständigkeit halber gebe ich Ihnen hier und im nächsten JOIN-Beispiel auch die andere Form an, in der man solche Abfragen in SQL formulieren kann. Ich persönlich finde sie weniger flexibel und gebrauche sie nie. Ich bitte Sie aber, sich Ihr eigenes Urteil zu fällen und selber zu entscheiden, was Ihnen besser gefällt:

SELECT DISTINCT	A.*Bezeichnung* , AG.*Bezeichnung*
FROM	ARTIKEL A INNER JOIN ARTIKELGRUPPE AG
ON	A.*ArtikelgruppeId* = AG.*Id*
ORDER BY	AG.*Bezeichnung* , A.*Bezeichnung*

- Sie wollen für jeden Artikel seine Bezeichnung, die Bezeichnung der Artikelgruppe und den Namen des Lieferanten sehen und zwar nach Lieferanten geordnet:

SELECT DISTINCT	*Name*, *Vorname*, A.*Bezeichnung*, AG.*Bezeichnung*
FROM	PERSON P , ARTIKEL A , ARTIKELGRUPPE AG
WHERE	P.*Id* = A.*LieferantId*
AND	A.*ArtikelgruppeId* = AG.*Id*
ORDER BY	*Name*, *Vorname*, A.*Bezeichnung*, AG.*Bezeichnung*

Abbildung 10-12 zeigt Ihnen die Tabelle mit den ersten 21 Sätzen, die Sie so erhalten.

Name	Vorname	A.Bezeichnung	AG.Bezeichnung
Chaplin	Charlie	Der Name der Rose	Bücher
Chaplin	Charlie	Fake Book	Musikalien
Chaplin	Charlie	Lampenschirme	Kleinteile
Chaplin	Charlie	Schuhe, groß	Kleinteile
Chaplin	Charlie	Steinway Flügel	Musikalien
Curie	Marie	Drucker	Elektronik-Fachgerät
Curie	Marie	Nägel	Lebensmittel
Einstein	Albert	Akku	Elektronik-Fachgerät
Einstein	Albert	Fön	Haushaltswaren
Einstein	Albert	Hilfsmotoren	Kokolores
Ekberg	Anita	Bilderrahmen	Haushaltswaren
Ekberg	Anita	Der Termin	Bücher
Ekberg	Anita	DVD-Player	Elektronik-Fachgerät
Ekberg	Anita	Software Engineering	Bücher
Ekberg	Anita	Tangas	Kleinteile
Gauss	Carl Friedrich	Banane	Lebensmittel
Gauss	Carl Friedrich	Joghurt	Lebensmittel
Gauss	Carl Friedrich	Papierkorb	Haushaltswaren
Gauss	Carl Friedrich	Schrauben	Kleinteile
Gauss	Carl Friedrich	Schreibtisch	Haushaltswaren
Gauss	Carl Friedrich	Theorien	Bücher

Bild 10-12 Lieferanten mit den Artikeln, die sie liefern und den Artikelgruppen, zu denen sie gehören.

Die andere Formulierung dieses SQL-Befehls ist bei einem JOIN von drei Tabellen noch umständlicher. Sie lautet:

```
SELECT DISTINCT    Name, Vorname, A.Bezeichnung, AG.Bezeichnung
FROM               PERSON  P  INNER JOIN
                   ( ARTIKEL  A  INNER JOIN ARTIKELGRUPPE  AG
                     ON   A.ArtikelgruppeId = AG.Id )
ON                 P.Id = A.LieferantId
WHERE              A.ArtikelgruppeId = AG.Id
ORDER BY           Name, Vorname, A.Bezeichnung, AG.Bezeichnung
```

- Jetzt wollen wir die Tabelle BESTELLUNGEN auswerten: Ihre Ergebnistabelle soll die folgenden Daten enthalten: Datum der Bestellung, Bezeichnung des Artikels, die Bestellmenge und den Namen des bestellenden Kunden. Die Anzeige soll absteigend nach dem Datum sortiert werden:

SELECT DISTINCT	B.*Bestelldatum* , A.*Bezeichnung* , B.*Menge* , P.*Name*
FROM	BESTELLUNGEN B, ARTIKEL A, PERSON P
WHERE	B.*ArtikelId* = A.*Id*
AND	B.*KundeId* = P.*Id*
ORDER BY	B.*Bestelldatum* DESC

- Wenn Sie dieselbe Anzeige nur für die Bestellungen der Artikel mit der Bezeichnung 'Hilfsmotoren' erhalten wollen, müssen Sie schreiben:

SELECT DISTINCT	B.*Bestelldatum* , A.*Bezeichnung* , B.*Menge* , P.*Name*
FROM	BESTELLUNGEN B, ARTIKEL A, PERSON P
WHERE	B.*ArtikelId* = A.*Id*
AND	B.*KundeId* = P.*Id*
AND	A.*Bezeichnung* = 'Hilfsmotoren'
ORDER BY	B.*Bestelldatum* DESC

- Ein (vor-)letztes Beispiel: Sie wollen für alle Artikelgruppen die Summe des insgesamt bestellten Bestellwertes erhalten - absteigend nach dieser Summe sortiert:

SELECT DISTINCT	AG.*Bezeichnung* , SUM(B.*Menge* * A.Preis) AS GesamtBestellwert

FROM	BESTELLUNGEN B,
	    ARTIKELGRUPPE AG,
	    ARTIKEL A

WHERE	B.*ArtikelId* = A.*Id*
AND	A.*ArtikelgruppeId* = AG.*Id*
GROUP BY	AG.*Bezeichnung*
ORDER BY	2 DESC

Abbildung 10-13 zeigt Ihnen die zugehörige Tabelle

Bezeichnung	GesamtBestellwert
Musikalien	477.890,00 €
Elektronik-Fachgerät	22.361,65 €
Lebensmittel	3.530,33 €
Kokolores	2.480,75 €
Haushaltswaren	2.125,12 €
Bücher	814,48 €
Kleinteile	407,08 €

Bild 10-13 Gesamtbestellwert für alle Artikel einer Artikelgruppe.

- Und wenn Sie nur für die Artikelgruppen die Summe des insgesamt bestellten Bestellwertes - absteigend nach dieser Summe sortiert - sehen wollen, bei denen die Summe größer als 10000 ist, schreiben Sie:

SELECT DISTINCT	AG.*Bezeichnung* ,
	SUM(B.*Menge* * A.Preis) AS GesamtBestellwert
FROM	BESTELLUNGEN B,
	ARTIKELGRUPPE AG,
	ARTIKEL A
WHERE	B.*ArtikelId* = A.*Id*
AND	A.*ArtikelgruppeId* = AG.*Id*
GROUP BY	AG.*Bezeichnung*
HAVING	SUM(B.*Menge* * A.*Preis*) > 10000
ORDER BY	2 DESC

und Sie erhalten nur noch die ersten zwei Zeilen der obigen Tabelle.

Ein besonderer Join: der äußere Join

Diese Form des Joins lässt sich nicht alleine durch die Hintereinanderschaltung von Kreuzprodukt, Restriktion und Projektion beschreiben: Man erhält bei diesem Join noch zusätzlich die Tabellensätze einer (durch ein Schlüsselwort) ausgewählten Jointabelle hinzu, für die es keinen Partner in der anderen Jointabelle gibt.

Damit diese Anzeige überhaupt darstellbar ist, muss man mit NULL-Werten arbeiten. Trotzdem sind Anwendungen dieses Joins möglich und sinnvoll, bei denen diese NULL-Werte in keiner der von uns besprochenen störenden Weise auftreten. Ich beginne mit einem einfachen Beispiel:

- Sie wollen für alle Artikelgruppen (genauer gesagt: für alle Artikelgruppenbezeichnungen) die Bezeichnungen der zugehörigen Artikel sehen. Sie programmieren (wie weiter oben schon einmal besprochen):

SELECT   AG.*Bezeichnung*, A.*Bezeichnung*

FROM   ARTIKELGRUPPE AG , ARTIKEL A

WHERE   AG.*Id*   =   A.*ArtikelgruppeId*

ORDER BY   AG.*Bezeichnung*, A.*Bezeichnung*

Sie erhalten:

AG.Bezeichnung	A.Bezeichnung
Bücher	Der Name der Rose
Bücher	Der Termin
Bücher	Software Engineering
Bücher	Theorien
Elektronik-Fachgerät	Akku
Elektronik-Fachgerät	Computer
Elektronik-Fachgerät	Drucker
Elektronik-Fachgerät	Drucker
Elektronik-Fachgerät	DVD-Player
Elektronik-Fachgerät	Playstation
Elektronik-Fachgerät	Video-Recorder

Bild 10-14 Die ersten 11 Sätze der Anzeige der Artikelgruppen mit den dazugehörigen Sätzen

Wenn Sie diese Abfrage selber testen und das Ergebnis mit der Tabelle ARTIKELGRUPPE vergleichen, werden Sie feststellen: Die Artikelgruppen '*Autozubehör*', '*Larifari*' und '*Tabakwaren*', zu der es keinen Artikel gibt, kommen in dieser Anzeige nicht vor.

Wenn wir jetzt aber wollen, dass **jede** Artikelgruppe in dieser Anzeige erscheint, wenn wir also wollen, dass die Tabelle ARTIKELGRUPPE die **anzeigenbestimmende** Tabelle dieses Joins wird, dann müssen wir schreiben:

SELECT	AG.*Bezeichnung*, A.*Bezeichnung*
FROM	ARTIKELGRUPPE AG LEFT OUTER JOIN ARTIKEL A
ON	AG.*Id* = A.*ArtikelgruppeId*
ORDER BY	AG.*Bezeichnung*, A.*Bezeichnung*

Sie erhalten:

AG.Bezeichnung	A.Bezeichnung
Autozubehör	
Bücher	Der Name der Rose
Bücher	Der Termin
Bücher	Software Engineering
Bücher	Theorien
Elektronik-Fachgerät	Akku
Elektronik-Fachgerät	Computer
Elektronik-Fachgerät	Drucker
Elektronik-Fachgerät	Drucker
Elektronik-Fachgerät	DVD-Player
Elektronik-Fachgerät	Playstation

Bild 10-15 Die ersten 11 Sätze der Anzeige der Artikelgruppen mit den dazugehörigen Sätzen mit einem **äußeren** Join

Bitte achten Sie insbesondere auf die Zeile der Artikelgruppe '*Autozubehör*'. Diese Zeile hat bei der ersten Version gefehlt, bei der Artikelbezeichnung steht jetzt ein NULL-Wert. Glauben Sie mir das nicht einfach, sondern überprüfen Sie es folgendermaßen:

SELECT	AG.*Bezeichnung*, A.*Bezeichnung*
FROM	ARTIKELGRUPPE AG LEFT OUTER JOIN ARTIKEL A
ON	AG.*Id* = A.*ArtikelgruppeId*
WHERE	A.*Bezeichnung* IS NULL
ORDER BY	AG.*Bezeichnung*

Sie erhalten:

AG.Bezeichnung	A.Bezeichnung
Autozubehör	
Larifari	
Tabakwaren	

Bild 10-16 Drei Sätze mit NULL-Werten bei einem **äußeren** Join

Um den äußeren Join vollständig zu verstehen, müssen wir uns zwei Dinge genau klar machen:

1.   Was genau will man erreichen   und

2.   Wie heißt der Befehl dazu

Unser Beispiel sollte Sie genügend vorbereitet haben und ich gebe Ihnen jetzt die allgemeine Definition und Syntax

Der einseitige äußere Join

Gegeben zwei Tabellen, Tab1 und Tab2. Man möchte nun eine Anzeige der Attribute aus Tab1 und Tab2, die den folgenden Bedingungen genügt:

- Die Sätze aus den Tabellen Tab1 und Tab2, die zusammen angezeigt werden, seien über die JOIN-Bedingung

    Tab1.*JoinAttributes* = Tab2.*JoinAttributes*

    miteinander verbunden

- Für eine der beiden Tabellen, sagen wir für Tab1, wird verlangt, dass **jeder** Satz angezeigt wird, gleichgültig, ob es in Tab2 einen JOIN-Partner gibt oder nicht.

Ein solcher Join heißt **einseitiger äußerer Join**

Man kann ihn auf zwei Arten in SQL programmieren. Je nachdem, wie man es macht, heißt er **linker äußerer Join (left outer Join)** oder **rechter äußerer Join (right outer Join)**

Die Realisierung als linker äußerer Join (left outer Join)

```
SELECT    Tab1.* , Tab2.*
FROM      Tab1  LEFT OUTER JOIN  Tab2
ON        Tab1.JoinAttributes  =  Tab2.JoinAttributes
```

Hier zeigt die Bedingung LEFT nach links auf die Tabelle Tab1 und macht sie dadurch zur anzeigenbestimmenden Tabelle.

Die Realisierung als rechter äußerer Join (right outer Join)

```
SELECT    Tab1.* , Tab2.*
FROM      Tab2  RIGHT OUTER JOIN  Tab1
ON        Tab1.JoinAttributes  =  Tab2.JoinAttributes
```

Hier zeigt die Bedingung RIGHT nach rechts (wieder) auf die Tabelle Tab1 und macht sie dadurch zur anzeigenbestimmenden Tabelle.

Betrachten Sie jetzt dazu ein Beispiel, bei dem mit einem äußeren Join gearbeitet werden muss, bei dem aber keine NULL-Werte auftreten.

Man möchte für **jede** Artikelgruppe die Anzahl der Artikel sehen, die zu dieser Artikelgruppe gehören. Nur der Übung halber programmiere ich das jetzt mal als rechten äußeren Join:

```
SELECT     AG.Bezeichnung, COUNT(A.Id) as AnzahlArtikel
FROM       ARTIKEL A  RIGHT OUTER JOIN  ARTIKELGRUPPE AG
ON         A.Artikelgruppeld = AG.Id
GROUP BY   AG.Bezeichnung
ORDER BY   2, AG.Bezeichnung
```

Sie erhalten:

Bezeichnung	AnzahlArtikel
Autozubehör	0
Larifari	0
Tabakwaren	0
Kokolores	2
Musikalien	3
Bücher	4
Lebensmittel	4
Haushaltswaren	5
Kleinteile	5
Elektronik-Fachgerät	7

Bild 10-17 Alle Artikelgruppen und die jeweilige Anzahl der Artikel zu diesen Artikelgruppen

Im nächsten Beispiel möchte ich Ihnen zeigen, wie man innere und äußere Joins kombinieren kann:

- Sie wollen für **jeden** Lieferanten seinen Vornamen, Namen, den Lieferantenrabatt und die Anzahl der Artikel sehen, die er liefert.

```
SELECT      P.Vorname, P.Name, L.Rabatt, COUNT(A.Id) as AnzahlArtikel
FROM        (
                  PERSON P  INNER JOIN  LIEFERANT L
                  ON  P.Id = L.Id
            )
            LEFT OUTER JOIN   ARTIKEL A
ON          L.Id = A.LieferantId
GROUP BY    P.Vorname, P.Name, L.Rabatt
ORDER BY    4 DESC, P.Name, P.Vorname, L.Rabatt
```

Hier verbinden wir erst PERSON und LIEFERANT über einen inneren JOIN zu einer einzigen Tabelle, in der alle Personen- und Lieferantendaten der Lieferanten stehen. Das wird unser anzeigenbestimmender Joinpartner, zu dem dann die zugehörigen Artikel gezählt werden.

Sie erhalten:

Vorname	Name	Rabatt	AnzahlArtikel
Carl Friedrich	Gauss	13	6
Charlie	Chaplin	14	5
Anita	Ekberg	15	5
Albert	Einstein	15	4
Marie	Curie	8	2
John Lee	Hooker	10	2
Alexis	Sorbas	12	2
Tom	Waits	14	2
Mickey	Mouse	12	1
Edith	Piaf	11	1
Vincent van	Gogh	2	0
Immanuel	Kant	18	0
Brad	Mehldau	14	0
Helge	Schneider	12	0

Bild 10-18 Lieferanten und die Anzahl der von ihnen gelieferten Artikel

Wie Sie sich denken können, gibt es nicht nur den einseitigen sondern auch den **vollständi-gen äußeren Join (full outer Join)**. In diesem Falle will man von **beiden** Joinpartner-Tabellen **alle** Sätze sehen, dabei stehen durch die Joinbedingungen verbundene Sätze natür-lich in einer Zeile. Die restlichen Zeilen enthalten Nullwerte anstelle der fehlenden Partner.

Ein Beispiel:

- Ich möchte die Tabellen KUNDE und ARTIKEL miteinander verbinden. Das geht über die Tabelle BESTELLUNGEN, die Joinbedingungen sind:

KUNDE.*Id* = BESTELLUNGEN.*KundeId* und

ARTIKEL.*Id* = BESTELLUNGEN.*ArtikelId*

Es sollen **alle** Kunden (genauer: deren Kundennummer) und **alle** Artikel (genauer: deren Artikelnummer) angezeigt werden, für die Kombination (Kunde, Artikel) soll zusätzlich die Anzahl der bestellten Artikel (d.h. die Menge) angezeigt werden.

Das würde mit Hilfe des **vollständigen äußeren Joins (full outer Join)** folgendermaßen lauten:

SELECT	K.*KundenNr*, A.*Artikelnr*, SUM(B.*Menge*) as ArtikelMenge
FROM	(
	KUNDE K LEFT OUTER JOIN BESTELLUNGEN B
	ON K.*Id* = B.*KundeId*
	)
	FULL OUTER JOIN ARTIKEL A
ON	A.*Id* = B.*ArtikelId*
GROUP BY	K.*KundenNr*, A.*Artikelnr*
ORDER BY	K.*KundenNr*, A.*Artikelnr*

Viele Datenbanken – so auch Access – unterstützen allerdings keinen FULL OUTER JOIN. Trotzdem gebe ich Ihnen natürlich noch die allgemeine Definition samt Syntax:

Der vollständige äußere Join

Gegeben zwei Tabellen, Tab1 und Tab2. Man möchte nun eine Anzeige der Attribute aus Tab1 und Tab2, die den folgenden Bedingungen genügt:

- Die Sätze aus den Tabellen Tab1 und Tab2, die zusammen angezeigt werden, seien über die JOIN-Bedingung

Tab1.*JoinAttributes* = Tab2.*JoinAttributes*

miteinander verbunden

- Für jede der beiden Tabellen wird außerdem verlangt, dass **jeder** Satz angezeigt wird, auch, wenn es keinen JOIN-Partner gibt. In diesem Fall werden NULL-Werte als Partner angezeigt.

Ein solcher Join heißt **vollständiger äußerer Join**

In SQL heißt er **full outer Join**

Die Realisierung des vollständigen äußeren Join (full outer Join)

SELECT   Tab1.* , Tab2.*
FROM   Tab1   FULL OUTER JOIN   Tab2
ON   Tab1.*JoinAttributes* = Tab2.*JoinAttributes*

Damit haben wir den SELECT-Befehl vollständig besprochen und wir müssen nun noch die folgenden drei weiteren DML-Befehle diskutieren: INSERT, UPDATE und DELETE.

Ich beginne mit dem INSERT-Befehl.

10.5 Die INSERT - Anweisung und die Sicherung der referentiellen Integrität

Mit der INSERT - Anweisung können Sie Sätze in eine Tabelle hinzufügen: Es gibt zwei Versionen für diese Anweisung. Mit:

INSERT INTO   *Tabellenname* [(*Attributname*1, ... , *Attributname*n)]
VALUES   (*Attributwert*1, ... , *Attributwert*n)

fügen Sie Ihrer Tabelle **einen** Satz hinzu. Mit

INSERT INTO   *Tabellenname* [(*Attributname*1, ... , *Attributname*n)]
    SELECT - Befehl

fügen Sie Ihrer Tabelle die gesamte Ergebnistabelle Ihres SELECT - Befehls zu Ihrer Tabelle hinzu.

Erklärung:

Hier ist eine weitere Stelle, an der die theoretische Grundlage der Relationsklassen für unsere Tabellen auf brutalst mögliche Art boykottiert wird. Sie können nämlich beim INSERT die Angaben [(*Attributname*1, ... , *Attributname*n)] weglassen. Falls Sie das tun, werden die Werte in Ihrer VALUES - Angabe den Spalten des neuen Satzes in der Reihenfolge zugewiesen werden, die Sie bei der Definition der Tabelle festgelegt haben. Solch ein Vorgehen ist – neben seiner theoretischen Unhaltbarkeit – auch in der Praxis äußerst riskant. Ein auf diese Weise programmierter SQL-Befehl ist bei jeder Änderung Ihrer Tabelle, die

- die Zulässigkeitsregeln für NULL-Werte betrifft oder
- Eintragungen oder Löschungen von DEFAULT-Werten vornimmt oder
- Spalten hinzufügt oder ändert

in seiner Korrektheit äußerst gefährdet und muss im Allgemeinen überarbeitet werden. Ich rate also vor dieser Kurzform des INSERT entschieden ab.

Beispiele:

- Sie wollen eine neue Artikelgruppe mit Namen 'Möbelwaren' anlegen. Mit

      SELECT   MAX(*Id*) + 1
      FROM   ARTIKELGRUPPE

erfahren Sie, dass 11 eine freie *Id* ist. Dann können Sie schreiben:

      INSERT INTO ARTIKELGRUPPE (*Id* , *Bezeichnung*)
      VALUES (11 , 'Möbelwaren')

oder auch

      INSERT INTO ARTIKELGRUPPE (*Bezeichnung* , *Id*)
      VALUES ('Möbelwaren' , 11)

oder auch   (Zu Risiken und Nebenwirkungen befragen Sie Ihren Datenbank-Administrator)

INSERT INTO ARTIKELGRUPPE

VALUES (11 , 'Möbelwaren')

aber nicht

INSERT INTO ARTIKELGRUPPE

VALUES ('Möbelwaren' , 11)

Auch wenn Sie nicht allen Spalten des neuen Satzes einen Wert zuweisen wollen, sollten Sie die Angaben [(*Attributname*1, ... , *Attributname***n**)] hinter dem Tabellennamen immer mitführen.

- Stellen Sie sich vor, Sie hätten zum Zweck der Datensicherung eine Tabelle BESTELLUNGEN_SAFE angelegt, die denselben Aufbau hat, wie die Tabelle BESTELLUNGEN. Sie wollen nun einen SQL-Befehl programmieren, den Sie regelmäßig aufrufen wollen und der die jeweils neuen Sätze aus der Tabelle BESTELLUNGEN in die Sicherungsdatei kopiert. Dann können Sie schreiben:

  INSERT INTO BESTELLUNGEN_SAFE

  (

      Id , *KundeId* , *ArtikelId* , *Menge* , *Bestelldatum*

)

  SELECT   *Id* , *KundeId* , *ArtikelId* , *Menge* , *Bestelldatum*

  FROM   BESTELLUNGEN

  WHERE   *Id* NOT IN

  (

      SELECT *Id*

      FROM   BESTELLUNGEN_SAFE

)

Und nun zur Sicherung der referentiellen Integrität:

Sie wollen in die Tabelle ARTIKEL einen Artikel mit der *ArtikelgruppeId* 99 eintragen. Er soll die Werte (*31 , 'A0990001' , 'NeuerArtikel' , 99 , 11 , 0 , 12.40*) haben. Falls Ihnen das gelingt, ist Ihre Datenbank nicht mehr konsistent: Sie haben einen Verweis eines Fremdschlüssels auf einen Primärschlüssel, der nicht existiert. Denn in unserer Datenbank gibt es keine Artikelgruppe mit **Id** = 99. Frage: Wie können Sie den INSERT-Befehl so abfassen, dass er diese Integrität mit überprüft? Sie werden sich fragen, warum ich mit Ihnen über dieses Problem diskutieren möchte. Schließlich habe ich Ihnen oft genug in diesem Buch erklärt, dass solch eine Überprüfung durch das DBMS zu erfolgen hat. Aber:

- Nicht alle relationalen Datenbankmanagementsysteme können diese Art der Überprüfung leisten.

- Es gibt eine („leider" sehr sinnvolle) Art, eine Datenbankarchitektur zu so strukturieren, dass es für **jedes** DBMS unmöglich ist, die referentielle Integrität zu sichern. Wir werden diese Art der Datenbankarchitektur genauer im Abschnitt **10.8 Ein alternatives Löschkonzept** besprechen.

Also noch einmal: Wie kann man den INSERT-Befehl so abfassen, dass er die referentielle Integrität mit überprüft? Eine Möglichkeit wäre

```
INSERT INTO ARTIKEL
    (
    Id , Artikelnr , Bezeichnung , ArtikelgruppeId , LieferantId , Bestandsmenge , Preis
    )
    SELECT      31 , 'A0990001' , 'NeuerArtikel' , Id , 11 , 0 , 12.40
    FROM        ARTIKELGRUPPE
    WHERE       Id = 99
```

Sie sehen, hier können wir die Tatsache, dass in der Attributliste eines SELECT - Befehls auch Konstanten vorkommen dürfen, für unsere Zwecke ausnützen. Testen Sie diesen Befehl bitte auch für Werte, bei denen die referentielle Integrität nicht verletzt wird. In solchen Fällen erfolgt ein ganz normales Einfügen eines Satzes mit den gewünschten Attributwerten.

Natürlich sollte man genauso die **LieferantId** überprüfen und der komplette Einfügebefehl würde also folgendermaßen lauten:

INSERT INTO ARTIKEL

(

Id , Artikelnr , Bezeichnung , ArtikelgruppeId , LieferantId , Bestandsmenge , Preis

)

SELECT   31 , 'A0990001' , 'NeuerArtikel' , AG.*Id* , L.*Id* , 0 , 12.40

FROM   ARTIKELGRUPPE AG, LIEFERANT L

WHERE   AG.*Id* = 99 AND L.*Id* = 11

10.6 Die UPDATE-Anweisung und die Sicherung der referentiellen Integrität

Mit dem UPDATE - Befehl können Sie die Attributwerte von Sätzen in einer Tabelle ändern. Auch beim UPDATE - Befehl in SQL muss Ihnen klar sein, dass Datenbehandlung in relationalen Systemen immer über Relationen erfolgt: Die zu verändernden Tupel einer Tabelle können durch eine WHERE - Bedingung als Teilrelation charakterisiert werden und dann werden alle Tupel dieser Restriktion - die unter Umständen nur einen Satz enthält - verändert. Entfällt diese WHERE - Bedingung, werden alle Tupel der Tabelle verändert.

Die allgemeine Form des UPDATE-Befehls lautet:

```
UPDATE     Tabellenname
SET        Attributname1    =   Wert1
           [
                 , Attributname2    =   Wert2,
                 Attributname3      =   Wert3,
                 ...........................
                 ...........................
                 Attributnamen      =   Wertn
           ]
[
    WHERE  Bedingung
]
```

Beispiele:

- Die Postleitzahl 60309 soll in allen Sätzen der Tabelle PERSON auf 60316 geändert werden:

UPDATE	PERSON		
SET	*Plz*	=	'60316'
WHERE	*Plz*	=	'60309'

Hätten wir einfach geschrieben:

UPDATE	PERSON		
SET	*Plz*	=	'60316'

wären sämtliche Postleitzahlen auf 60317 gesetzt worden.

- Oder: Die Person mit der *Id* 12 ist umgezogen:

UPDATE	PERSON		
SET	*Strasse*	=	'Kleiststrasse',
	Nr	=	'31',
	Plz	=	'60318'
WHERE	*Id*	=	12

Sie können beim UPDATE die referentielle Integrität auf zwei Arten verletzen:

- Durch Verändern eines Fremdschlüssels auf einen Wert, dem kein Primärschlüssel der referenzierten Tabelle entspricht

- Durch Verändern eines Primärschlüssels, auf den sich in anderen Tabellen Fremdschlüssel beziehen, die Sie nicht mitverändern.

Vor der ersten Möglichkeit können Sie sich leicht schützen. Betrachten Sie das folgende
Beispiel:

Sie wollen in Ihrer Artikeltabelle alle *ArtikelgruppeId*s, die den Wert 5 haben, auf 99 verändern. Ob Sie das dürfen oder nicht, entscheidet für Sie der folgende UPDATE - Befehl:

```
UPDATE          ARTIKEL
SET             ArtikelgruppeId  = 99
WHERE           ArtikelgruppeId  = 5
AND EXISTS      (
                    SELECT              *
                    FROM        ARTIKELGRUPPE  AG
                    WHERE       AG.Id    =   99
                )
```

Vor der zweiten Möglichkeit der Verletzung der referentiellen Integrität schützt Sie nur ein
komfortables relationales Datenbankmanagementsystem und eine exakte Angabe aller referentiellen Beziehungen beim Anlegen der Tabellen oder aber eine stets aktuelle und genaue
Übersicht über diese Beziehungen in Ihrer Datenbank. Mit Hilfe dieser Übersicht müssen Sie
dann sicherstellen, dass bei einem UPDATE-Befehl für einen Primärschlüssel auch alle notwendigen UPDATE - Befehle zum Verändern der sich darauf beziehenden Fremdschlüssel
mit ausgeführt werden.

10.7 Die DELETE-Anweisung und die Sicherung der referentiellen Integrität

Mit dem DELETE-Befehl können Sie Sätze aus einer Tabelle löschen. Auch beim DELETE -
Befehl in SQL muss Ihnen klar sein, dass Datenbehandlung in relationalen Systemen immer
über Relationen erfolgt: Die zu löschenden Tupel einer Tabelle können durch eine WHERE -
Bedingung als Teilrelation charakterisiert werden und dann werden alle Tupel dieser Restriktion gelöscht. Entfällt diese WHERE - Bedingung, werden alle Tupel der Tabelle gelöscht.

Die Allgemeine Form lautet:

```
DELETE FROM       Tabellenname
[WHERE            Bedingung]
```

Beispiele:

- Ihre Datenbank ist aus irgendeinem Grund nicht mehr konsistent: Sie wollen alle Sätze aus Ihrer Tabelle BESTELLUNGEN löschen, in denen *KundeId*s als Fremdschlüssel stehen, zu denen es keinen Primärschlüssel in der Tabelle KUNDE gibt:

```
DELETE FROM          BESTELLUNGEN B
WHERE  NOT EXISTS    (
                     SELECT       *
                     FROM         KUNDE K
                     WHERE        K.Id   = B.KundeId
                     )
```

Hätten wir einfach geschrieben:

```
DELETE FROM          BESTELLUNGEN
```

wären sämtliche Sätze gelöscht worden.

Die Sicherung der referentiellen Integrität:

Sie können beim DELETE die referentielle Integrität verletzen, wenn Sie einen Satz mit einem Primärschlüssel löschen, auf den es noch Verweise eines Fremdschlüssels in einer anderen Tabelle gibt. Sie wollen z.B. die Artikelgruppe mit der *Id* 1 löschen, aber nur unter der Bedingung, dass es keine Sätze in der Artikeltabelle mehr gibt, die zu der Artikelgruppe 1 gehören. Dann schreiben Sie:

```
DELETE  FROM       ARTIKELGRUPPE AG
WHERE              AG.Id   =   1
AND  NOT EXISTS    (
                   SELECT       *
                   FROM         ARTIKEL A
                   WHERE        A.ArtikelgruppeId   =   AG.Id
                   )
```

Bei diesem Befehl wird, solange es noch Verweise in der Tabelle ARTIKEL auf die zu löschende Artikelgruppe gibt, kein Satz in der Tabelle ARTIKELGRUPPE gelöscht.

10.8 Ein alternatives Löschkonzept

Viele Datenbankverantwortliche und Programmierer lassen den Anwender Sätze aus einer Tabelle nicht wirklich löschen. Sie fügen jeder Tabelle ein Attribut vom Datentyp **boolean** hinzu, das z.B. *IsDeleted* heißen kann. Und sie regeln nur über den Wert in diesem Feld, ob ein Satz als gelöscht gilt oder nicht. Das hat viele Vorteile. Unter anderem ist es auf diese Weise leicht möglich, Löschungen wieder rückgängig zu machen. Aber es hat einen Nachteil: Das DBMS hat jetzt keine Chance, referentielle Integritäten umfassend zu sichern. In solch einem Fall müssen Sie mit all den Varianten arbeiten, die wir in den Abschnitten über INSERT, UPDATE und DELETE besprochen haben. Betrachten Sie noch einmal das obige Beispiel, wo wir die Artikelgruppe mit der *Id* 1 löschen wollen. Jetzt nehmen wir an, in der Tabelle ARTIKELGRUPPE gibt es ein Attribut *IsDeleted* und löschen bedeutet: Der Wert dieses Attributs wird auf *true* gesetzt. Zusätzlich nehmen wir an:

Auch in der Tabelle ARTIKEL gibt es ein Attribut *IsDeleted* und nur die Sätze, bei denen *IsDeleted* = *false* ist, sind gültige, „vorhandene" Sätze.

Dann **müssen** wir dieses Löschen, bei dem auch noch die referentielle Integrität mitgesichert werden soll, folgendermaßen programmieren:

```
UPDATE      ARTIKELGRUPPE AG
SET         AG.IsDeleted    =  true
WHERE       AG.Id           =  1
AND  NOT EXISTS    (
                    SELECT          *
                    FROM      ARTIKEL A
                    WHERE     A.IsDeleted  =  false
                    AND       A.ArtikelgruppeId  =  AG.Id
                   )
```

Bitte glauben Sie mir, dass es sich allemal lohnt, über eine solche Modellierung nachzudenken, auch wenn die SQL-Befehle zunächst etwas kompliziert aussehen.

10.9 Zusammenfassung

Wir haben in diesem Kapitel systematisch die Sprache SQL und ihre einzelnen Befehle besprochen. Dazu gehörten:

- Die Datentypen (Abschnitt 10.1)
- CREATE TABLE (Abschnitt 10.2) mit den verschiedensten Möglichkeiten der Festlegungen von Attributeigenschaften und Integritätsregelungen
- DROP TABLE (Abschnitt 10.3)
- Der SELECT-Befehl (Abschnitt 10.4)

In diesem Abschnitt haben wir die verschiedensten Bestandteile des SELECT-Befehls genau studiert. Die folgenden Stichpunkte sollen Sie noch einmal daran erinnern, wie wir vorgegangen sind:

- Diskussion von ALL | DISTINCT in der Projektionszeile
- Erklärung der Bestandteile der FROM-Zeile
- Bei der Erklärung der WHERE-Zeile haben wir die verschiedensten Möglichkeiten diskutiert, Bedingungen zu formulieren. Dazu gehörten neben den Standardarten und ihren Verknüpfungen die Operatoren IN und BETWEEN ... AND, der NULL-Operator, Musterabfragen mit LIKE und Unterabfragen mit IN und EXISTS.
- Dann haben wir sehr genau das Arbeiten mit Aggregatfunktionen und die GROUP BY-Klausel diskutiert.
- Wir haben die ORDER BY-Klausel untersucht.

Und wir haben zum Abschluss dieses sehr langen Abschnitts alle möglichen Formen von JOINS (einschließlich des äußeren Joins) betrachtet.

Unsere weiteren Themen waren:

- Der INSERT-Befehl und die Möglichkeit, durch geeignete eigene SQL-Programmierung bei einem INSERT die referentielle Integrität zu sichern (Abschnitt 10.5)
- Der UPDATE-Befehl und die Möglichkeit, durch geeignete eigene SQL-Programmierung bei einem UPDATE die referentielle Integrität zu sichern (Abschnitt 10.6)

- Der DELETE-Befehl und die Möglichkeit, durch geeignete eigene SQL-
  Programmierung bei einem DELETE die referentielle Integrität zu sichern (Abschnitt 10.7)

Schließlich habe ich Ihnen noch eine alternative Form der Datenmodellierung vorgestellt, bei der Sie die Techniken aus den INSERT -, UPDATE - und DELETE -
Abschnitten zur Sicherung der referentiellen Integritäten dringend brauchen. (Abschnitt 10.8)

Übungsaufgaben

Grundlage für alle SQL-Aufgaben ist die Datenbank **Allerhand**, die im 5. Kapitel ausführlich vorgestellt wurde.

1. Legen Sie mit einem SQL - Befehl eine neue Tabelle PERSON_KURZ mit den Feldern

    Kurz_Id , Kurz_Name

    an. Machen Sie das so, dass Kurz_Id der Primärschlüssel wird und für Kurz_Name NULL-Werte nicht erlaubt sind. Kurz_Id sei vom Datentyp **int**, Kurz_Name vom Datentyp **varchar**(30). Überprüfen Sie, ob Ihre Setzungen richtig gemacht wurden.

2. (Unbedingte Anzeigen)

    Schreiben Sie SELECT - Befehle für die folgenden Anzeigen:

    a) Zeige alle Orte an, die in der Tabelle PERSON vorkommen

    b) Zeige alle Orte an, die in der Tabelle PERSON vorkommen, aber so, dass jeder Ort nur einmal angezeigt wird

3. (Restriktionen und Projektionen)

    Schreiben Sie SELECT - Befehle für die folgenden Anzeigen. Lassen Sie sich in jeder Aufgabe immer sowohl alle Attribute oder nur ausgewählte Attribute anzeigen:

    a) Zeige alle Personen an, die in Bonn wohnen

    b) Zeige alle Artikel, die teurer als 1000.- DM sind.

    c) Zeige alle Artikel des Lieferanten mit der *Id* 6

    d) Zeige alle Artikel, deren *Preis* zwischen 100.- und 500.- liegt

    e) Zeige alle Artikel der Lieferanten mit den *Id*s 4,5,6

    f) Zeige alle Artikel, die nicht von den Lieferanten 4,5 oder 6 kommen

    g) Zeige alle Personen aus den Ländern Frankreich, Italien, Schweiz

h)   Zeige alle Personen, die nicht in Frankreich, Italien oder der Schweiz wohnen

i)   Zeige alle Artikel mit der *Artikelgruppeld* 1, die teurer als 10.- sind

j)   Zeige alle Personen, deren *Name* mit M anfängt

k)   Zeige alle Personen, deren *Name* mit n , r oder s aufhört

4.   Schreiben Sie mit Hilfe von Unterabfragen die folgenden Anzeigen. Lösen Sie die Aufgaben sowohl mit dem IN - Operator als auch mit dem EXISTS-Operator

a)   Zeige die *Id*s aus der Tabelle KUNDE von allen Kunden, die etwas bestellt haben

b)   Zeige die Namen aller Kunden, die etwas bestellt haben.

c)   Zeige die Namen aller Kunden, die Bestellungen von mehr als 50 Stück eines Artikels aufgegeben haben.

d)   Zeige die Namen aller Kunden, die den Artikel mit der *Bezeichnung* '*Hilfsmotoren*' bestellt haben

5.   (Aggregatfunktionen)

a)   Zeigen Sie die größte Bestellmenge in der Tabelle Bestellungen

b)   Zeigen Sie alle Attribute der Sätze in der Tabelle Bestellungen, bei denen die *Bestellmenge* gleich der kleinsten überhaupt vorkommenden Bestellmenge ist

c)   Zeigen Sie *Id* und Bezeichnung der Artikel an, deren *Bestellmenge* in der Tabelle Bestellungen maximal ist

d)   Finde Sie für jeden Kunden die Bestellung mit der geringsten Menge. Lösen Sie diese Aufgabe zunächst so, dass Sie nur die Attribute aus der Tabelle Bestellungen, also *Id*, *Kundeld*, *Artikelld*, *Menge* und *Datum* sehen

e)   Wie Aufgabe 5d) - aber jetzt sollen auch noch Kundenname und Vorname aus der Tabelle PERSON mit angezeigt werden (Ihr erster **Join** in SQL)

6. (Aggregatfunktionen)

a) Finden Sie die Anzahl der Bestellungen des Artikels mit der *ArtikelId 18*

b) Finden Sie die Anzahl der Bestellungen des Artikels *Banane*

c) Finden Sie die Anzahl der Bestellungen eines Artikels der Artikelgruppe *Kleinteile*

d) Finden Sie für jeden Kunden die Anzahl der verschiedenen *ArtikelId*s, die er bestellt hat. Ausgegeben werden sollen: *Name* und *Vorname* des Kunden und die Anzahl der verschiedenen *ArtikelId*s, die er bestellt hat - absteigend nach der *ArtikelId* - Anzahl sortiert

e) Finden Sie für jeden Kunden die Gesamtmenge aller Artikel, die er bestellt hat. Ausgegeben werden sollen: Name und Vorname des Kunden und die Gesamtmenge aller Artikel, die er bestellt hat - absteigend nach der Menge sortiert

f) Finden Sie für jeden Kunden die Gesamtbetrag, den er an Sie bezahlt hat bzw. zu bezahlen hat. Ausgegeben werden soll: Name und Vorname des Kunden und der Gesamtbetrag - absteigend nach dem Gesamtbetrag sortiert

g) Finden Sie für jeden Lieferanten die Anzahl der verschiedenen Artikel, die er liefert. Ausgegeben werden sollen: Name und Vorname des Lieferanten und die Anzahl der Artikel, die er liefert - absteigend nach der Artikelanzahl sortiert

7. (Joins)

a) Ermitteln Sie die Daten aus der Tabelle ARTIKEL von allen Artikeln, die der Kunde Arnold Hau bestellt hat

b) Ermitteln Sie die Namen und Vorname aller Kunden, für die keine Bestellungen vorliegen

c) Finden Sie für jeden Kunden die Gesamtbetrag, den er an Sie bezahlt hat bzw. zu bezahlen hat. Ausgegeben werden soll Kundenname und Gesamtbetrag - aufsteigend nach dem Gesamtbetrag sortiert, aber nur für die Kunden, bei denen dieser Gesamtbetrag größer als 1000.- ist

d) Ermitteln Sie den durchschnittlichen Geldwert aller Bestellungen

e) Geben Sie die Daten aller Bestellungen aus, deren Geldwert größer als der durchschnittliche Geldwert aller Bestellungen ist (natürlich ohne die explizite

Wertangabe aus der vorigen Aufgabe zu benutzen). Ausgegeben werden sollen die Daten der Tabelle BESTELLUNGEN dazu der jeweilige Geldwert - aufsteigend nach Geldwert sortiert

f)   Zeigen Sie jede Bestellung an und – falls die Bestellung bereits erledigt wurde – dazu noch das Commitdatum. Sortieren Sie die Anzeige absteigend nach dem Commitdatum.

g)   Zeigen Sie jeden Kunden mit seinem Namen und seiner Kundennr an und – falls dieser Kunde auch noch etwas bestellt hat – die zugehörigen Bestelldaten.

h)   Zeigen Sie jeden Kunden mit seinem Namen und seiner Kundennr an und die Anzahl seiner Bestellungen. Es sollen auch die Kunden mit keiner Bestellung angezeigt werden. Sortieren Sie abwärts nach der Anzahl der Bestellungen.

8.   (Insert und referentielle Integrität)

Sie wollen in die Tabelle BESTELLUNGEN (*Id*, *KundeId*, *ArtikelId*, *Menge*, *Bestelldatum*) den Satz (*99* , *14* , *15* , *100*) einfügen. Geben Sie hierfür den SQL - Befehle an, der gleichzeitig die referentielle Integrität bezüglich der Tabellen KUNDE und ARTIKEL mit überprüft.

9.   (Update)

a)   Erhöhen Sie den *Preis* aller Artikel, deren Bestell*menge* in der Tabelle BESTELLUNGEN überdurchschnittlich hoch ist, um 12%

b)   Erniedrigen Sie die Preise aller Artikel um 5%, für die keine Bestellungen vorliegen

10. (Delete und referentielle Integrität)

Sie wollen den Lieferanten mit der *Id* 3 löschen. Geben Sie ein einziges SQL-Statement an, mit dem dieser Lieferant genau dann gelöscht wird, wenn er nicht in der Artikel-Tabelle als Lieferant eines Artikels geführt wird.

Sechster Teil:

Relationen- und Tabellenentwurf

11 Das Entity/Relationship-Modell

Zu den wichtigsten Qualifikationen eines guten Informatikers gehört die Fähigkeit, den Ausschnitt der realen Welt, den ihm der Anwender präsentiert, für ein zu erstellendes System zu strukturieren. Der Anwender, der potentielle Kunde, Ihr Auftraggeber schildert Ihnen in seiner anwendungsorientierten Sprache sein System und die Aufgaben, die in diesem System in Zukunft von der EDV erledigt werden sollen – Sie müssen das übersetzen in Ihre Sprache der Informatik und müssen eine möglichst gute Struktur für die Objekte und Daten entwerfen, die es Ihnen erlaubt, ein fehlerfreies, leicht zu wartendes und gut erweiterbares Produkt zu erstellen. Fehler, die Sie in dieser Entwurfsphase machen, werden Sie den gesamten Lebenszyklus des Produktes lang auf sehr lästige Weise begleiten und kosten Sie im Allgemeinen viele Mann- bzw. Fraustunden.

Zur Modellierung der Datenstrukturen und zum Tabellenentwurf brauchen Sie eine Technik, mit der Sie kontrollieren können, ob Ihre Entwürfe, Ihre Abstraktionen sich in Übereinstimmung mit den **Bedeutungen** befinden, die sie in der Welt des Anwenders repräsentieren sollen. Das Fremdwort für "Bedeutung", besser noch: für den Inhalt eines Wortes oder Begriffes ist **Semantik** und das, was Sie also brauchen, ist eine Technik der semantischen Datenmodellierung. Man nennt das auch ein **semantisches Datenmodell**. Zum Beispiel haben die Begriffe Wertebereich, Schlüsselkandidaten und Fremdschlüssel in unserem relationalen Modell alle mit Problemen der Semantik zu tun.

Alle semantischen Entwurfsmethoden sind so genannte Top-Down-Methoden, denn sie beginnen mit einem hohen Grad an Abstraktion und enden schließlich mit dem konkreten Datenbankentwurf.

Ich werde in diesem Kapitel mit Ihnen eine der bekanntesten Methoden in diesem Bereich diskutieren: Das **Entity/Relationship-Modell** von Peter Pi-Shan **Chen**, im Folgenden stets **E/R-Modell** genannt. Chen hat dieses Modell 1976 in einem Aufsatz erstmals vorgestellt [Chen] und es hat sich sehr schnell weltweit durchgesetzt. Ein wichtiger Bestandteil dieses E/R-Modells ist eine Diagrammtechnik, mit der man die analysierten Strukturen veranschaulichen kann. Auch hierfür werden Sie ein Verfahren kennen lernen.

Wir werden – um diese Technik verstehen zu können – die beiden Begriffe Entity und Relationship zunächst gesondert diskutieren. Dabei wird sich herausstellen, dass die Entitäten, – besser noch: die Entitätsklassen – die man bei der semantischen Analyse einer Anwenderwelt findet, die Grundlage für die ersten Tabellenentwürfe liefern. Wir werden davon ausgehen:

- Eine Entitätsklasse entspricht einer Tabelle

Dieser erste Teil ist die so genannte **Entity-Analyse**.

Das nächste, was man untersuchen muss, sind die Beziehungen zwischen den verschiedenen bis dahin gefundenen Tabellen/Entitätsklassen. Wir werden zeigen, dass es für gewisse Beziehungen nötig ist, eigene Beziehungs-Tabellen anzulegen. Dieser Teil der Untersuchung heißt nach dem englischen Wort für Beziehung: **Relationship-Analyse**

Beides: die Untersuchung der Entitäten und die Untersuchung der Beziehungen sind Teil der **semantischen Datenanalyse**.

Bitte beachten Sie, dass wir uns erneut dem Begriff der Relation annähern werden. Aber diesmal kommen wir von einer nochmals anderen Seite. Es ist die dritte Komponente unseres fröhlichen Sternmarsches zum Relationsbegriff. Wir kommen nicht von der Mathematik mit ihrer Strukturierung von mengentheoretischen Kreuzprodukten und wir kommen nicht von der implementierten Tabelle der Datenverarbeitung. **Wir kommen direkt aus der „Anwender-Realität".**

Trotzdem ist das erste, was wir brauchen, eine Definition:

Definition:

Es soll eine Teilmenge der realen Welt, die aus Objekten, Eigenschaften dieser Objekte und Beziehungen zwischen diesen Objekten besteht, in einer Datenbank abgebildet werden. Dann nennen wir die Gesamtheit dieser Objekte, Objekteigenschaften und Beziehungen den **Systemrelevanten Ausschnitt der Realität**

Es gilt:

- Eine Entity/Relationship-Analyse ist eine Entity/Relationship-Analyse des Systemrelevanten Ausschnitts der Realität

- Das daraus resultierende Entity/Relationship-Modell ist ein Entity/Relationship-Modell für den Systemrelevanten Ausschnitts der Realität

11.1 Entitäten und Entitätenklassen

Chen definiert in [Chen] eine **Entität** als **"a thing, which can be distinctly identified"** – also als etwas, was klar und eindeutig bestimmt werden kann. Diese Definition enthält (fast) alles, was nötig ist, um den Begriff Entität für unsere Zwecke zu verstehen und anzuwenden. Lassen Sie mich, ehe wir das genauer besprechen, zwei Worte zur Entstehungsgeschichte dieses Begriffes erzählen:

Wie Sie sich denken können, liegt der Ursprung solch eines „gelehrten" Wortes in einer der klassischen Sprachen der Antike, in diesem Falle im Lateinischen. Dort gibt es das Wort *ens*, es hat zwei Bedeutungen „seiend" (moderner ausgedrückt: „existierend") oder „das Ding". Aus diesem Wort *ens* ist dann das deutsche Fremdwort Entität entstanden (entity im Englischen). Mit diesem Begriff meint man die Existenz eines Dinges und dieser Begriff hat Jahrhunderte lang in der Philosophie eine große Rolle gespielt.

Ich möchte Ihnen zeigen, dass die Definition von Chen: eine Entität ist "a thing, which can be distinctly identified", also: **„eine Entität ist ein Ding, das eindeutig identifiziert werden kann"** auf wirklich geniale Weise definiert, was wir brauchen. Wir machen einen kleinen Zusatz zu dem Ansatz von Chen:

Definition:

Gegeben sei ein Systemrelevanter Ausschnitt der Realität, der analysiert werden soll. Dann ist jedes Ding,

- das in diesem Systemrelevanten Ausschnitt der Realität mehrere Eigenschaften hat und
- auf Grund dieser Eigenschaften eindeutig identifiziert werden kann

eine **Entität** (dieses Systemrelevanten Ausschnittes der Realität). Wir nennen – in Übereinstimmung mit unserer früheren Definition in Kapitel 2 – die Eigenschaften dieses Dinges seine **Attribute**, die jeweils die entsprechenden **Attributwerte** annehmen. (Viele Autoren sprechen in diesem Zusammenhang auch von „Properties" – ich werde mich dem nicht anschließen, ich finde, wir haben in diesem Zusammenhang genügend viele Fachbegriffe eingeführt.)

Dieser Systemrelevanten Ausschnitt der Realität definiert nicht nur, dass Dinge diesem Ausschnitt fremd sind und nicht hineingehören. Ich möchte das als eine horizontale Grenzziehung auf gleicher Ebene bezeichnen. Sondern er definiert auch die Genauigkeit, mit der die Dinge angesehen werden, die Stärke der Lupe, mit der die Dinge betrachtet werden.

Es wird Zeit für Beispiele.

Erstes Beispiel:

Sie wollen eine Datenbank über Multinationale Konzerne anlegen. In diesem Systemrelevanten Ausschnitt der Realität gibt es Personen, aber sie haben keinerlei Eigenschaften, die eine eindeutige Identifizierung erlauben. Die „Lupe", mit der ich in diesem System auf die Personen schaue, ist viel zu unscharf, um einzelne Individuen zu erkennen. Also sind in diesem Systemrelevanten Ausschnitt der Realität die meisten Personen, die hier vorkommen, keine Entitäten.

Zweites Beispiel:

Sie wollen (erinnern Sie sich an das erste Kapitel) eine Adressdatenbank anlegen. Dann gibt es in dem dazugehörigen Systemrelevanten Ausschnitt der Realität Personen. Diese Personen haben unterschiedliche Eigenschaften, die sie zu wohl unterschiedenen, zu distinkten Objekten werden lassen. Sie haben z.B. unterschiedliche Adressen und Adressen gehören auf jeden Fall zum Systemrelevanten Ausschnitt der Realität. Dasselbe gilt für Telefonnummern. Also ist hier jede Person ein Ding, das eindeutig von allen anderen Dingen unterschieden werden kann. Also ist in diesem Systemrelevanten Ausschnitt der Realität jede Person eine Entität.

Anmerkung: Solche „Dinge" (?) wie Hausnummern oder Telefonnummern sind in diesem Realitätsausschnitt natürlich auch eindeutig identifizierbar, aber sie werden keine Entitäten, denn sie haben – wieder in **diesem** Systemrelevanten Ausschnitt der Realität – keine Attribute, sie sind selber Attribute.

Gruppenbildung oder besser: Klassenbildung

In der Analyse werden gewisse Entitäten zu Gruppen oder zu Klassen zusammengefasst. Diese Klassen sind dann die ersten Kandidaten für Tabellen unserer Datenbank. Wie passiert das? Bitte machen Sie sich klar, dass in unserer Sprache andauernd etwas Ähnliches passiert. Winston Churchill, Bismarck, Hans-Dietrich Genscher bezeichnen wir – je nach dem für uns interessanten Blickwinkel auf die Realität – als Personen, als Männer, als Politiker oder als Memoirenschriftsteller oder, oder, oder ... Alle diese Begriffe sind Klassenbegriffe, Abstraktionen, die stets eine Menge von Entitäten umfassen.

Wie findet nun die Klassifizierung in unserer Entitäten-Analyse eines Systemrelevanten Ausschnittes der Realität statt:

Es gilt:

- alle Entitäten, die mit der gleichen Kombination von Attributen beschrieben werden und für die es außerdem ein Attribut gibt, dass genau für diese Entitäten den gleichen Attributwert hat, werden zu einer Entitätenklasse zusammengefasst.

Beispiel:

In unserem Warenhaus Allerhand gibt es u.a. die Dinge:

Altsaxophon, Computer, Drucker, Joghurt, Schreibtisch.

Alle diese Dinge haben in unserem Systemrelevanten Ausschnitt der Realität die folgenden Eigenschaften:

1. Sie sind **alle** Artikel aus dem Artikelsortiment des Warenhauses Allerhand

2. Sie haben alle eine Artikelnummer. Genauer: Es gibt ein Attribut mit dem Namen *Artikelnummer* und jedem dieser Dinge ist ein Attributwert dieses Attributs zugeordnet.

3. Sie haben alle eine Bezeichnung. Genauer: Es gibt ein Attribut mit dem Namen *Bezeichnung* und jedem dieser Dinge ist ein Attributwert dieses Attributs zugeordnet.

4. Sie gehören alle jeweils einer der zehn Artikelgruppen an. Genauer: Es gibt ein Attribut mit dem Namen *Artikelgruppe* und jedem dieser Dinge ist ein Attributwert dieses Attributs zugeordnet.

5. Sie werden alle jeweils von einem der Lieferanten des Warenhauses „Allerhand & Co." geliefert. Genauer: Es gibt ein Attribut mit dem Namen *Lieferant* und jedem dieser Dinge ist ein Attributwert dieses Attributs zugeordnet.

6. Für jedes dieser Dinge wird eine Bestandsmenge geführt. Genauer: Es gibt ein Attribut mit dem Namen *Bestandsmenge* und jedem dieser Dinge ist ein Attributwert dieses Attributs zugeordnet.

7. Für jedes dieser Dinge ist ein Preis festgelegt. Genauer: Es gibt ein Attribut mit dem Namen *Preis* und jedem dieser Dinge ist ein Attributwert dieses Attributs zugeordnet.

Das bedeutet: Alle diese Entitäten werden mit der gleichen Kombination von Attributen beschrieben. Das Attribut, die Eigenschaft, die ihnen allen gemein ist, ist die Tatsache, dass sie alle Artikel aus dem Artikelsortiment des Warenhauses Allerhand sind. Wir definieren also eine Entitätenklasse **Artikel**, zu der all diese konkreten Entitäten gehören.

Wir werden dieses Beispiel jetzt weiter ausbauen bis wir eine vollständige E/R-Analyse unserer Warenhaus-Welt gemacht haben. Ich hoffe, ich habe Ihnen verdeutlichen können, dass zum Beginn einer solchen Analyse eine möglichst gute Beschreibung des Systemrelevanten Ausschnitts der Realität stehen muss.

Einige von Ihnen werden jetzt sagen: „Gut und schön, aber sagen Sie uns hier nicht gerade, dass man am Anfang der Analyse schon das Ende kennen muss?" Das ist definitiv nicht so. Am Anfang steht eine völlig unstrukturierte Sammlung von Begriffen, Dingen, Eigenschaften und Beziehungen. Es ist sogar wichtig, dass Sie nicht zu früh mit der Strukturierung, der Entitätenanalyse anfangen. Zu früh heißt: Ehe Sie einen möglichst vollständigen Überblick über die Bestandteile des Systemrelevanten Ausschnitts gewonnen haben. Mangelnde Kenntnis von Komponenten kann eine falsche Strukturierung zur Folge haben. Zu früh kann auch heißen: Sie übernehmen ungefragt eine „Klassenbildung", die der Anwender in seiner bisherigen Welt vorgenommen hat, ohne genügend gründlich zu überprüfen, ob diese Logik Ihren Ansprüchen, den Ansprüchen einer redundanzfreien relationalen Datenbankwelt genügt.

In meinem Vorlesungsskript, aus dem dieses Buch hervorgegangen ist, habe ich geschrieben:

Es gibt keinen formalen Algorithmus, in den Sie Ihre Beschreibung der realen Welt hineingeben können und der den optimalen E/R-Entwurf liefert – zumindest kenne ich keinen. Je mehr Erfahrung Sie in diesem Bereich haben, desto besser werden Ihre Modellierungen und desto weniger Fehler machen Sie.

Das empfinde ich mittlerweile als viel zu skeptisch. Wenn Sie solche Texte lesen, lassen Sie sich nicht mutlos machen. Oft (zumindest war das bei mir der Fall) schreibt man so etwas, weil man es nicht besser erklären kann. Nehmen Sie sich lieber als Übungsbeispiele kleine Ausschnitte aus der Realität, die Sie versuchen, zu modellieren:

- Eine Verwaltung Ihrer Bibliothek mit Entleihvorgängen
- Eine Verwaltung Ihrer Musik- und Filmdokumente auf Vinyl, CDs, DVDs usw.
- Eine Terminplanung
- Einen Vokabeltrainer für verschiedene Fremdsprachen

Usw., usw.

Die Schritte, die wir bisher besprochen haben, waren:

1. Beschreiben Sie möglichst vollständig, aber unstrukturiert den Systemrelevanten Ausschnitt der Realität

2. Beschreiben Sie Attribute und Entitäten dieses Realitätsausschnitts

3. Fassen Sie die Welt Ihrer Entitäten zu Entitätenklassen zusammen.

11.2 Eine Analyse unseres Versandhauses "Allerhand & Co"

Bei der Analyse unseres Versandhauses "Allerhand & Co" könnten wir z.B. die folgenden Entitätenklassen bestimmen:

- ARTIKEL

- KUNDE

- LIEFERANT

Bei näherer Betrachtung fällt uns folgendes auf:

1. Die Entitätenklassen KUNDE und LIEFERANT haben sehr viele gemeinsame Attribute, wir entwerfen deshalb eine Entitätenbasisklasse (korrekterweise spricht man in der Welt der Entitäten von einer **Superklasse**) PERSON, für welche die Entitätenklassen KUNDE und LIEFERANT Spezialisierungen sind. In der Literatur finden Sie für solche Spezialisierungen oft die Bezeichnung **Subklasse**.

2. Nichts von dem, was wir bisher diskutiert haben, legt Ihnen nahe, aus der Artikelgruppe eine Entität zu machen. Sie hat nicht mehrere Attribute, lediglich ihre Bezeichnung. Sie existiert nicht einmal als ein konkretes Ding, was man anfassen kann. Sie ist von ihrer Attributwelt her so uninteressant wie der Name, die Strasse oder etwas Ähnliches. Wir entscheiden uns trotzdem dafür, eine Entitätenklasse ARTIKELGRUPPE einzurichten weil uns der Anwender mitgeteilt hat, dass Artikelgruppen noch andere, für die Charakterisierung der Artikel wichtige Eigenschaften, also Attribute, haben werden, die aber erst später festgelegt werden. Das **zwingt** uns, **von Anfang an** eine eigene Entitätsklasse bzw. eine eigene Tabelle für die Artikelgruppen vorzusehen, da wir nur so eine einheitliche Speicherungslogik bei den Bezeichnungen der Artikelgruppen garantieren können. Nur wenn „Kleinteile" bei **allen** Artikeln dieser Artikelgruppe „Kleinteile" und nicht einmal „kleine Teile" oder „Kleint." oder ähnlich heißen, können den Artikelgruppen später auch andere Eigenschaften oder Verarbeitungslogiken zugeordnet werden.

Es kann Ihnen in Ihrer späteren Berufspraxis zuweilen passieren, dass der Kunde/spätere Anwender Sie erst auf Ihr Nachfragen oder vielleicht auch gar nicht von solchen möglichen Erweiterungen des von Ihnen zu erstellenden Systems informiert. Besonders im letzteren Falle kann es dann, wenn die Erweiterung eingeführt werden soll, zu größere Schwierigkeiten kommen. Darum versuchen Sie ein Gespür dafür zu entwickeln, welche Eigenschaften und Attribute selber das Potential in sich tragen, Entitäten zu werden und Attribute zu besitzen, die in dem Systemrelevanten Ausschnitt der Realität ausgewertet und gepflegt werden sollen. Das sind dann Kandidaten für eigene Entitätsklassen. Wenn Sie ein solches Gespür entwickeln, können Sie dem Anwender Ihres Systems viel konkretere Fragen stellen und Missverständnisse vermeiden.

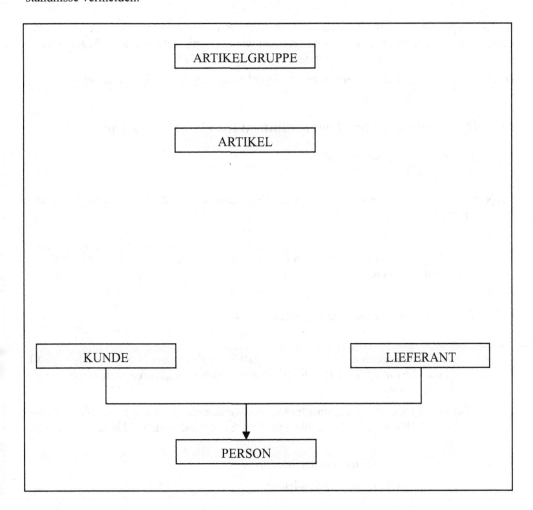

Bild 11-1 Erster Schritt eines E/R-Diagramms für unser Warenhaus Allerhand. Entitätenklassen ohne Attribute und Beziehungen

Wir beginnen also mit den folgenden Entitätenklassen:

- ARTIKELGRUPPE
- ARTIKEL
- PERSON
- KUNDE
- LIEFERANT

In der entsprechenden E/R-Diagrammtechnik zeichnet man die Entitätenklassen als Rechtecke. Unsere Vererbungshierarchie kennzeichnen wir dabei mit den aus der UML gebräuchlichen Symbolen. Wir „starten" also mit dem Diagramm aus Bild 11-1.

Dieses Diagramm werden wir im Verlaufe unserer Diskussion weiter vervollständigen.

11.3 Die Abbildung der Eigenschaften im E/R-Diagramm

Eigenschaften bzw. Attribute können

- einfach oder – wie z.B. die Adresse – aus anderen einfachen Eigenschaften zusammengesetzt sein
- ein Schlüssel sein
- bei einigen Entitäten einer Entitätenklasse nicht vorliegen (unsere berühmt berüchtigten NULL-Werte)

Für die Diagrammtechnik gelten die folgenden Regeln:

- Eigenschaften werden als Ellipsen dargestellt, in denen der Name der Eigenschaft steht und die mit der Entität (oder Beziehung), zu der sie gehören, durch einen Strich verbunden sind.
- Falls die Eigenschaft zusammengesetzt ist, werden die einzelnen Komponenten wieder als Ellipsen gezeichnet, die mit dem zusammengesetzten Namen verbunden werden.
- Schlüssel-Eigenschaften werden unterstrichen.
- Wertebereiche werden nicht gezeichnet.

Wir wollen unser Beispieldiagramm jetzt um einige Eigenschaften erweitern. Betrachten Sie dazu Bild 11.2

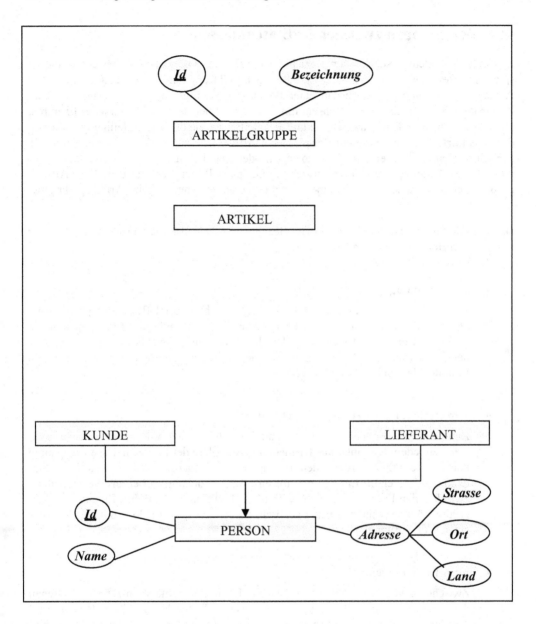

Bild 11-2 Zweiter Schritt eines E/R-Diagramms für unser Warenhaus Allerhand. Entitäten mit (einigen) Attributen, aber ohne Beziehungen

Das Prinzip sollte klar sein, ich habe aus Platzgründen nicht alle Attribute der einzelnen Entitätenklassen eingezeichnet.

11.4 Beziehungen zwischen Entitätenklassen

Zwischen Entitätenklassen können Beziehungen bestehen. Offensichtlich besteht zum Beispiel eine Beziehung zwischen den Entitäten aus ARTIKEL und ARTIKELGRUPPE. Die Anzahl der Entitätenklassen, die an einer Beziehung beteiligt sind, nennt man den **Grad dieser Beziehung** (nicht zu verwechseln mit dem Grad einer Relation). Falls jedes Exemplar einer Entitätenklasse E an einer Beziehung B beteiligt ist, heißt diese Beteiligung **total**, andernfalls **partiell**. Da bei unserem Beispiel jeder Artikel zu einer Artikelgruppe gehören soll, handelt es sich hier um eine totale Assoziation oder Beteiligung. Umgekehrt ist die Beteiligung der Artikelgruppen an dieser Beziehung nur partiell, denn es gibt bzw. kann Artikelgruppen geben, zu denen es noch keine Artikel gibt oder zu denen es keine Artikel mehr gibt.

Das E/R-Modell unterscheidet 3 Arten von Beziehungen (wir diskutieren sie zunächst nur am Beispiel von Beziehungen vom Grad 2):

- **1:1-Beziehungen:**

  Zwischen zwei Entitätenklassen E1 und E2 besteht eine 1:1-Beziehung genau dann, wenn zu jedem Exemplar aus E1 nur höchstens 1 Exemplar der Entitätenklasse E2 gehört und umgekehrt wenn zu jedem Exemplar aus E2 nur höchstens 1 Exemplar der Entitätenklasse E1 gehört. Ein Beispiel ist bei uns die Beziehung zwischen den Entitätenklassen PERSON und KUNDE.

- **1:m-Beziehungen bzw. m:1-Beziehungen:**

  Zwischen zwei Entitätenklassen E1 und E2 besteht eine 1:m-Beziehung genau dann, wenn zu jedem Exemplar aus E1 mehrere Exemplare der Entitätenklasse E2 gehören können aber umgekehrt zu jedem Exemplar aus E2 höchstens 1 Exemplar der Entitätenklasse E1 gehört. Ein Beispiel für eine 1:m-Beziehung ist bei uns die Beziehung zwischen den Entitätenklassen ARTIKELGRUPPE und ARTIKEL: Zu einer Artikelgruppe können mehrere Artikel gehören, ein Artikel gehört jedoch nur zu höchstens einer Artikelgruppe.

- **m:m-Beziehungen:**

  Zwischen zwei Entitätenklassen E1 und E2 besteht eine m:m-Beziehung genau dann, wenn zu jedem Exemplar aus E1 mehrere Exemplare der Entitätenklasse E2 gehören können und umgekehrt wenn zu jedem Exemplar aus E2 mehrere Exemplare der Entitätenklasse E1 gehören können. Ein Beispiel für eine m:m-Beziehung ist bei uns die Beziehung BESTELLUNGEN zwischen den Entitätenklassen ARTIKEL und KUNDE: Ein Artikel kann von mehreren Kunden bestellt werden genauso, wie ein Kunde mehrere Artikel bestellen kann.

Man nennt ganz allgemein bei einer a:b-Beziehung a und b die **Kardinalitäten** dieser Beziehung. Für die Diagrammtechnik gelten die folgenden Regeln:

Jede Beziehung wird als eine Raute gezeichnet, die mit dem Namen der Beziehung versehen wird. Die zu der Beziehung gehörigen Entitätenklassen werden durch Linien mit dieser Raute verbunden. Die Linien zwischen den Entitäten werden mit den Zeichen "1" oder "m" gekennzeichnet, je nachdem es sich um eine 1:1, 1:m, m:1 oder m:m-Beziehung handelt. Und zwar werden bei diesem Modell diese Zahlen bzw. Zahlsymbole immer auf die Seite der Raute geschrieben, wo die Entität steht, zu der sie gehören. Leider gibt es Modelle, wo diesbezüglich genau umgekehrt verfahren wird. Um es völlig klar zu machen: Abbildung 11.3 zeigt Ihnen, wie ich die Kardinalitäten bei Beziehungen in einem E/R-Diagramm im Falle einer 1:m-Beziehung notieren möchte.

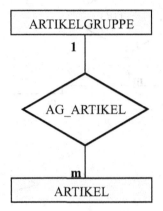

Bild 11-3 Beziehung AG_BEZIEHUNG zwischen ARTIKELGRUPPE und ARTIKEL mit eingezeichneten Kardinalitäten.

In der darauf folgenden Abbildung 11.4, die Ihnen das gesamte E/R-Modell unseres Kaufhauses Allerhand zeigen soll, fehlen die 1-1-Beziehungen zwischen PERSON und KUNDE, bzw. PERSON und LIEFERANT, da wir diese Beziehungen schon als Unterklassen charakterisiert haben.

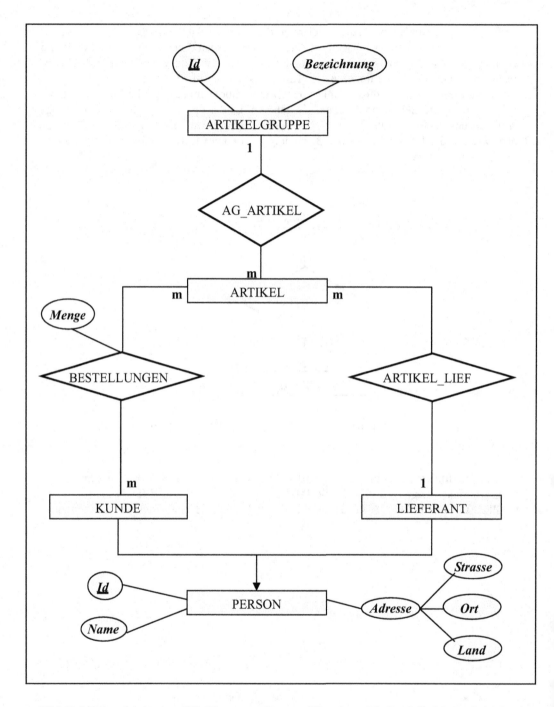

Bild 11-4 Dritter Schritt eines E/R-Diagramms für unser Warenhaus Allerhand. Entitäten mit (einigen) Attributen und mit Beziehungen

11.5 Der Datenbankentwurf mit Hilfe des E/R-Modells

Sie können nach den folgenden Regeln verfahren:

1. Aus jeder Entitätenklasse machen Sie eine Relation, also eine Tabelle mit den analysierten atomaren Eigenschaften als Attributen. Die unterstrichenen Eigenschaften werden zu den Schlüsselkandidaten bzw. zum Primärschlüssel. Eigenschaften, deren Wert eine Entität aus einer anderen Entitätenklasse ist, werden durch Fremdschlüssel repräsentiert.

   So erhalten Sie in unserem Beispiel zunächst die Tabellen ARTIKELGRUPPE, ARTIKEL, KUNDE, LIEFERANT und PERSON

2. 1:1-Beziehungen zwischen Entitäten sollten nicht vorkommen, denn bei einer solchen Beziehung spricht viel dafür, dass es sich um eine einzige Entität handelt, sodass alle analysierten Eigenschaften in einer einzigen Tabelle oder Relation gespeichert werden.

   Es gibt Ausnahmen: Betrachten Sie unser Unterklassen-Beispiel PERSON – KUNDE. Hier haben Sie den Fall, dass nicht alle Exemplare Ihrer Entitätenklasse PERSON auch KUNDE sind. Stellen Sie sich vor, der Anwender möchte in seinem System nun kundenspezifische Daten verwalten – beispielsweise Preisnachlässe, die bestimmten Kunden gewährt werden. Diese Informationen haben in der Personentabelle nichts zu suchen – bei einem derartigen Design entstünden sehr viele NULL-Werte. Oder es sollen kundenspezifische bzw. lieferantenspezifische Aktionen gestartet werden. Dann brauchen Sie eine Charakterisierung der Personen auf diese speziellen Ausprägungen hin. Bedenken Sie weiter, wie unelegant hier zusätzliche Kennzeichnungen in der Personen-Tabelle wären. Sie müssten ja nicht nur die Eigenschaft, Kunde oder Lieferant zu sein, kennzeichnen, sondern auch Personen erkennen, die beides sind. All dies würde sofort erheblich komplizierter, wenn Sie in Ihrem System weitere abgeleitete Klassen benötigen würden. Darum ist es speziell in solchen Fällen von Basisklassen und abgeleiteten Klassen sehr zu empfehlen, für jeden Entitätenpartner einer solchen Beziehung eine eigene Tabelle einzurichten. Dabei kann man für die Basisklasse und die abgeleitete Klasse denselben Schlüssel benutzen. Dieses Vorgehen ist auch unter dem objektorientierten Blickwinkel (Ein Kunde **ist eine** Person, Ein Lieferant **ist eine** Person) sehr sinnvoll.

3. 1:m-Beziehungen bzw. m:1-Beziehungen ergeben im Allgemeinen keine eigene neue Tabelle oder Relation, sie werden über die Referenzierungen zwischen Schlüsselkandidaten und Fremdschlüsseln verwaltet. Dabei ist zu beachten, dass der referenzierende Fremdschlüssel in der Tabelle steht, die den Vielfachanteil – also den m-Anteil – in der Beziehung repräsentiert. Die Beziehung zwischen ARTIKEL und

ARTIKELGRUPPE ist z.B. so, dass der referenzierende Fremdschlüssel *ArtikelgruppeId* in der Tabelle ARTIKEL steht. Wieder müssen Sie die Ihrem wirklichen System angepassten Entscheidungen über die DELETE- und UPDATE-Optionen treffen.

4.   Dagegen legt man für alle m:m-Beziehungen eine eigene Tabelle an, welche die analysierten Eigenschaften dieser Beziehung enthält. Man spricht auch von einer Beziehungsentität bzw. von einer Beziehungsentitätenklasse. Der Hauptgrund für dieses Vorgehen ist die Vermeidung von Redundanzen. Die Teilnehmer dieser Beziehungen werden in der jeweiligen Beziehungsentitätenklasse durch referenzierende Fremdschlüssel repräsentiert. Wieder sind DELETE- und UPDATE-Optionen festzulegen. Diese Optionen sind nicht im E/R-Diagramm notiert. In unserem Beispiel gibt es nur eine m:m-Beziehung – das sind die BESTELLUNGEN.

Sie sollten jetzt in der Lage sein, mit Hilfe unseres Diagramms ein vollständiges Tabellendesign für die Welt unseres Versandhauses "Allerhand & Co" durchzuführen.

11.6 Das allgemeine Vorgehen beim Datenbankentwurf

Allgemein sollte das Vorgehen beim Datenbankentwurf das folgende sein:

- Man benutze eine Top-Down-Methode wie das E/R-Modell, um einen groben Überblick über Entitäten, Entitätenklassen, Eigenschaften und Beziehungen des Systems zu entwickeln und mache daraus einen ersten Relationen- bzw. Tabellenentwurf

- Man analysiere und verfeinere diesen Entwurf mit Hilfe der Normalformen. Man nennt diesen Teil auch Normalisierung.

Was unter diesem 2. Punkt genau zu verstehen ist, erfahren Sie im nächsten Kapitel. Ich mache Sie nur darauf aufmerksam, dass wir bisher die Entitätenklasse PERSON nicht „ordentlich" zu Ende analysiert haben. Und dass wir bisher auch noch nicht die abgeleitete Klasse ERLEDIGTEBESTELLUNGEN „gefunden" haben. Beachten und Bearbeiten Sie dazu bitte die Übungsaufgabe 7 aus diesem Kapitel.

11.7 Zusammenfassung

Wir haben in diesem Kapitel die semantische Datenanalyse mit Hilfe des Entity/Relationship-Modells von Chen besprochen. Unsere Untersuchung gliederte sich dabei in die folgenden Abschnitte:

- Entitäten und Entitätenklassen (Abschnitt 11.1)

- Diskussion dieser Begriffe am Beispiel unserer Datenbank Allerhand (Abschnitt 11.2)

- Darstellung der Entitätenklassen in einem E/R-Diagramm (Abschnitt 11.2)

- Darstellung von Attributen in einem E/R-Diagramm (Abschnitt 11.3)

- Verschiedene Arten der Beziehungen zwischen Entitätenklassen und ihre Notierung in einem E/R-Diagramm (Abschnitt 11.4)

- Der Datenbankentwurf mit Hilfe des E/R-Modells (Abschnitt 11.5)

- Der Datenbankentwurf mit Hilfe des E/R-Modells braucht noch die „Normalisierung" (Abschnitt 11.6)

Übungsaufgaben

1. Machen Sie eine Sammlung der Objekte und Attribute eines Systemrelevanten Ausschnitts der Realität für eine Verwaltung Ihrer Bibliothek – (zunächst) ohne Ent-
   leihvorgänge

2. Machen Sie nun eine Sammlung der Objekte und Attribute eines Systemrelevanten
   Ausschnitts der Realität für eine Verwaltung Ihrer Musikdokumente auf Vinyl, CDs,
   MP3, DVDs usw. Beschränken Sie sich dabei im Falle der Musikdokumente auf die
   Stilistik, die Ihr Favorit ist. (Jazz, Pop, Kabarett, Klassik oder ähnliches). Wählen
   Sie zunächst genau **eine** Stilistik. Die hierbei zu erstellende Datenbank wollen wir
   MyFavoriteMusic nennen.

3. (Fortsetzung von Aufgabe2) Anschließend analysieren Sie genau, wie sehr sich Ihr
   Systemrelevanter Ausschnitt der Realität verändert, wenn Sie dieselbe Verwaltung
   Ihrer Musikdokumente für eine andere Stilistik modellieren wollen. (Diese Unter-
   schiede haben schon viele Entwickler, die **das** Generaltool für Musikdokumente
   entwickeln wollten, zur Verzweiflung gebracht). Nennen Sie Beispiele für Objekte,
   die in der einen Stilistik Entitäten sind, in der anderen jedoch nicht.

4. Formulieren Sie in eigenen Worten den Unterschied zwischen Entitäten und Entitätenklassen.

5. (Fortsetzung von Aufgabe2) Machen Sie eine vollständige E/R-Analyse mit Diagramm für **IHRE** Datenwelt der **MyFavoriteMusic**-Verwaltung.

6. In Kapitel 5 im Abschnitt 5.6 über die NULL-Werte habe ich mit Ihnen die Modellierung eines Telefonverzeichnisses besprochen, bei dem eine Person mehrere Telefonnummern haben konnte und eine Telefonnummer zu mehreren Benutzern gehören konnte. Machen Sie für diese Situation ein E/R-Diagramm.

7. Vervollständigen Sie unsere E/R-Analyse bis hin zu der Entitätenklasse
   ERLEDIGTEBESTELLUNGEN. Viele Informatiker würden diese weitere Entitä-
   tenklasse **nicht** vorsehen, sondern stattdessen in der Entitätenklasse
   BESTELLUNGEN ein weiteres Attribut *Commitdatum* (und eventuell noch ein lo-
   gisches Attribut *IsCommitted*) führen. Auch für diese Lösung gibt es gute Gründe.
   Beschreiben Sie genau, was Ihrer Meinung nach für meinen Entwurf, was gegen
   meinen Entwurf und was für und was gegen den Wegfall der Klasse
   ERLEDIGTEBESTELLUNGEN spricht.

8. (Fortsetzung von Aufgabe 5) Machen Sie einen Tabellenentwurf für Ihr E/R-Modell aus Aufgabe 5 für die Anwendung **MyFavoriteMusic**.

12 Normalisierungen

Wir sind zurück in der formalen Welt der Relationsklassen. Jetzt geht es darum, wie man ein bereits erstelltes Tabellendesign daraufhin überprüfen kann, ob es möglichst redundanzfrei und damit weniger fehleranfällig ist. Diese Überprüfung erfolgt mit Hilfe der sogenannten Normalformen. Um diese Regeln zu erklären, brauchen wir den Begriff der **Funktionalen Abhängigkeit**. Ich definiere ihn gleich für Relationsklassen.

12.1 Funktionale Abhängigkeit

Definition

> Sei [R] eine Relationsklasse und seien X und Y beliebige Teilmengen der Attribute von [R]. Dann heißt Y **Funktional Abhängig** von X genau dann, wenn zu jeder Wertekombination der Attributwerte aus X genau eine Wertekombination der Attributwerte aus Y gehört.
>
> Man sagt auch: X ist eine **Funktionale Determinante** für Y bzw. X **determiniert** Y **Funktional**. Man schreibt: X → Y. X heißt auch eine **Determinante**.
>
> Falls die Menge X nicht mehr verkleinert werden kann, ohne dass die Funktionale Abhängigkeit verloren geht, heißt X eine **minimale Determinante**.
>
> Falls Y eine Teilmenge von X ist, heißt die Funktionale Abhängigkeit X → Y **trivial**. (Und das ist sie in der Tat auch)

Lassen Sie uns einige Beispiele betrachten. Ich nehme als Relationsklasse [R] immer unsere Relationsklasse PERSON. Die vollständige Attributmenge dieser Relationsklasse lautet:

$$A = \{ \; Id \;, Name \;, Vorname \;, Strasse \;, Nr \;, Plz \;, Ort \;, Land \; \}$$

- Sei X = { *Id* }. Dann besteht die Funktionale Abhängigkeit X → A. Denn *Id* war Schlüsselkandidat, den wir sogar als Primärschlüssel ausgewählt hatten. Diese Abhängigkeit ist nicht-trivial.

- Sei X = { *Name* , *Vorname* }. Dann besteht keine Funktionale Abhängigkeit X → A, denn Sie können nicht ausschließen, dass Sie zwei verschiedene Personen mit denselben Namen und Vornamen in Ihrer Tabelle haben.

- Sei X = { *Name* , *Vorname* , *Nr* , *Ort* }, Y = { *Name* , *Ort* }. Dann besteht die triviale Funktionale Abhängigkeit X → Y

- Sei X = { *Strasse* , *Nr* , *Ort* , *Land* }, Y = { *Plz* }. Dann besteht die nicht-triviale Funktionale Abhängigkeit X → Y. X ist also eine nicht-triviale Determinante.

Nun wissen wir genug, um die ersten drei Normalformen zu charakterisieren:

12.2 Die Erste Normalform

Die erste Normalform beschreibt eine grundlegende Eigenschaft von Relationsklassen, die für alle manipulativen Operationen auf den Tabellen einer Datenbank – seien es Suchabfragen (insbesondere mit Joins), seien es Einfüge-, Update- oder Löschoperationen – unerlässlich ist. Sie lautet:

Erste Normalform

Eine Relationsklasse befindet sich in der **Ersten Normalform**, wenn zu jedem Attribut dieser Relationsklasse ein Wertebereich gehört, der nur **atomare** Werte enthält. Das bedeutet: Solch ein Wertebereich darf keine Werte enthalten, die aus mehreren Einzelwerten bestehen. Genauer: Er darf kein **Array** und kein mengenwertiger Bereich (**Set**) sein.

Eine Relationsklasse in der ersten Normalform heißt **normalisiert** oder auch **normal**. Der Hauptgrund für diese Anforderung ist, dass nur auf Relationsklassen mit dieser Eigenschaft sinnvoll Restriktionen mit WHERE-Bedingungen angewendet werden können. Ohne diesen Operator wäre z.B. kein JOIN möglich. Auch die Möglichkeiten der Sortierung nach Attributen und die Schlüsselfestlegung hängen von dieser Eigenschaft ab.

Wenn wir in unserer Personentabelle beispielsweise zulassen wollen, dass eine Person mehrere Telefonnummern haben kann, können wir nicht ein Attribut *Tel-Nummern* anlegen, in das mehrere Nummern reingeschrieben werden können.

12.3 Die zweite Normalform

Nehmen Sie bitte für einen Moment an, die Tabelle BESTELLUNGEN wäre mit folgendem
CREATE TABLE-Befehl erstellt worden – um Verwechslungen zu vermeiden, nenne ich sie
BESTELL_2_NF:

CREATE TABLE BESTELL_2_NF

(

KundeId	**Integer**	NOT NULL,
ArtikelId	**Integer**	NOT NULL,
LfdNr	**Integer**	NOT NULL,
ArtikelBezeichnung	**Varchar**(30)	NOT NULL,
Menge	**Integer**	NOT NULL DEFAULT 0,
Bestelldatum	**Date**	NOT NULL,

PRIMARY KEY(*KundeId* , *ArtikelId* , *LfdNr*),

FOREIGN KEY(*KundeId*) REFERENCES KUNDE(*Id*)
ON UPDATE CASCADE
ON DELETE NO ACTION,

FOREIGN KEY(*ArtikelId*) REFERENCES ARTIKEL(*Id*)
ON UPDATE CASCADE
ON DELETE NO ACTION,

CHECK (*Menge* >= 0)

)

Was müssen wir uns jetzt die Tabelle BESTELL_2_NF vorstellen?

1. Der Primärschlüssel für die Tabelle BESTELL_2_NF ist hier im Wesentlichen die
    Attributkombination aus *KundeId* und *ArtikelId*. Für den Fall, dass der gleiche Arti-
    kel von demselben Kunden mehrmals bestellt wurde, fügen wir noch zum Primär-
    schlüssel eine sogenannte laufende Nummer ein, ich nenne dieses Attribut *LfdNr*.

2. Zusätzlich wurde "aus Performancegründen" die *ArtikelBezeichnung* mit in die Relationsklasse BESTELL_2_NF aufgenommen. In unserem Fall wollte der Anwender zu einer Bestellung sehr schnell die Bezeichnung des bestellten Artikels sehen und die Verarbeitung, die erst auf die Tabelle ARTIKEL zugreifen muss, um die Artikelbezeichnung einzulesen, dauerte ihm zu lange.

Die Tabelle BESTELL_2_NF enthält beispielsweise die folgenden Sätze (die folgende Ansicht ist aufsteigend nach *ArtikelId* sortiert):

| ===== Primärschlüssel ===== | | | | | |
KundeId	ArtikelId	LfdNr	Artikelbezeichnung	Menge	Bestelldatum
13	2	1	Hilfsmotoren	5	12.07.24
13	2	2	Hilfsmotoren	12	01.02.25
12	2	1	Hilfsmotoren	1	01.02.25
3	3	1	Video-Recorder	1	07.12.24
12	4	1	Steinway Flügel	9	17.03.25
12	6	1	Akku	4	21.01.25
4	7	1	Altsaxophon	2	04.02.25
4	9	1	Computer	3	23.03.25
3	10	1	Software Engineering	12	20.10.24
4	10	1	Software Engineering	20	19.11.24

Bild 12-1 Zehn Sätze aus der Tabelle BESTELL_2_NF in einer nach der *ArtikelId* sortierten Ansicht.

Eine solche Modellierung birgt sehr große Risiken in sich: zum Beispiel müssen Sie, wenn sich die Bezeichnung eines Artikels ändert, nicht nur den entsprechenden UPDATE in der Tabelle ARTIKEL vornehmen, sondern Sie müssen die gesamte Tabelle BESTELL_2_NF durchgehen, um bei allen Sätzen, wo dieser Artikel auftaucht, den entsprechenden Update vorzunehmen. Sie haben Informationen redundant gespeichert, etwas was Sie stets vermeiden sollten. Hier verlieren Sie unter Umständen mehr Zeit, als Sie durch dieses Tabellendesign an anderer Stelle gewonnen haben. Und Sie verlieren Größenordnungen in der Zuverlässigkeit, dass Ihre Daten konsistent und korrekt sind.

Darum legen Sie lieber einen weiteren Index für das *Bezeichnung*-Attribut der ARTIKEL - Tabelle an und vermeiden Sie solch eine Modellierung.

Die formale Regel, mit der man solchen Design-Fehlern auf die Schliche kommt, ist die **Zweite Normalform**. Die Zweite Normalform ist leichter zu definieren, wenn die zu prüfende Tabelle nur genau einen Schlüsselkandidaten hat. In diesem Fall wird dieser Schlüsselkandidat auch der Primärschlüssel und die Zweite Normalform lautet:

Zweite Normalform bei genau einem Schlüsselkandidaten:

Eine Relationsklasse ist in der **Zweiten Normalform**, wenn sie

- die Erste Normalform erfüllt und

- jedes Attribut, das nicht zum Primärschlüssel gehört, zwar vom gesamten Primärschlüssel Funktional Abhängig ist, jedoch von keiner echten Teilmenge von Attributen des Primärschlüssels Funktional Abhängig ist.

In unserem Beispiel war X = { *KundeId* , *ArtikelId* , *LfdNr* } der einzige Schlüsselkandidat und daher auch der Primärschlüssel, es bestand aber die Funktionale Abhängigkeit:

$$\{ \textit{ArtikelId} \} \rightarrow \{ \textit{ArtikelBezeichnung} \}$$

eine offensichtliche Verletzung der Zweiten Normalform.

Im allgemeinen Fall, dass eine Tabelle genau einen oder aber auch mehrere Schlüsselkandidaten besitzt, lautet die Zweite Normalform:

Zweite Normalform bei beliebiger Anzahl von Schlüsselkandidaten:

Eine Relationsklasse ist in der **Zweiten Normalform**, wenn sie

- die Erste Normalform erfüllt und

- jedes Attribut, das nicht zu irgendeinem Schlüsselkandidaten gehört, zwar von jedem vollständigen Schlüsselkandidaten Funktional Abhängig ist, jedoch von keiner echten Teilmenge von Attributen irgendeines Schlüsselkandidaten Funktional Abhängig ist.

Betrachten Sie wieder die geänderte Version der Tabelle BESTELL_2_NF, unser eben besprochenes Beispiel. Nehmen Sie jetzt für einen Augenblick an, das Attribut ARTIKEL.*Bezeichnung* wäre grundsätzlich für jeden Artikel **eindeutig**. Dann ist doch die Attributkombination { *KundeId* , *ArtikelBezeichnung* , *LfdNr* } ein weiterer Schlüsselkandidat für diese Tabelle und die Funktionale Abhängigkeit

$$\{ \textit{ArtikelId} \} \rightarrow \{ \textit{ArtikelBezeichnung} \}$$

ist eine Abhängigkeit zwischen Elementen von Schlüsselkandidaten und damit **keine** Verletzung der Zweiten Normalform.

Die folgende Matrix gibt Ihnen noch einmal einen Überblick:

	2. Normalform ist für BESTELL_2_NF
ARTIKEL.*Bezeichnung* ist NICHT eindeutig	**NICHT erfüllt**
ARTIKEL.*Bezeichnung* ist eindeutig	**erfüllt**

Für das weitere gehen wir wieder davon aus, das ARTIKEL.*Bezeichnung* **nicht eindeutig** ist.

12.4 Die Dritte Normalform und die Boyce/Codd-Normalform

Die Zweite Normalform ist nur dann für die Überprüfung einer Tabelle von Nutzem, wenn der Primärschlüssel zusammengesetzt ist, wenn er also aus mehr als einem Attribut besteht. Unser Performance-Orientierter Designer aus dem Abschnitt 12.3 weiß das auch und überrascht uns mit einem überarbeiteten Entwurf der Tabelle BESTELLUNGEN. Wir nennen ihn BESTELL_3_NF. Dieser überarbeitete Entwurf hat jetzt einen neuen Primärschlüssel, der nur noch aus einem Attribut *Id* besteht. Das Attribut *LfdNr* wird nicht mehr gebraucht, es entfällt. Der Rest bleibt unverändert. Betrachten Sie bitte Abbildung 12-2. Dort sehen Sie die ersten 12 Sätze – wieder bei einer Sortierung nach der *ArtikelId*.

Jetzt scheint alles in Ordnung zu sein, der Primärschlüssel *Id* ist nicht mehr zusammengesetzt und die Zweite Normalform ist automatisch erfüllt. Trotzdem gelten unsere Einwände, die wir beim vorherigen Entwurf erhoben haben, noch genauso. Wir brauchen aber eine weitergehendere Regel, um den Design-Fehlern bei diesem Entwurf auf die Schliche zu kommen. Das ist die sogenannte Dritte Normalform. Um sie definieren zu können, brauchen wir einen neuen Begriff: die transitive Abhängigkeit.

PK					

Id	KundeId	ArtikelId	Artikelbezeichnung	Menge	Bestelldatum
3	13	1	Lampenschirme	3	03.10.24
29	23	2	Hilfsmotoren	7	17.09.24
27	13	2	Hilfsmotoren	5	12.07.24
12	13	2	Hilfsmotoren	12	01.02.25
18	12	2	Hilfsmotoren	1	01.02.25
13	3	3	Video-Recorder	1	07.12.24
15	12	4	Steinway Flügel	9	17.03.25
1	12	6	Akku	4	21.01.25
6	4	7	Altsaxophon	2	04.02.25
9	4	9	Computer	3	23.03.25
4	3	10	Software Engineering	12	20.10.24
19	4	10	Software Engineering	20	19.11.24

Bild 12-2 Die ersten zwölf Sätze aus der Tabelle BESTELL_3_NF – wieder in einer nach der *ArtikelId* sortierten Ansicht.

Definition

Sei [R] eine Relationsklasse und seien X_1, X_2 und X_3 beliebige Teilmengen der Attribute von [R]. Dann heißt X_3 **transitiv Abhängig** von X_1 genau dann, wenn es die folgenden Funktionale Abhängigkeiten gibt:

$$X_1 \rightarrow X_2 \text{ aber } X_2 \not\rightarrow X_1 \text{ und } X_2 \rightarrow X_3.$$

Wir schreiben dafür auch: $X_1 \rightarrow X_2 \rightarrow X_3$

Falls mindestens eine der drei Funktionalen Abhängigkeiten $X_1 \rightarrow X_2$, $X_2 \rightarrow X_3$ oder $X_1 \cup X_2 \rightarrow X_3$ trivial ist, heißt die transitive Abhängigkeit $X_1 \rightarrow X_2 \rightarrow X_3$ **trivial**.

Jetzt können wir die Dritte Normalform definieren. Ich gebe Ihnen wieder zwei Versionen. Eine leichtere für den Fall, dass Ihre Relationsklasse genau einen Schlüsselkandidaten besitzt. Sie lautet:

Dritte Normalform (in der Version für Relationsklassen mit genau einem Schlüsselkandidaten = Primärschlüssel):

Eine Relationsklasse ist in der **Dritten Normalform**, wenn sie

- die Zweite Normalform erfüllt und
- in der Relationsklasse keine nicht-trivialen transitiven Abhängigkeiten von dem Primärschlüssel vorliegen.

Und eine komplexere Version für den allgemeinen Fall mit beliebig vielen Schlüsselkandidaten:

Dritte Normalform (allgemeine Version):

Eine Relationsklasse ist in der **Dritten Normalform**, wenn sie

- die Zweite Normalform erfüllt und
- in der Relationsklasse kein Attribut, das nicht zu irgendeinem Schlüsselkandidaten gehört, auf nicht-trivialen Weise von einem Schlüsselkandidaten transitiv abhängig ist.

Wenn wir interessante Beispiele zu dieser allgemeinen Version der Dritten Normalform diskutieren wollen, brauchen wir Relationsklassen mit mehreren Schlüsselkandidaten. Darum modellieren wir jetzt die Tabelle Bestellungen noch einmal anders – Sie können sicher sein, das ist unsere letzte Version:

Wir nennen sie jetzt BESTELL_3_NFNEU. Dieser überarbeitete Entwurf ist identisch mit BESTELL_3_NF mit einer Ausnahme: Wir haben wieder das Attribut *LfdNr* hinzugefügt, um gegebenenfalls (neben dem Attribut *Id*) einen weiteren Schlüsselkandidaten zur Verfügung zu haben. Der Rest bleibt unverändert. Betrachten Sie bitte Abbildung 12-3. Dort sehen Sie die ersten 12 Sätze dieser Relationsklasse – wieder bei einer Sortierung nach der *ArtikelId*.

PK						
Id	**KundeId**	**ArtikelId**	**LfdNr**	**Artikelbezeichnung**	**Menge**	**Bestelldatum**
1	13	1	1	Lampenschirme	3	03.10.24
2	23	2	1	Hilfsmotoren	7	17.09.24
3	13	2	1	Hilfsmotoren	5	12.07.24
4	13	2	2	Hilfsmotoren	12	01.02.25
5	12	2	1	Hilfsmotoren	1	01.02.25
6	3	3	1	Video-Recorder	1	07.12.24
7	12	4	1	Steinway Flügel	9	17.03.25
8	12	6	1	Akku	4	21.01.25
9	4	7	1	Altsaxophon	2	04.02.25
10	4	9	1	Computer	3	23.03.25
11	3	10	1	Software Engineering	12	20.10.24
12	4	10	1	Software Engineering	20	19.11.24

Bild 12-3 Die ersten zwölf Sätze aus der Tabelle BESTELL_3_NFNEU – wieder in einer nach der *ArtikelId* sortierten Ansicht.

Und unsere Tabelle BESTELL_3_NFNEU verletzt diese Normalform, denn es liegt ganz offensichtlich die folgende nicht triviale transitive Abhängigkeit von dem Schlüsselkandidaten *Id* vor:

$$\{Id\} \ \rightarrow \ \{ \, ArtikelId \, \} \ \rightarrow \ \{ \, ArtikelBezeichnung \, \}$$

Wieder wäre aber diese Tabelle **in der Dritten Normalform** für den Fall, dass die *ArtikelBezeichnung* **eindeutig** wäre, denn dann wäre die *ArtikelBezeichnung* ja ein Teil des Schlüsselkandidaten

$$\{ \, KundeId \, , \, ArtikelBezeichnung \, , \, LfdNr \, \}$$

und solche transitiven Abhängigkeiten erlaubt die Dritte Normalform.

Betrachten Sie wieder unsere „Normalformmatrix":

	Die Zweite Normalform ist für BESTELL_2_NF	Die Dritte Normalform ist für BESTELL_3_NFNEU
ARTIKEL.*Bezeichnung* ist NICHT eindeutig	NICHT erfüllt	NICHT erfüllt
ARTIKEL.*Bezeichnung* ist eindeutig	erfüllt	erfüllt

Eine im Sinne der relationalen Theorie exakter formulierte Bedingung an eine Relationsklasse ist die **Boyce/Codd - Normalform**. Sie ist etwas weitgehender als die Dritte Normalform:

Boyce/Codd - Normalform

Eine Relationsklasse in der Ersten Normalform erfüllt die **Boyce/Codd - Normalform**, wenn jede nicht-triviale, minimale Determinante ein Schlüsselkandidat ist.

In unserer letzten Version der Tabelle BESTELL_3_NFNEU ist das Attribut *ArtikelId* eine Determinante für die *ArtikelBezeichnung*, aber *ArtikelId* ist kein Schlüsselkandidat. Denn dieses Attribut ist nicht eindeutig, seine Werte können jeweils in mehreren Sätzen der Tabelle BESTELL_3_NFNEU vorkommen.

Also ist bei diesem Entwurf auch die Boyce/Codd-Normalform verletzt.

Merken Sie etwas?

Die Boyce/Codd-Normalform ist bei der Tabelle BESTELL_3_NFNEU verletzt – völlig unabhängig davon, ob ARTIKEL.*Bezeichnung* in der Tabelle ARTIKEL eindeutig ist oder nicht!!

Das ist so interessant, dass ich eine weitere „Normalformmatrix" präsentieren möchte:

	Die Zweite Normal-form ist für BESTELL_2_NF	**Die Dritte Normal-form ist für** BESTELL_3_NFNEU	**Die Boyce/Codd-Normalform ist für** BESTELL_3_NFNEU
ARTIKEL.*Be-zeichnung* **ist NICHT ein-deutig**	**NICHT erfüllt**	**NICHT erfüllt**	**NICHT erfüllt**
ARTIKEL.*Be-zeichnung* **ist eindeutig**	**erfüllt**	**erfüllt**	**NICHT erfüllt**

Es gilt allgemein:

1. Eine Relationsklasse, die der Boyce/Codd-Normalform genügt, befindet sich offensichtlich in der Zweiten Normalform

2. Eine Relationsklasse, die der Boyce/Codd-Normalform genügt, befindet sich in der Dritten Normalform

Beweis:

Es sei [R] eine Relationsklasse und *SK* sei ein Schlüsselkandidat. Wir nehmen jetzt an, [R] sei nicht in der Dritten Normalform, d.h. es gebe Teilmengen X und Y der Attribute von [R], sodass die folgende nicht-triviale transitive Abhängigkeit vorliege:

$$SK \rightarrow X \quad \text{aber} \quad X \not\rightarrow SK \quad \text{und} \quad X \rightarrow Y$$

$$\text{Also } SK \rightarrow X \rightarrow Y$$

Wegen $X \not\rightarrow SK$ ist X jedoch kein Schlüsselkandidat, aber eine nicht-triviale Determinante für Y. Sei Ψ eine Minimierung von X bezüglich der Funktionalen Abhängigkeit $X \rightarrow Y$. Dann ist auch Ψ kein Schlüsselkandidat, aber immer noch eine nicht-triviale Determinante. Damit ist die Boyce/Codd-Normalform nicht erfüllt – im Widerspruch zur Annahme.

3. Die Boyce/Codd-Normalform ist stärker als die Dritte Normalform, d.h. es gibt Relationsklassen, die in der Dritten Normalform sind, die jedoch die Boyce/Codd-Normalform nicht erfüllen.

Das zeigt Ihnen die Analyse unseres Beispiels BESTELL_3_NFNEU für den Fall, dass die *Bezeichnung* ein Schlüsselkandidat der Tabelle ARTIKEL ist.

Auf der Suche nach Redundanzvermeidung beschäftigt man sich als nächstes (nach den „einfachen" Funktionalen Abhängigkeiten) mit den sogenannten Mehrwertigen Funktionalen Abhängigkeiten:

12.5 Mehrwertige Funktionale Abhängigkeiten

Definition:

Sei [R] eine Relationsklasse. **A** sei die Menge der Attribute von [R]. X , Y seien beliebige Teilmengen von **A**, $Y \not\subset X$. $Z := \mathbf{A} - X \cup Y$ sei der „Rest" der Attribute und X, Y und Z seien alle nicht - leer.

Dann heißt Y **Mehrwertig Funktional Abhängig** von X genau dann, wenn zu jeder Wertekombination der Attributwerte aus X die Teilmenge der möglichen Wertekombinationen von Attributwerten für Y nur durch den X-Wert bestimmt ist, unabhängig von den Werten von Z.

Man sagt auch: X ist eine **Mehrwertig Funktionale Determinante** für Y bzw. X determiniert Y **Funktional Mehrwertig**. Wir schreiben: $X \rightarrow\rightarrow Y$.

Beachten Sie, dass unsere ursprünglich definierten Funktionalen Abhängigkeiten auch Mehrwertige Funktionale Abhängigkeiten sind.

Wir betrachten ein Beispiel: Stellen Sie sich vor, eine Public Relations - Agentur im Literaturbetrieb möchte von Schriftstellern die Titel der Bücher, bei denen sie als Autor oder Mitautor beteiligt waren, und ihre bisher erfolgten Auftritte in Fernseh-Talkshows speichern. Der dafür verantwortliche Datenbank-Designer denkt lange darüber, wendet auch korrekt die ersten drei Normalformen an und macht einen Entwurf, bei dem unter anderem eine Tabelle mit Namen AUTOR_AKTIVITÄTEN vorkommt. Sie hat die folgende Gestalt:

Id	AutorId	BuchId	TalkshowId
......	......	......	......
......	......	......	......

Bild 12-4 Die Tabelle AUTOR_AKTIVITÄTEN

Id ist unser Schlüssel und im bisher definierten Sinne gibt es hier keinerlei nicht-trivialen Determinanten, die nicht das Attribut *Id* enthalten. Denn:

- ein Autor hat im allgemeinen mehrere Bücher geschrieben und an mehreren Talkshows teilgenommen
- ein Buch kann von mehreren Autoren geschrieben worden sein
- in einer Talkshow können mehrere Autoren aufgetreten sein

Sie sehen: Nichts ist hier so eindeutig bestimmt, wie wir es von Funktionalen Abhängigkeiten verlangen. **Diese Tabelle erfüllt die Boyce/Codd - Normalform.** Aber: es gibt in dieser Tabelle Mehrwertige Funktionale Abhängigkeiten, z.B.

- Wir haben die Mehrwertige Funktionale Abhängigkeit

$$\{ \; AutorId \; \} \; \rightarrow\rightarrow \; \{ \; BuchId \; \}$$

denn zu jedem Autor ist die Teilmenge an Büchern, an denen er beteiligt war, eindeutig bestimmt – unabhängig von jeglichen Talkshow-Daten

Es gibt noch andere Mehrwertige Funktionale Abhängigkeiten. Finden Sie diese heraus.

Und natürlich bereitet uns diese Tabelle trotz fehlender Anomalien Unbehagen, denn wenn ein Autor 10 Bücher geschrieben hat und an 7 Talkshows teilgenommen hat, sind das 17 Informationen, für die wir aber 70 Sätze in dieser Tabelle anlegen müssten. (Oder wir würden mit NULL-Werten arbeiten müssen). Wir hätten enorm viele Redundanzen mit all den bereits diskutierten Problemen beim Update, Anlegen oder beim Löschen von Sätzen. Wir brauchen also eine Normalform, die uns auf solche Fehler im Design aufmerksam macht. Das wird die Vierte Normalform, die entscheidend mit dem Begriff der Mehrwertigen Funktionalen Abhängigkeit arbeitet.

12.6 Die Vierte Normalform

Vierte Normalform

Eine Relationsklasse [R] in der Ersten Normalform erfüllt die **Vierte Normalform** genau dann, wenn folgendes gilt:

Falls A und B Teilmengen von Attributen aus [R] sind so, dass A →→ B eine Mehrwertige Funktionale Abhängigkeit darstellt, dann sind alle Attribute von [R] Funktional Abhängig von A, d.h. A ist ein Schlüsselkandidat oder enthält einen Schlüsselkandidaten.

Aus der Vierten Normalform folgt unmittelbar, dass die Boyce/Codd - Normalform ebenfalls erfüllt ist.

In unserem Beispiel ist die Vierte Normalform nicht erfüllt, denn es gilt:

- Es gibt die Mehrwertige Funktionale Abhängigkeit *AutorId* →→ *BuchId* aber:
- *AutorId* bestimmt nicht einmal die *BuchId* eindeutig – genau sowenig wie die *TalkshowId*. Das bedeutet: *AutorId* ist keinesfalls Schlüsselkandidat.

Die Vierte Normalform weist uns hier auf etwas hin, was man auch bei einer sorgfältigen E/R-Analyse bemerkt hätte: Wir müssen diese Informationen aus AUTOR_AKTIVITÄTEN auf mehrere Tabellen verteilen, z.B.

AUTOR_BUCH			AUTOR_TALKSHOW		
Id	*AutorId*	*BuchId*	*Id*	*AutorId*	*TalkshowId*

Bild 12-5 Die Modellierung der Informationen aus der Tabelle AUTOR_AKTIVITÄTEN in zwei Tabellen so, dass die Vierte Normalform nicht verletzt wird.

Betrachten Sie beispielsweise die Tabelle AUTOR_BUCH. Jetzt ist die Tatsache, dass es zu jeder *AutorId* nur eine bestimmte Menge von *BuchId*-Werten gibt, keine Mehrwertige Funktionale Abhängigkeit mehr, **denn diese Abhängigkeit gilt nicht in Unabhängigkeit von den restlichen Attributwerten**. Das ist in diesem Falle nur die *Id* und ein anderer Wert in diesem Feld verändert natürlich auch die Abhängigkeit zwischen *AutorId* und *BuchId*

Dieses Argument gilt analog für alle Mehrwertigen Funktionalen Abhängigkeiten, die verantwortlich für die Verletzung der Vierten Normalform bei der Tabelle AUTOR_AKTIVITÄTEN waren.

Tatsächlich ist unsere ursprüngliche Tabelle AUTOR_AKTIVITÄTEN vollständig in den Tabellen AUTOR_BUCH und AUTOR_TALKSHOW dargestellt und ich kann AUTOR_AKTIVITÄTEN wieder zurückerhalten, indem ich einen INNER JOIN aus AUTOR_BUCH und AUTOR_TALKSHOW über die *AutorId* bilde.

Bei Tabellen, welche die Vierte Normalform nicht erfüllen, ist es immer möglich, dass sie aus Tabellen von kleinerem Grad durch einen JOIN erhalten werden können. Wir können unsere an der Mehrwertigen Funktionalen Abhängigkeit nicht beteiligte Attributmenge Z immer in eine neue Tabelle abspalten und über einen JOIN zurückholen.

Die Fünfte Normalform verbietet die Möglichkeit solch einer Abspaltung grundsätzlich und ist damit die strengste Regel zur Vermeidung von Redundanzen:

12.7 Die Fünfte Normalform

Fünfte Normalform

Sei [R] eine Relationsklasse mit Attributmenge **A**. [R$_1$] und [R$_2$] seien Relationsklassen mit den Attributmengen **A$_1$** und **A$_2$**, die eine Zerlegung von R bilden. Das heißt: **A$_1$** $\subset$ **A** , **A$_2$** $\subset$ **A** und **A$_1$** $\cup$ **A$_2$** = **A** .

[R] sei nun durch einen inneren JOIN über die Attributmenge **JA** aus [R$_1$] und [R$_2$] wieder herzustellen.

Dann ist [R] in der **Fünften Normalform** genau dann, wenn **JA** zwingend einen Schlüsselkandidaten von [R] enthalten muss.

Man muss diese Normalform so umständlich formulieren, denn ich kann natürlich jede Relationsklasse z.B. über den Primärschlüssel in lauter Teilrelationsklassen vom Grad 2 aufspalten, sodass die ursprüngliche Version auch wieder als JOIN rekonstruierbar ist. Aber so etwas ist hier nicht gemeint, denn das schafft keine Redundanzersparnis.

Dagegen kann ich unser Beispiel BESTELL_2_NF aus Abbildung 12-1 (Sie sehen hier zu Ihrer Erinnerung noch einmal) so aufspalten, dass man sofort sieht, dass die fünfte Normalform verletzt ist. Denn die Attributmenge, über die ich einen inneren JOIN machen muss, um die ursprüngliche Tabelle wieder zu erhalten ist (*ArtikelId*) und diese Attributmenge ist weit davon entfernt, einen Schlüsselkandidaten für unsere abgeänderte Tabelle BESTELL_2_NF zu enthalten.

Tatsächlich folgt aus der Fünften Normalform eine gute abschließende Fragestellung, mit der man sein Tabellendesign noch einmal konfrontieren sollte: •

Was für Aufspaltungen meiner Tabellen in kleinere Tabellen sind (noch) möglich?

Die Tabelle:

KundeId	ArtikelId	LfdNr	Artikelbezeichung	Menge	Bestelldatum
13	2	1	Hilfsmotoren	5	12.07.24
13	2	2	Hilfsmotoren	12	01.02.25
12	2	1	Hilfsmotoren	1	01.02.25
3	3	1	Video-Recorder	1	07.12.24
12	4	1	Steinway Flügel	9	17.03.25
12	6	1	Akku	4	21.01.25
4	7	1	Altsaxophon	2	04.02.25
4	9	1	Computer	3	23.03.25
3	10	1	Software Engineering	12	20.10.24
4	10	1	Software Engineering	20	19.11.24

kann man rekonstruierbar aufspalten in:

KundeId	ArtikelId	LfdNr	Menge	Bestelldatum
13	2	1	5	12.07.24
13	2	2	12	01.02.25
12	2	1	1	01.02.25
3	3	1	1	07.12.24
12	4	1	9	17.03.25
12	6	1	4	21.01.25
4	7	1	2	04.02.25
4	9	1	3	23.03.25
3	10	1	12	20.10.24
4	10	1	20	19.11.24

+

ArtikelId	Artikelbezeichnung
2	Hilfsmotoren
2	Hilfsmotoren
2	Hilfsmotoren
3	Video-Recorder
4	Steinway Flügel
6	Akku
7	Altsaxophon
9	Computer
10	Software Engineering
10	Software Engineering

12.8 Zusammenfassung

In diesem Kapitel haben wir untersucht, wie man einen bereits vorliegenden Relationsklassenentwurf bzw. einen bereits vorliegenden Tabellenentwurf auf möglichst gründliche Weise redundanzfrei hält. Auch diese Analyse ist semantisch gesteuert, d.h. sie ist auf entscheidende Weise von den Anwenderinterpretationen der Attribute beeinflusst.

Diese Analyse wird durch fünf Normalformen unterstützt.

- Wir begannen mit der Definition der Funktionalen Abhängigkeit (Abschnitt 12.1), die wir bei der Diskussion der Zweiten und Dritten Normalform entscheidend brauchten.

- Es folgte die Erste Normalform, die eine der Haupttechniken zur Redundanzvermeidung, nämlich Aufteilungen von großen Relationsklassen in kleinere und deren Rekonstruktion durch JOINs, erst möglich macht. (Abschnitt 12.2)

- Die Zweite (Abschnitt 12.3) und die Dritte Normalform (Abschnitt 12.4) schlossen sich an.

- Wir diskutierten außerdem im Abschnitt 12.4 die Boyce-Codd-Normalform und ihre Beziehung zur Dritten Normalform

- Für das folgende brauchten wir die Mehrwertige Funktionale Abhängigkeit, die in Abschnitt 12.5 definiert wurde

- Mit diesem Begriff konnten wir die Vierte Normalform definieren (12.6)

- Die Fünfte Normalform (Abschnitt 12.7) schloss diese Betrachtungen ab.

Übungsaufgaben

1. Betrachten Sie wieder unsere Telefondatenbank aus dem Abschnitt 5.6 des 5. Kapitels. Ich modelliere unsere Tabelle PERSONTELEFON jetzt folgendermaßen:

PersonId	TelefonId	PersonName
1	1	Schneider
5	3	Einstein
5	5	Einstein
6	4	Chaplin
8	4	Sellers
9	4	Cluseau
9	6	Cluseau
9	7	Cluseau
9	8	Cluseau

Hier ist die Attributkombination (*PersonId*, *TelefonId*) der Primärschlüssel. Welche Normalform ist verletzt?

2. Ich ändere nun den fehlerhaften Entwurf der Tabelle PERSONTELEFON folgendermaßen ab:

Id	PersonId	TelefonId	PersonName
1	1	1	Schneider
2	5	3	Einstein
3	5	5	Einstein
4	6	4	Chaplin
5	9	4	Cluseau
6	8	4	Sellers
7	9	6	Cluseau
8	9	7	Cluseau
9	9	8	Cluseau

Hier ist jetzt (*Id*) der Primärschlüssel. Jetzt sind andere Normalformen als in Aufgabe 2 verletzt. Welche sind das? Diskutieren Sie insbesondere die Dritte Normalform und die Boyce-Codd-Normalform.

3. Finden Sie (zusätzlich zu dem Beispiel aus dem Abschnitt 12.4) ein weiteres Beispiel für eine Relationsklasse, bei der die Dritte Normalform erfüllt ist, jedoch nicht die Boyce-Codd-Normalform.

4. Bei der folgenden Tabelle ist eine Normalform verletzt. Welche und Warum?

MusikerName	MusikerVorname	Instrument	Musikdokument
......	......	......	......
......	......	......	......

Hier wird für jeden Musiker gespeichert, mit welchem Instrument er auf welcher CD oder LP oder DVD etc. spielt.

Machen Sie ein fehlerfreies Redesign.

5. Versuchen Sie, ein Beispiel einer Relationsklasse zu konstruieren, die die ersten vier Normalformen erfüllt, die aber die Fünfte Normalform verletzt. Konsultieren Sie dazu gegebenenfalls Date [Date1]

Siebter Teil:

Transaktionen

13 Transaktionen und Recovery

Stellen Sie sich vor, dass Sie eine Verarbeitung – genauer: eine Verarbeitung, welche die Daten einer Datenbank bearbeitet und verändert, programmiert haben. Diese Verarbeitung läuft im Allgemeinen fehlerfrei, jedoch eines Tages kommt es genau während des Ablaufs dieser Verarbeitung zu einem Systemabsturz. Die Ursache dieses Systemabsturzes hat wahrscheinlich überhaupt nichts mit dieser Verarbeitung zu tun. Aber: Die Verarbeitung kann nicht zu Ende geführt werden, die Daten verbleiben in einem unkorrekten Zustand. Dann muss eine Wiederherstellung des vormals korrekten Datenzustands erfolgen. Solch eine Wiederherstellung heißt auf Englisch **Recovery**. Dieser Begriff hat sich mittlerweile auch in der deutschen Sprache als Fachbegriff etabliert. Man bezeichnet mit ihm alle Verfahren zur Wiederherstellung eines korrekten Datenbestandes. Wir werden in diesem Kapitel besprechen, wie es mit Hilfe der **Transaktionen** möglich wird, solche Wiederherstellungen zu realisieren und zu automatisieren. Das entscheidende Werkzeug ist dabei eine **Redundanz**. Mit Redundanz ist hier nicht die logische Redundanz gemeint, die wir seit zwölf Kapiteln energisch bekämpfen, sondern eine physikalische Redundanz, die uns die Wiederherstellungen erlauben soll.

Alles, was wir hier besprechen werden, ist für die Logik von Applikationen auf beliebigen Datenbanksystemen wichtig und gültig – es gibt hier nichts Spezifisches für relationale Systeme.

13.1 Ein Beispiel

Wir werden in diesem und dem nächsten Kapitel mit der folgenden Verarbeitung arbeiten, die ich *BestellungAusführen(integer nId)* nenne. Diese Verarbeitung bekommt den Primärschlüssel **BESTELLUNGEN.***Id* des Satzes aus der Tabelle BESTELLUNGEN übergeben, dessen zugehörige Bestellung ausgeführt werden soll. Ausführen einer Bestellung bedeutet:

1. Verringerung der Bestandsmenge des bestellten Artikels um die Bestellmenge der entsprechenden Bestellung.

2. Einfügen eines neuen Satzes mit dem Schlüssel *nId* in die Tabelle ERLEDIGTEBESTELLUNGEN und dem aktuellen Datum

Genauer betrachtet sieht die Programmierung dieser Verarbeitung folgendermaßen aus:

BestellungAusführen(integer nId)

============================== Schritt 1 ==============================

Lies den Satz mit der *Id = nId* aus der Tabelle BESTELLUNGEN

Falls solch ein Satz nicht existiert, beende man die Verarbeitung mit der Fehlermeldung:

   „Bestellung nicht vorhanden"

Andernfalls

   speichere man die *Id* des bestellten Artikels in der Variablen *nArtikelId.* und

   die bestellte Menge in der Variablen *nBestellmenge*

========================== Ende Schritt 1 ==========================

============================== Schritt 2 ==============================

Lies den Satz mit der *Id = nId* aus der Tabelle ERLEDIGTEBESTELLUNGEN

Falls solch ein Satz existiert, beende die Verarbeitung mit der Fehlermeldung:

   „Bestellung wurde bereits ausgeführt"

========================== Ende Schritt 2 ==========================

============================== Schritt 3 ==============================

Lies nun den Satz mit der *Id = nArtikelId* aus der Tabelle ARTIKEL

Falls dieser Satz nicht existiert, beende die Verarbeitung mit der Fehlermeldung

   „Datenbestand ist nicht korrekt, bitte den DBA benachrichtigen"

Andernfalls prüfe man, ob die *Bestandsmenge* des Artikels $\geq$ *nBestellmenge* ist.

Falls das nicht der Fall ist, beende man die Verarbeitung mit der Fehlermeldung:

   „Zu geringer Artikelbestand, Bestellung kann nicht ausgeführt werden"

========================== Ende Schritt 3 ==========================

============================== Schritt 4 ==============================

Nun füge man in die Tabelle ERLEDIGTEBESTELLUNGEN den Satz mit der *Id = nId* ein. Der Wert von ERLEDIGTEBESTELLUNGEN.*Commitdatum* erhält dabei einen Wert, der nach dem *Bestelldatum* des entsprechenden Satzes der Tabelle BESTELLUNGEN liegen muss.

========================== Ende Schritt 4 ==========================

====================== Schritt 5 ======================

Nun mache man einen UPDATE auf die ARTIKEL-Tabelle und setze die *Bestandsmenge* des Satzes mit *Id = nArtikelId* auf *Bestandsmenge – nBestellmenge*

====================== Ende Schritt 5 ======================

Damit erhalten wir (mindestens) die folgenden fünf Möglichkeiten für den Ablauf dieser Verarbeitung:

Zeit	Erste Möglichkeit des Verarbeitungsablaufs: *BestellungWirdNichtGefunden*
↓	Lesezugriff auf Tabelle BESTELLUNGEN mit Primärschlüssel *nId*
	Resultat: Kein Satz gefunden
	Beendigung der Verarbeitung mit einer Fehlermeldung

Zeit	Zweite Möglichkeit des Verarbeitungsablaufs: *BestellungWurdeBereitsAusgeführt*
↓	Lesezugriff auf Tabelle BESTELLUNGEN mit Primärschlüssel *nId*
	Der Satz wird erfolgreich gelesen
	Lesezugriff auf Tabelle ERLEDIGTEBESTELLUNGEN mit Primärschlüssel *nId*
	Der Satz wird erfolgreich gelesen
	Beendigung der Verarbeitung mit einer Fehlermeldung

Zeit	Dritte Möglichkeit des Verarbeitungsablaufs: *ArtikelWurdeNichtGefunden*
↓	Lesezugriff auf Tabelle BESTELLUNGEN mit Primärschlüssel *nId*
	Der Satz wird erfolgreich gelesen
	Lesezugriff auf Tabelle ERLEDIGTEBESTELLUNGEN mit Primärschlüssel *nId*
	Resultat: Kein Satz wird gefunden
	Lesezugriff auf Tabelle ARTIKEL mit Primärschlüssel *nArtikelId*
	Resultat: Kein Satz wird gefunden
	Beendigung der Verarbeitung mit einer Fehlermeldung

Zeit	Vierte Möglichkeit des Verarbeitungsablaufs *BestandsmengeZuKlein*
	Lesezugriff auf Tabelle BESTELLUNGEN mit Primärschlüssel *nId*
	Der Satz wird erfolgreich gelesen
	Lesezugriff auf Tabelle ERLEDIGTEBESTELLUNGEN mit Primärschlüssel *nId*
	Resultat: Kein Satz wird gefunden
	Lesezugriff auf Tabelle ARTIKEL mit Primärschlüssel *nArtikelId*
	Der Satz wird erfolgreich gelesen
	ARTIKEL.*Bestandsmenge* ist kleiner als BESTELLUNGEN.*Menge*
	Beendigung der Verarbeitung mit einer Fehlermeldung

Zeit	Fünfte Möglichkeit des Verarbeitungsablaufs *BestellungWirdAusgeführt*
	Lesezugriff auf Tabelle BESTELLUNGEN mit Primärschlüssel *nId*
	Der Satz wird erfolgreich gelesen
	Lesezugriff auf Tabelle ERLEDIGTEBESTELLUNGEN mit Primärschlüssel *nId*
	Resultat: Kein Satz wird gefunden
	Lesezugriff auf Tabelle ARTIKEL mit Primärschlüssel *nArtikelId*
	Der Satz wird erfolgreich gelesen
	BESTELLUNGEN.*Menge* ist kleiner als ARTIKEL.*Bestandsmenge*
	INSERT eines Satzes in die Tabelle ERLEDIGTEBESTELLUNGEN
	UPDATE des zugehörigen Satzes in der Tabelle ARTIKEL (Herabsetzen der *Bestandsmenge*)
	Beendigung der Verarbeitung

Diese verschiedenen Formen der Ausführung eines Programms sollen nun durch ein einheitliches **Transaktionskonzept** in ihren Auswirkungen auf die Konsistenz der Datenbasis kontrolliert werden

13.2 Transaktionen

Definition:

Unter einer **Transaktion** versteht man eine Folge von Operationen auf einem System (hier: auf einer Datenbank), die in Bezug auf die logische Korrektheit dieses Systems als eine unteilbare (**atomare**) Einheit behandelt wird. Damit ist gemeint:

Unter der Annahme, dass sich das System (die Datenbank) vor Beginn der Transaktion in einem formal korrekten Zustand befand, kann nach Beginn der Transaktion die formale Korrektheit des Systems genau dann garantiert werden, wenn die Transaktion vollständig oder überhaupt nicht stattfindet.

Man sagt auch: Transaktionen erfüllen die sogenannten **ACID-Prinzipien**. ACID – das englische Wort für Säure – ist in diesem Zusammenhang ein Akronym, das sich aus den Anfangsbuchstaben der Worte **A**tomicity (Atomarität), **C**onsistency (Konsistenz), **I**solation (Isolation) und **D**urability (Dauerhaftigkeit) zusammensetzt. Es ist folgendermaßen zu verstehen:

A **Atomarität** bedeutet, dass eine Transaktion nur ganz oder gar nicht ausgeführt wird.

C **Konsistenz** bedeutet, dass eine Transaktion einen formal korrekten, also konsistenten Zustand eines Systems wieder in einen konsistenten Zustand überführt. In unserem Falle ist dieses System eine Datenbank

I   **Isolation** bedeutet, dass die Systemzustände, die von einer Transaktion *A* erzeugt werden, von anderen Transaktionen **während des Ablaufs der Transaktion *A*** nicht „gesehen", geschweige denn weiter verändert werden können. Heuer u. Saake schreiben dazu: Transaktionen laufen im simulierten Einbenutzerbetrieb ab. [Heuer]

D   **Dauerhaftigkeit** bedeutet, dass die Ergebnisse einer erfolgreichen Transaktion persistent gesichert werden. Sie können nur durch eine weitere Transaktion wieder geändert werden.

Die Eigenschaft der Isolation wird im nächsten Kapitel über die konkurrierenden Zugriffe auf eine Datenbank eine wichtige Rolle spielen.

Betrachten Sie bitte als Beispiel für eine Transaktion unsere fünfte Möglichkeit des Verarbeitungsablaufs der Funktion *BestellungAusführen(*integer *nId)*. Ich nenne diese Transaktion *BestellungWirdAusgeführt*.

Wie sieht es nun mit den geforderten ACID-Eigenschaften aus, die sicherstellen, dass aus dieser Abfolge von Operationen wirklich eine Transaktion wird? Dazu benötigen wir in **jeder** Programmierumgebung, in der wir datenbankgestützte Applikationen entwickeln, drei Befehle:

- Den Befehl **BEGIN TRANSACTION**, der den Beginn einer Transaktion anzeigt
- Den Befehl **COMMIT**, der bewirkt, dass alle Veränderungen, die während der Transaktion vorgenommen wurden, auf die Festplatte geschrieben und damit dauerhaft gemacht werden. Er ist die erste Möglichkeit zur Beendigung einer Transaktion.
- Den Befehl **ROLLBACK**, der bewirkt, dass alle Veränderungen, die während der Transaktion vorgenommen wurden, wieder rückgängig gemacht werden. Er ist die zweite Möglichkeit zur Beendigung einer Transaktion.

Wenn wir diese Befehle benutzen, könnten wir die Verarbeitung *BestellungAusführen(*integer *nId)* etwa folgendermaßen als Transaktion programmieren:

***BestellungAusführen*(integer *nId*)**

BEGIN TRANSACTION

=============================== Schritt 1 ===============================

Lies den Satz mit der ***Id = nId*** aus der BESTELLUNGEN

Falls solch ein Satz nicht existiert,

    setze Fehlermeldung = *„Bestellung nicht vorhanden"*

    ROLLBACK

    return (d.h. verlasse die Verarbeitung)

Andernfalls

    speichere man die ***Id*** des bestellten Artikels in der Variablen ***nArtikelId***. und

    die bestellte Menge in der Variablen ***nBestellmenge***

=============================== Ende Schritt 1 ===============================

=============================== Schritt 2 ===============================

Lies den Satz mit der ***Id = nId*** aus der Tabelle ERLEDIGTEBESTELLUNGEN

Falls solch ein Satz existiert,

    setze Fehlermeldung = *„Bestellung wurde bereits ausgeführt"*

    ROLLBACK

    return

=============================== Ende Schritt 2 ===============================

=============================== Schritt 3 ===============================

Lies nun den Satz mit der ***Id = nArtikelId*** aus der Tabelle ARTIKEL

Falls dieser Satz nicht existiert,

    setze Fehlermeldung = *„Datenbestand ist nicht korrekt, bitte den DBA benachrichtigen"*

    ROLLBACK

    return

Andernfalls prüfe man, ob die ***Bestandsmenge*** des Artikels $\geq$ ***nBestellmenge*** ist.

Falls das nicht der Fall ist,

    setze Fehlermeldung = *„Zu geringer Artikelbestand, keine Bestellungserledigung möglich"*

    ROLLBACK

    return

=============================== Ende Schritt 3 ===============================

================================ Schritt 4 ================================

Nun füge man in die Tabelle ERLEDIGTEBESTELLUNGEN den Satz mit der **Id = nId** ein. Der Wert von ERLEDIGTEBESTELLUNGEN.***Commitdatum*** erhält dabei einen Wert, der nach dem ***Bestelldatum*** des entsprechenden Satzes der Tabelle BESTELLUNGEN liegen muss.

Falls hier irgendein Fehler auftritt,

ROLLBACK

return

================================ Ende Schritt 4 ================================

================================ Schritt 5 ================================

Nun mache man einen UPDATE auf die ARTIKEL-Tabelle und setze die ***Bestandsmenge*** des Satzes mit **Id = nArtikelId** auf ***Bestandsmenge – nBestellmenge***

Falls hier irgendein Fehler auftritt,

ROLLBACK

return

================================ Ende Schritt 5 ================================

COMMIT

return;

Jetzt werden aus all unseren fünf Möglichkeiten des Verarbeitungsablaufs Transaktionen, die den ACID-Prinzipien genügen. Wir werden das gleich für die fünfte Möglichkeit des Verarbeitungsablaufs genauer untersuchen. Lassen Sie mich vorher noch eine Bemerkung zur obigen Programmierung machen:

Sie werden sich fragen: Warum habe ich in den Schritten 1, 2 und 3 ein ROLLBACK programmiert, obwohl doch in diesen Schritten gar keine Veränderungen vorgenommen wurden? Dazu sind zwei Punkte zu sagen:

- Wir haben bei BEGIN TRANSACTION eine Transaktion eröffnet, die muss wieder abgeschlossen werden. Das geht nur mit COMMIT oder ROLLBACK

- In den Schritten 1, 2 und 3 werden mit dem Lesen von Datensätzen Sperrungen dieser Sätze für andere Benutzer vorgenommen, die dann nicht mehr auf diese Sätze zugreifen können. Diese Sperrungen müssen wieder aufgehoben werden. Auch das wird durch COMMIT bzw. ROLLBACK bewirkt.

Über beide Punkte werden wir uns im nächsten Kapitel, wo es um konkurrierende Zugriffe auf eine Datenbank geht noch genauer unterhalten.

Unsere Transaktion *BestellungWirdAusgeführt* sieht nun folgendermaßen aus:

Zeit	Transaktion *BestellungWirdAusgeführt*
t_1	**BEGIN TRANSACTION**
t_2	Lesezugriff auf Tabelle BESTELLUNGEN mit Primärschlüssel *nId* Der Satz wird erfolgreich gelesen
t_3	Lesezugriff auf Tabelle ERLEDIGTEBESTELLUNGEN mit Primärschlüssel *nId* Resultat: Kein Satz wird gefunden
t_4	Lesezugriff auf Tabelle ARTIKEL mit Primärschlüssel *nArtikelId* Der Satz wird erfolgreich gelesen BESTELLUNGEN.*Menge* ist kleiner als ARTIKEL.*Bestandsmenge*
t_5	INSERT eines Satzes in die Tabelle ERLEDIGTEBESTELLUNGEN Falls hier irgendein Fehler auftritt, **ROLLBACK** *return*
t_6	UPDATE des zugehörigen Satzes in der Tabelle ARTIKEL (Herabsetzen der *Bestandsmenge*) Falls hier irgendein Fehler auftritt, **ROLLBACK** *return*
t_7	**COMMIT** *return*;

Nun können wir uns die einzelnen Transaktionscharakteristika genauer ansehen:

A   Atomarität:

Die größte Gefährdung der Datenbankkonsistenz tritt ganz offensichtlich dann auf, wenn der INSERT in die Tabelle ERLEDIGTEBESTELLUNGEN erfolgreich war, aber der UPDATE des zugehörigen ARTIKEL-Satzes nicht vorgenommen wird. Diese zwei Befehle müssen entweder insgesamt oder überhaupt nicht durchgeführt werden.

Für ihre Durchführung sind jedoch die vorhergehenden Befehle notwendig. Wir werden im nächsten Kapitel sehen, wie wir bereits beim Lesen der Sätze aus den Tabellen BESTELLUNGEN und ARTIKEL diese Sätze für UPDATE-Verarbeitungen durch andere, gleichzeitig laufende Transaktionen sperren **müssen** und diese Sperrungen werden erst wieder beim COMMIT bzw. ROLLBACK aufgehoben. Darum gilt das Prinzip der Atomarität: Diese Transaktion muss vollständig ablaufen oder darf gar nicht stattfinden.

C   Konsistenz:

Ganz offensichtlich wird in dieser Transaktion ein formal korrekter, also konsistenter Zustand unserer Datenbank wieder in einen konsistenten Zustand überführt.

I   Isolation:

Die Isolation muss auf Betriebssystemebene gesichert werden. Vergleichen Sie dazu unser nächstes Kapitel, insbesondere den Abschnitt über die Serialisierbarkeit.

D   Dauerhaftigkeit:

Die Dauerhaftigkeit der Ergebnisse eines erfolgreichen Transaktionsablaufs sichert uns der COMMIT-Befehl, der dafür sorgt, dass die vorgenommenen Änderungen physikalisch in die Datenbank auf dem Festspeichermedium geschrieben werden.

Ein System, das diese Prinzipien, insbesondere das Prinzip der Atomarität sichert, heißt **Transaktionsmanager.** Die wichtigsten Werkzeuge dafür sind unsere drei Befehle BEGIN TRANSACTION, COMMIT und ROLLBACK.

Beachten Sie dabei bitte die folgenden sehr wichtigen Punkte. Sie können sich diese anhand unseres Beispiels der Transaktion *BestellungWirdAusgeführt* gut verdeutlichen:

- Das sogenannte **implizite Rollback**: Wir haben in unserer Verarbeitung mehrere ROLLBACK-Befehle explizit definiert. Diese expliziten ROLLBACK-Befehle werden durchgeführt, um die bis dahin erfolgten Verarbeitungen rückgängig zu machen, falls ein Fehler auftritt, den wir vorhersehen konnten. Allerdings kann es natürlich andere, unvorhersehbare Ereignisse geben, die mit unserer Transaktion nichts zu tun haben, die aber unsere Transaktion „in der Mitte" unterbrechen. Auslöser für solche Unterbrechungen können sowohl auf Seiten der Datenbank liegen, solche Unterbrechungen können aber auch von anderen, parallel laufenden, eventuell fehlerhaften Verarbeitungen verursacht werden. Auch in solchen Fällen wollen wir natürlich, dass unser Transaktionsmanager ein ROLLBACK startet. Wir nennen so etwas ein **implizites** (weil nicht explizit programmiertes) **Rollback**.

- Das **Wiederherstellungsprotokoll**: Das englische Wort für Protokoll ist **log** oder **journal** und Sie werden während Ihres Studiums und später in Ihrer beruflichen Praxis alle möglichen Begriffe lesen, hören und verwenden, die alle damit zusammenhängen. Die genaueste Übersetzung für Wiederherstellungsprotokoll ist **Recovery log** [1]. So ein Protokoll ist nötig, um Veränderungen wieder rückgängig zu machen und das System führt ein Protokoll über sämtliche Update-Details auf einem Festspeichermedium. Genauer gesagt, werden bei einem Update der Zustand des Satzes vor dem Update (das so genannte **before image**) und der Zustand nach dem Update (das so genannte **after image**) in dem Protokoll, dem **log file**, gespeichert. Mit diesen Informationen kann der Update gegebenenfalls wieder rückgängig gemacht werden.

- Bitte beachten Sie, dass wir zunächst strikt davon ausgehen, dass – zumindest auf logischer Ebene – zu **einem** bestimmten Zeitpunkt nur **eine** Transaktion abläuft. Insbesondere bedeutet das, dass wir keine ineinander verschachtelten Transaktionen zulassen. Mit diesem Standpunkt können wir sehr gut verstehen, was für ein Konzept dem Transaktionsbegriff zu Grunde liegt. Diesen Standpunkt wird man später weniger streng handhaben, vergleichen Sie dazu [Date1].

- Konsequenterweise bedeutet die Ausführung eines Programms immer die **sequentielle Abfolge von Transaktionen**. (Verzeihen Sie den Pleonasmus, aber dieser Sequenzcharakter kann gar nicht genug unterstrichen werden)

13.3 Die Wiederherstellung von Verarbeitungen einer Transaktion

Es gilt:

1. Alles, was **vor** dem letzten COMMIT passiert ist, gilt für die Ewigkeit und kann nur durch eine weitere erfolgreich durchgeführte Transaktion geändert werden.

2. **Nach** einem COMMIT werden alle etwaigen Sperrungen von Datensätzen für andere Verarbeitungen aufgehoben. (vgl. nächstes Kapitel) Ebenso werden sämtliche Positionierungen von Verarbeitungszeigern auf die aktuell behandelten Sätze der Datenbank – die so genannten CURSOR-Informationen – initialisiert.

---

[1] Vorsicht vor der (akustischen) Verwechslung von **log** (Protokoll) und **lock** (Sperrung von Datensätzen)

Wir betrachten jetzt den Fall, dass das System **nach** einem COMMIT abstürzt, jedoch **vor** dem physikalischen Schreiben der Datenbank-Updates auf das Festspeichermedium. Jetzt werden beim Neustart des Systems mit Hilfe des Recovery logs die durch den COMMIT-Befehl bereits „verewigten", aber noch nicht auf die Festplatte geschriebenen Updates **nachgeholt**. Damit das funktioniert, brauchen wir die sogenannte **write-ahead log-Regel**. Diese Regel besteht aus drei Teilen:

write-ahead log-Regel:

- Der Protokollsatz für einen Datenbank-Update muss physikalisch in die Protokolldatei geschrieben werden, **bevor** der Update physikalisch in die Datenbank geschrieben wurde.

- Bevor der Protokollsatz für das COMMIT einer Transaktion in die Protokolldatei geschrieben wird, müssen **erst alle anderen Protokollsätze** für diese Transaktion in die Protokolldatei geschrieben worden sein.

- Bevor der COMMIT-Protokollsatz einer Transaktion nicht physikalisch in die Protokolldatei geschrieben wurde, darf die COMMIT-Verarbeitung nicht beendet sein.

Mit dieser Regel können Sie sicher sein, dass ein einmal vollzogenes COMMIT alles, was vorher passiert ist, als physikalisch in der Datenbank abgelegt gesichert hat.

13.4 Wiederherstellungen der Datenbank bei Systemfehlern

Bisher haben wir vor allem über sogenannte lokale Fehler wie den Absturz einer einzelnen Transaktion gesprochen. In diesem Abschnitt möchte ich mit Ihnen globalere Katastrophen wie z.B. einen Stromausfall oder das unbeabsichtigte Betätigen des Restart-Schalters betrachten. Ich nenne solche Fehler **Systemfehler**. Die Charakteristik des Systemfehlers ist: der komplette Inhalt des Hauptspeichers ist verloren.

Die Verarbeitungen sämtlicher Transaktionen, die zu diesem Zeitpunkt aktiv waren, müssen daher bei einem Neustart des Systems rückgängig gemacht werden. Allerdings, der vorige Abschnitt hat uns gezeigt: Es kann auch Transaktionen geben, die bei einem Neustart des Systems wiederholt werden müssen.

Also: Bei einem Neustart gibt es zwei Arten von Transaktionen:

- Transaktionen, die rückgängig zu machen sind und
- Transaktionen, die wiederholt werden müssen.

Wie geht das System nun vor, um bei einem Neustart entscheiden zu können, welche Transaktionen rückgängig zu machen sind und welche Transaktionen zu wiederholen sind?

Das System setzt in bestimmten, vorher festgelegten Intervallen automatisch einen sogenannten **Haltepunkt**. Das englische Wort dafür ist **checkpoint**. Typischerweise richtet sich die Länge dieser Intervalle nach einer vorher festgelegten Anzahl von Datensätzen, die in die Protokolldatei geschrieben wurden. Das Setzen eines Haltepunkts bedeutet:

1. Die Inhalte des Hauptspeichers werden physikalisch in die Datenbank auf dem Festspeichermedium geschrieben.
2. Ein spezieller Checkpoint-Protokollsatz, der eine Liste aller aktuell aktiven, d.h. gestarteten, aber noch nicht beendeten Transaktionen enthält, wird in die Protokolldatei geschrieben.

Betrachten Sie nun Bild 13.1, um eine Vorstellung davon zu bekommen, wie diese Informationen genutzt werden.

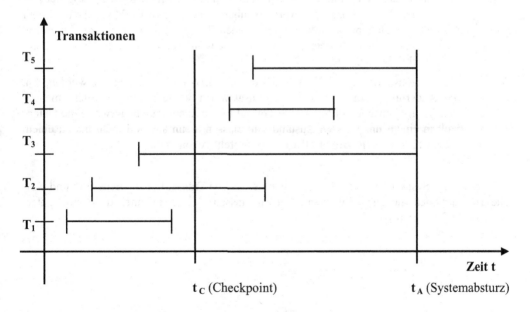

Bild 13-1 Fünf verschiedene Arten von Transaktionen

- Zum Zeitpunkt t_A erfolgt ein systemweiter Absturz des gesamten Systems.

- Der letzte Haltepunkt vor diesem Systemabsturz wurde zum Zeitpunkt t_C gesetzt.

- Transaktion T_1 wurde erfolgreich vor dem Setzen des letzten Haltepunkts abgeschlossen.

- Transaktion T_2 begann vor dem Setzen des letzten Haltepunkts und endete erfolgreich nach dieser Zeit t_C und vor dem Systemabsturz zum Zeitpunkt t_A.

- Transaktion T_3 begann ebenfalls vor dem Setzen des letzten Haltepunkts, war aber zum Zeitpunkt t_A des Absturzes noch nicht beendet. Hier waren also weder die Befehle COMMIT noch ROLLBACK aufgerufen worden.

- Transaktion T_4 begann nach dem Setzen des letzten Haltepunkts und endete erfolgreich vor dem Zeitpunkt t_A des Absturzes.

- Transaktion T_5 begann nach dem Setzen des letzten Haltepunkts, war aber zum Zeitpunkt t_A des Absturzes noch nicht beendet.

Wenn Sie ein bisschen überlegen, wird Ihnen klar, was bei einem Neustart des Systems passieren muss:

1. Mit den Ergebnissen der Transaktion T_1 muss überhaupt nichts mehr gemacht werden, hier ist alles erledigt, abgespeichert. T_1 taucht im Protokoll gar nicht mehr auf.

2. Die Transaktionen T_2 und T_4 müssen noch einmal wiederholt werden, es findet sich zwar in der Protokolldatei der Vermerk über den erfolgten COMMIT-Befehl, aber beim letzten Haltepunkt waren diese beiden Transaktionen noch aktiv, niemand weiß, ob die vorgenommenen Änderungen auch wirklich physikalisch in die Datenbank geschrieben wurden.

3. Für die Transaktionen T_3 und T_5 muss ein ROLLBACK vorgenommen werden, d.h. alle Änderungen, die von diesen Transaktionen vorgenommen wurden, müssen rückgängig gemacht werden. Beide Transaktionen haben möglicherweise die Datenbank in einem unkorrekten Zustand hinterlassen, denn sie sind nicht bis zu einem COMMIT- oder expliziten ROLLBACK-Befehl gekommen.

Wie findet das System nun beim Neustart heraus, welche Transaktionen wiederholt und welche Transaktionen rückgängig gemacht werden müssen? Ich stelle Ihnen dazu zwei unterschiedliche Strategien vor.

Die erste Strategie (*erst rückgängig machen, dann wiederholen*):

1. Man definiert zwei (leere) Listen, die so genannte *Rollback-Liste* und die *Wiederholungs-Liste*.

2. In die *Rollback-Liste* setze man alle Transaktionen, die beim letzten Haltepunkt als aktiv gemeldet wurden. In unserem Beispiel sind jetzt T_2 und T_3 in der *Rollback-Liste*, die *Wiederholungs-Liste* ist zunächst leer.

3. Nun durchsuche man die Protokolldatei ab dem Zeitpunkt t_C der letzten Haltepunktsetzung bis zum Systemabsturz.

4. Wann immer man für eine Transaktion auf einen BEGIN TRANSACTION-Protokollsatz stößt, wird diese Transaktion in die *Rollback-Liste* eingetragen. In unserem Beispiel kommen so auch noch die Transaktionen T_4 und T_5 in die *Rollback-Liste*.

5. Findet man dagegen für eine Transaktion einen COMMIT-Protokollsatz, so wird diese Transaktion aus der *Rollback-Liste* gelöscht und in die *Wiederholungs-Liste* eingetragen. In unserem Beispiel werden daher die Transaktionen T_2 und T_4 aus der *Rollback-Liste* gelöscht und in die *Wiederholungs-Liste* eingetragen.

Sie sehen: Mit diesem Vorgehen verteilen wir die Transaktionen genau in die „Bearbeitungskörbe", in die wir sie auch hinein haben wollen.

Die Verarbeitung geht zunächst rückwärts (in zeitlicher Hinsicht) durch die Protokolldatei und nimmt die Verarbeitungen der Transaktionen aus der *Rollback-Liste* zurück. Dann kehrt sich die Verarbeitungsrichtung wieder um und die Verarbeitungen der Transaktionen aus der *Wiederholungs-Liste* werden noch einmal vorgenommen.

Die Wiederholung der Transaktionen aus der *Wiederholungs-Liste* wird auch oft **forward recovery** genannt, die Rückname der Transaktionsverarbeitungen aus der *Rollback-Liste* nennt man dementsprechend **backward recovery**.

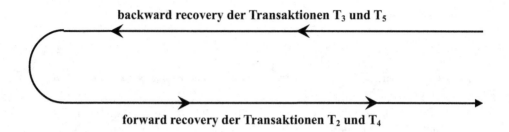

Bild 13-2 backward und forward recovery in der Strategie „ *erst rückgängig machen, dann wiederholen* "

Die zweite Strategie (*erst wiederholen, dann rückgängig machen*):

Diese Strategie ist heutzutage weiter verbreitet als die erste Strategie, sie hat sich als effizienter erwiesen. Für diese Strategie hat sich das Akronym **ARIES** (**A**lgorithms for **R**ecovery and **I**solation **E**xploiting **S**emantics) als Name gebildet. Die ARIES-Verarbeitung gliedert sich in drei Teile:

1. Aufbau der *Rollback-Liste* und der *Wiederholungs-Liste* – genau wie oben für die erste Strategie beschrieben

2. Starte zu einem geeignet frühem Zeitpunkt, der in der ersten Phase der Listenerstellung ermittelt wurde, in der Protokolldatei mit der Wiederholungsverarbeitung für alle Transaktionen, die in der *Wiederholungs-Liste* stehen

3. Mache einen ROLLBACK für alle Transaktionen, die kein COMMIT melden konnten.

Bitte beachten Sie, dass diese Reihenfolge (*erst wiederholen, dann rückgängig machen*) den Effekt hat, dass unter Umständen Transaktionen wiederholt werden, die dann in Phase 3 wieder ungeschehen gemacht werden. Darum sagt man auch, dass bei dieser Strategie die Wiederholungsphase eine echte Wiederholung der Transaktions-„Geschichte" vor dem Absturz ist.

13.5 Zusammenfassung

Transaktionen bilden die Einheit für die Verarbeitung von Daten und für die Wiederherstellung von logisch korrekten Systemzuständen, die auf Grund von lokalen oder globalen Fehlern unkorrekt geworden sind.

- Ich beginne in Abschnitt 13.1 das Kapitel mit einem Beispiel für eine Verarbeitung, die wir im nächsten Abschnitt als Transaktion programmieren werden. Ich zeige Ihnen, dass diese Verarbeitung – je nach Ablauf – im tatsächlichen Programmablauf sehr unterschiedlich ausfallen kann. Wir werden mit diesem Beispiel im nächsten Kapitel noch weiterarbeiten.

- Im Abschnitt 13.2 definieren wir dann Transaktionen, wir erläutern die sogenannten ACID-Prinzipien und wir führen die drei Befehle BEGIN TRANSACTION, COMMIT und ROLLBACK ein, die zum Programmieren einer Transaktion nötig sind. Anschließend zeigen wir im Pseudocode, wie die Verarbeitung aus Abschnitt 13.1 als Transaktion zu programmieren ist. Dabei ist darauf zu achten, dass bei allen Ablaufmöglichkeiten stets eine Transaktion abläuft, die mit COMMIT oder ROLLBACK terminiert wird.

- Weiter definieren wir im Abschnitt 13.2 das sogenannte implizite Rollback und den zentralen Begriff für jede Art der Wiederherstellung: das Wiederherstellungsprotokoll (englisch: recovery log). Wir stellen fest: Transaktionen müssen logisch isoliert ablaufen, ein Programmablauf bedeutet eine sequentielle Abfolge von Transaktionen.

- Im Abschnitt 13.3 besprechen wir die write-ahead log-Regel, die sicherstellen soll, dass Transaktionsverarbeitungen, die nach einem COMMIT aber vor dem physikalischen Wegschreiben der veränderten Daten auf den Datenträger abstürzen, wiederholt werden können.

- Im letzten Abschnitt schließlich diskutieren wir, wie nach einem Systemfehler bei einem Neustart des Systems unsere Datenbank wieder in einen formal korrekten Zustand gebracht werden kann. Wir brauchen dazu den Begriff der Haltepunkte (englisch check points) und diskutieren zwei verschiedene Strategien zur Wiederherstellung der Datenbasis

Übungsaufgaben

1. Wir haben im Abschnitt 13.1 eine Verarbeitung *BestellungAusführen* diskutiert, die zu einer übergebenen BESTELLUNGEN.*Id* die notwendigen Buchungen zur Ausführung dieser Bestellung vornahm. Eine professionelle Anwendung zur Verarbeitung der Datenbank **Allerhand** muss natürlich auch eine Funktion enthalten, mit der irrtümlich vorgenommene Bestellungsausführungen wieder rückgängig gemacht werden können. Nennen Sie diese Verarbeitung *StornoBestellungAusführen* und diskutieren Sie diese genau so ausführlich wie wir das mit *BestellungAusführen* im Abschnitt 13.1 getan haben.

2. (Fortsetzung von Aufgabe 1) Wir haben dann im Abschnitt 13.2 die Verarbeitung *BestellungAusführen* im Pseudocode **als Transaktion** programmiert. Machen Sie dasselbe mit der Verarbeitung *StornoBestellungAusführen*.

3. Nehmen Sie an, unsere Artikeldatei hätte 1 Million Sätze und die Artikelnummer sollte bei allen Artikeln geändert werden: man möchte bei allen Artikeln den UPDATE

$$SET \ \ Artikelnr \ = \ Artikelnr + \text{'0'}$$

durchführen. Die bisher achtstellige Artikelnummer soll neunstellig werden. Entwerfen Sie ein genaues zeitliches Szenario über den zeitlichen Ablauf dieses Updates, in dem alle Komponenten vorkommen, die wir in der **write-ahead log-Regel** erwähnt haben:

- Die Protokollsätze für Updates der einzelnen Sätze der ARTIKEL-Tabelle und ihre Speicherung in der Protokolldatei.
- Die eigentliche Speicherung der Updates der Datensätze in der ARTIKEL-Tabelle.
- Die COMMIT-Verarbeitung.
- Die Speicherung des Protokollsatzes für die COMMIT-Verarbeitung.

Natürlich soll die **write-ahead-log-Regel** eingehalten werden.

4. (Fortsetzung von Aufgabe 3) Simulieren Sie nun in dem von Ihnen erarbeiteten Szenario zu allen möglichen Zeitpunkten einen Systemabsturz. Für welche Situationen gilt:

    - Die bis zum Absturz erfolgten Updates der Transaktion müssen rückgängig gemacht werden?

    Und für welche anderen Situationen gilt:

    - Die bis zum Absturz erfolgten Updates der Transaktion sind bereits „ewig" und müssen gegebenenfalls wiederholt werden?

5. Wir haben im Abschnitt 13.4 die **ARIES**-Strategie zur Wiederherstellung von konsistenten Zuständen nach einem Systemabsturz besprochen. Finden Sie Transaktionsabläufe, Transaktionsszenarien, wo bei dieser Strategie Transaktionen zuerst wiederholt und dann wieder ungeschehen gemacht werden.

14 Konkurrierende Zugriffe

Schon im ersten Kapitel haben wir die Anforderung an eine Datenbank diskutiert, mehrere, „gleichzeitig" erfolgende Zugriffe auf die Datenbasis verarbeiten zu können. Ich habe das Wort „gleichzeitig" in Anführungszeichen gesetzt, weil zu einem gegebenen Zeitpunkt natürlich immer nur ein einziger Zugriff stattfinden kann. Aber: Es ist sehr gut möglich, dass mehrere Transaktionen (aus verschiedenen Programmen) abwechselnd auf die Datenbank zugreifen, ehe sie mit einem COMMIT oder ROLLBACK beendet werden. Das kann zu dramatischen Unkorrektheiten der Datenbank bzw. zu einer vollständigen gegenseitigen Blockade der verschiedenen Verarbeitungen führen, wenn man keine Gegenmaßnahmen ergreift. Wir werden uns hier mit dieser Problematik beschäftigen. Wieder gilt:

Alles, was wir hier besprechen werden, ist für die Logik von Applikationen auf beliebigen Datenbanksystemen wichtig und gültig – es gibt hier nichts Spezifisches für relationale Systeme.

Ich beginne mit der Beschreibung dreier klassischer Probleme, die bei einem Mehrbenutzerbetrieb mit konkurrierenden Zugriffen auf eine Datenbank auftreten können:

14.1 Drei Probleme bei konkurrierenden Datenbankzugriffen

1. Das Problem des verlorenen Update

Betrachten Sie das folgende Bild 14-1 über den Ablauf zweier Transaktionen **A** und **B**, die beide denselben Datensatz *recordx* aus einer Datenbank bearbeiten wollen.

Transaktion A	Zeit	Transaktion B
------		------
------		------
recordx wird gelesen	t_1	------
------		------
------	t_2	*recordx* wird gelesen
------		------
Es findet ein UPDATE von *recordx* statt	t_3	------
------		------
------	t_4	Es findet ein UPDATE von *recordx* statt
------		------

Bild 14-1 Der Update von der Transaktion **A** wird zum Zeitpunkt t_4 von der Transaktion **B** wieder rückgängig gemacht

Hier passiert das folgende:

- Transaktion **A** liest den Datensatz *recordx* aus der Datenbank zum Zeitpunkt t_1.

- Etwas später – zum Zeitpunkt t_2 – liest Transaktion **B** denselben Datensatz *recordx* mit denselben Werten aus der Datenbank

- Danach schreibt Transaktion **A** den Datensatz *recordx* zum Zeitpunkt t_3 verändert in die Datenbank zurück.

- Und schließlich schreibt Transaktion **B** noch später seine Veränderungen an dem zum Zeitpunkt t2 gelesenen *recordx*, der **nichts** von den in der Zwischenzeit durch die Transaktion **A** vorgenommenen Änderungen weiß, zurück und macht damit den Update der Transaktion **A** wieder rückgängig.

Ich gebe Ihnen zur Verdeutlichung noch ein konkretes Beispiel:

Transaktion A	Zeit	Transaktion B
------ ------ Artikel mit der *Id* = 1 und der *Bezeichnung* = „Lampenschirme" wird gelesen ------	t_1	------ ------ ------ ------ ------ ------
Der *Preis* wird von 10,13 € auf 12 € verändert ------	t_2	Artikel mit der *Id* = 1 und der *Bezeichnung* = „Lampenschirme" wird gelesen ------
------ Der in der Transaktion **A** veränderte Satz wird in die Tabelle ARTIKEL zurückgeschrieben ------	t_3	Die *Bestandsmenge* wird von 669 auf 900 angehoben ------
------ ------ ------ ------ ------	t_4	------ Der in der Transaktion veränderte Satz wird in die Tabelle ARTIKEL zurückgeschrieben und zwar mit dem **alten** *Preis* 10,13 € ------

Bild 14-2 Der Update von der Transaktion **A**, bei dem der Artikelpreis von 10,13 € auf 12 € verändert wurde, wird zum Zeitpunkt t_4 in der Transaktion **B** wieder rückgängig gemacht

2. Das Problem der Weiterverarbeitung von Datensätzen, die von einer anderen Transaktion verändert wurden, ohne dass diese Änderung jemals durch ein COMMIT bestätigt und festgeschrieben wurde

Dieses Problem entsteht, wenn es einer Transaktion **A** gestattet wird, einen Datensatz – wir nennen ihn wieder *recordx* – zu lesen, der von einer anderen Transaktion **B** verändert wurde, dessen Veränderung durch **B** aber (noch?) nicht durch ein COMMIT bestätigt wurde. Dieses Problem wird sogar noch ernster, wenn die Transaktion **A** den Datensatz *recordx* auch noch weiter verändert. Denn kein COMMIT bedeutet: Es gibt die Möglichkeit eines ROLLBACK und in diesem Fall bearbeitet die Transaktion **A** einen Datensatz mit Werten, die nicht korrekt sind und die in der Datenbank gar nicht mehr existieren.

Betrachten Sie dazu die folgenden Bilder:

Transaktion A	Zeit	Transaktion B
------		------
------		------
------	t_1	Es findet ein UPDATE von *recordx* statt
------		------
recordx wird gelesen	t_2	------
------		------
------	t_3	ROLLBACK
------		------

Bild 14-3 Ab dem Zeitpunkt t_3 arbeitet Transaktion **A** mit einem unkorrekten Datensatz *recordx*

Transaktion A	Zeit	Transaktion B
------		------
------		------
------	t_1	Es findet ein UPDATE von *recordx* statt
------		------
Es findet ein UPDATE von *recordx* statt	t_2	------
------		------
------	t_3	ROLLBACK
------		------

Bild 14-4 Ab dem Zeitpunkt t_3 arbeitet Transaktion **A** mit einem unkorrekten Datensatz *recordx* – der UPDATE von Transaktion **A** ist rückgängig gemacht worden, ohne dass Transaktion **A** etwas davon weiß.

3. Das Problem der unkorrekten Analyse

ARTIKEL.*Bezeichnung*	Id	*Bestandsmenge*
Steinway Flügel	4	7
Altsaxophon	7	98
Fake Book	11	920

Transaktion A	Zeit	Transaktion B
------		------
nBestandsmengenSumme = 0		------
Lies den ARTIKEL-Satz mit der *Id* = 4	t_1	------
nBestandsmengenSumme = 7		------
------		------
Lies den ARTIKEL-Satz mit der *Id* = 7	t_2	------
nBestandsmengenSumme = 105		------
------		------
------	t_3	Lies den ARTIKEL-Satz mit der *Id* = 11
------		------
------	t_4	UDATE dieses Satzes, dabei setze man
------		die *Bestandsmenge* **von 920 auf 910**
------		------
------	t_5	Lies den ARTIKEL-Satz mit der *Id* = 7
------		------
------	t_6	UDATE dieses Satzes, dabei setze man
------		die *Bestandsmenge* **von 98 auf 108**
------		------
------	t_7	COMMIT

Lies den ARTIKEL-Satz mit der *Id* 11		
nBestandsmengenSumme = 105 +910 =	t_8	
1015; Richtig wäre: 1025		

Bild 14-5 Transaktion **A** macht eine unkorrekte Analyse

Betrachten Sie folgendes Beispiel:

Ein Mitarbeiter der Abteilung Musikalien in unserem Versandhauses Allerhand will wissen, wie viele Artikel der **Artikelgruppe** *Musikalien* noch im Lager sind. Das ermittelt er so, dass er nach und nach die einzelnen ARTIKEL-Sätze dieser Artikelgruppe liest und dann Summen bildet. Das wird unsere Transaktion **A**.

Wir haben in unserer ARTIKEL-Tabelle drei Artikel aus der **Artikelgruppe** *Musikalien*:

- Den Steinway Flügel mit der *Id* = 4 und der *Bestandsmenge* = 7
- Das Altsaxophon mit der *Id* = 7 und der *Bestandsmenge* = 98
- Das Fake Book mit der *Id* = 11 und der *Bestandsmenge* = 920

Zur selben Zeit, zu der die Transaktion **A** abläuft, erkennt ein anderer Mitarbeiter aus der Abteilung Musikalien, dass er versehentlich zehn neu gelieferte Saxophone bei der Bestandsmenge der Fake Books hinzu addiert hat. Er macht diesen Fehler wieder rückgängig, vermindert die Bestandsmenge der Fake Books um 10 und erhöht die Bestandsmenge der Altsaxophone um 10. Diese Transaktion nennen wir **B**. Entnehmen Sie der Abbildung 14-5, wie die Summenanalyse der Transaktion **A** in diesem Fall zu einem fehlerhaften Ergebnis kommen kann.[1]

Ich möchte die oben besprochene Problematik noch genauer klassifizieren. Dabei gehen wir vereinfachend davon aus, dass (nur) zwei Transaktionen **A** und **B** gleichzeitig ablaufen. Wir symbolisieren einen reinen Lesezugriff auf einen Satz der Datenbank durch den Buchstaben **R** und wir symbolisieren einen Zugriff, bei dem der Datensatz auch verändert wird – also einen UPDATE – durch den Buchstaben **W**.[2] Dann erhalten wir die Problem-Matrix in Bild 14-6. Diese Matrix ist so zu lesen, dass der Zugriff der Transaktion **A** immer zuerst erfolgt.

	B : R	**B : W**
A : R	Völlig unproblematisch	Problem der nicht korrekten Analyse Das unwiederholbare Lesen
A : W	Problem der Weiterverarbeitung von nicht bestätigten Veränderungen	Problem des verlorenen Update

Bild 14-6 Problemmatrix bei verschiedenen Read/Write - Konstellationen

Wir erhalten vier Fälle:

- **A** und **B** machen beide einen nur lesenden Zugriff: Diese Situation ist völlig unproblematisch.
- **A** liest *recordx* und **B** verändert anschließend *recordx*: Diese Konstellation kann zum Problem der nicht korrekten Analyse führen. Außerdem wird die Transaktion **A**

---

[1] Diese Unkorrektheit wird in der Literatur oft **Inkonsistenz** genannt.
[2] **R** für Read, **W** für Write

bei einem wiederholten Lesen von *recordx* unter Umständen einen anderen Satz erhalten als beim ersten Lesen. Dieses Problem nennt man **das unwiederholbare Lesen**.

- **A** schreibt einen Datensatz *recordx* verändert zurück und danach kann *recordx* von
  der Transaktion **B** gelesen werden. Wenn das geschieht, bevor in der Transaktion **A**
  der COMMIT-Befehl abgesetzt wurde, kann das zum Problem der Weiterverarbeitung von nicht bestätigten Veränderungen führen. Man nennt den Lesezugriff von **B**
  ein **schmutziges Lesen**.

- Erst schreibt **A** einen Datensatz *recordx* zurück in die Datenbank, anschließend
  schreibt Transaktion **B** seine Veränderung von *recordx* in die Datenbank. Dies kann
  zum Problem des verlorenen Update führen. Falls **B** diesen Update machen kann,
  nennt man ihn ein **schmutziges Schreiben**.

14.2 Locking

Alle diese Probleme, die wir bisher besprochen haben, können durch einen einzigen Kon-
trollmechanismus für konkurrierende Transaktionen vermieden werden. Dieser Kontrollme-
chanismus heißt auf Englisch Locking. Alle Kolleginnen und Kollegen, die ich während
meiner beruflichen Praxis kennen gelernt habe, haben immer dieses englische Wort benutzt.
Die deutsche Übersetzung dafür ist „*Sperrung*" und ich werde beide Begriffe synonym benutzen, um Sie (wie bei anderen Gelegenheiten auch) auf die sprachlichen Gepflogenheiten
der Computerbranche vorzubereiten.

Das Prinzip ist einfach: Für die gesamte Zeit, in der sich eine Transaktion mit einem bestimmten Datensatz beschäftigt, kann diese Transaktion eine Sperrung dieses Datensatzes für
alle anderen Transaktionen veranlassen. Dieser Datensatz ist dann für diese Transaktion „ge-
lockt", d.h. niemand sonst kann diesen Datensatz während dieser Zeit verändern.

Im Einzelnen gilt:

1. Man unterscheidet sogenannte **exklusive Sperrungen**, englisch: **exclusive locks,** abgekürzt: **X-Locks** und **gemeinsame Sperrungen**, englisch: **shared locks**, abgekürzt: **S-
   Locks**. In diesem Kapitel reden wir nur von Sperrungen von vollständigen Datensätzen.
   Es gibt aber auch andere Möglichkeiten. Vergleichen Sie dazu bitte [Date1].
2. Während eine Transaktion A einen Datensatz mit einem X-Lock gesperrt hält, kann eine
   andere Transaktion B keine Sperrung dieses Datensatzes – gleichgültig welcher Art –
   durchführen.
3. Während eine Transaktion A einen Datensatz mit einem S-Lock gesperrt hält,

   - kann eine andere Transaktion B **keine exklusive Sperrung** dieses Datensatzes durch-
     führen – aber

- eine andere Transaktion B kann ebenfalls **eine gemeinsame Sperrung** dieses Datensatzes veranlassen oder besser formuliert: eine andere Transaktion B kann sich ebenfalls an der bereits bestehenden **gemeinsamen Sperrung** dieses Datensatzes beteiligen.

Betrachten sie dazu die folgende Kompatibilitätsmatrix für unsere beiden Sperrungsarten:

	Exklusive Sperrung	Gemeinsame Sperrung	Keine Sperrung
Exklusive Sperrung	Nicht möglich	Nicht möglich	Möglich
Gemeinsame Sperrung	Nicht möglich	Möglich	Möglich
Keine Sperrung	Möglich	Möglich	Möglich

Bild 14-7 Kompatibilitätsmatrix für die Sperrungsarten X-Lock und S-Lock

Nun muss man ein sogenanntes **Datenzugriffs-Protokoll** oder **Sperrprotokoll** definieren, dass festlegt, wie in den Transaktionen mit den jeweils behandelten Datensätzen zu verfahren ist. Ich zeige Ihnen jetzt eine Möglichkeit, wie man verfahren kann, um Probleme der Art, wie wir sie in Abschnitt 14.1 besprochen haben, zu vermeiden.

1. Eine Transaktion, die einen Datensatz lesen will, muss zuerst einen S-Lock, eine gemeinsame Sperrung dieses Satzes vornehmen.

2. Eine Transaktion, die einen Datensatz verändern will, muss zuerst ein X-Lock dieses Satzes vornehmen. Gegebenenfalls wird ein bereits bestehendes S-Lock dieses Satzes zu einer exklusiven Sperrung aufgewertet. Bitte beachten Sie, dass diese Sperrungen im Normalfall implizit, d.h. ohne eine explizite „Sperrungsprogrammierung" vorgenommen werden. Ein SELECT, d.h. ein Lesezugriff bewirkt „automatisch" eine gemeinsame Sperrung, ein S-Lock und INSERT, UPDATE und DELETE-Operationen bewirken „automatisch" exklusive Sperrungen.

3. Falls eine Lock-Anforderung einer Transaktion B nicht erfüllt werden kann, weil sie in Konflikt mit einer Sperrung des fraglichen Datensatzes durch eine Transaktion A ist (vgl. unsere Matrix in Bild 14-7), geht B in ein sogenanntes **Wartestadium** über. Das englische Wort dafür ist **wait state**. Dieses Wartestadium ist dann zu Ende, wenn die Transaktion A den Satz wieder freigegeben hat und alle anderen Transaktionen, die schon vorher einen Lock auf diesen Satz angemeldet haben, ebenfalls bis hin zur Freigabe dieses Satzes abgelaufen sind. Sperrungsanforderungen sollten in der Reihenfolge der Eingänge bearbeitet werden.

4. Grundsätzlich gilt: Ausschließliche Sperrungen (X-Locks) und Gemeinsame Sperrungen (S-Locks) sollten am Ende einer Transaktion, also beim COMMIT oder ROLLBACK-

Befehl wieder aufgehoben werden. Insbesondere für X-Locks ist diese Vorschrift zwingend.

Es gibt verschiedene Protokollarten, die alle mit dieser Sperrungslogik arbeiten. Ein sehr weit verbreitetes Protokoll mit dieser Sperrungslogik heißt **striktes Zweiphasen-Sperrprotokoll**, auf Englisch: **strict two-phase locking**. Die obigen Punkte 1. bis 4. sind noch nicht die vollständige Definition dieses Protokolls. Es kommen andere Punkte hinzu, die wir im **Abschnitt 14.5** besprechen werden. Dort wird Ihnen auch die Bedeutung dieses Namens klar werden. Sie werden sehen, inwiefern dieses Protokoll jede Transaktion in **genau zwei Phasen** aufteilt und wodurch diese Phasen definiert sind. Und Sie werden wissen, warum man dieses Protokoll **strikt** nennt.

14.3 Unsere drei Probleme aus Abschnitt 14.1 unter den Bedingungen des Sperrprotokolls

1. Das Problem des verlorenen Update

Betrachten Sie das folgende Bild 14-8. Es ist eine Modifikation unseres alten Ablaufdiagramms in Bild 14-1 über den Ablauf zweier Transaktionen **A** und **B**, die beide denselben Datensatz *recordx* bearbeiten wollen.

Transaktion A	Zeit	Transaktion B
------		------
------		------
recordx wird gelesen. Es wird eine gemeinsame Sperrung dieses Datensatzes, ein S-Lock veranlasst.	t_1	------
		------
------		------
------		*recordx* wird gelesen. Transaktion B
------	t_2	beteiligt sich an dem S-Lock auf diesen
------		Datensatz.
------		------
Es findet ein UPDATE von *recordx*		------
statt. Dazu wird eine exklusive Sperrung	t_3	------
dieses Datensatzes verlangt		------
warten		------
warten		Es findet ein UPDATE von *recordx* statt.
warten		Dazu wird eine exklusive Sperrung die-
warten	t_4	ses Datensatzes verlangt.
warten		*warten*
warten		*warten*

Bild 14-8 Kein Update geht verloren, aber zum Zeitpunkt t_4 tritt ein **Deadlock** auf

Hier gilt unsere Sperrungslogik. Der Update der Transaktion A zum Zeitpunkt t_3 wird nicht durchgeführt, denn er verlangt (implizit) eine exklusive Sperrung von *recordx*. Die ist nicht möglich, da die Transaktion B an einer gemeinsamen Sperrung dieses Satzes beteiligt ist. Transaktion A wartet jetzt also, bis Transaktion B diesen S-Lock wieder freigibt. Andererseits will Transaktion B zum Zeitpunkt t_4 einen Update von *recordx* durchführen und verlangt ebenfalls eine exklusive Sperrung von *recordx*, die wegen des S-Locks der Transaktion A zum Zeitpunkt t_1 natürlich auch nicht möglich ist. Transaktion B geht ebenso in die Warteschleife, gibt seine Sperrungen nicht auf und wenn sie nicht gestorben sind, sperren sie sich heute noch. Sie sehen: Wir verlieren jetzt zwar keinen Update mehr, aber wir bezahlen das mit der totalen gegenseitigen Blockade der beteiligten Transaktionen. Man nennt so eine Blockade einen **Deadlock**. Das ist – genau übersetzt – eine Sperrung, welche die beteiligten Transaktionen tötet.

2.   Das Problem der Weiterverarbeitung von Datensätzen, die von einer anderen Transaktion verändert wurden, ohne dass diese Änderung jemals durch ein COMMIT bestätigt und festgeschrieben wurde

Betrachten Sie zunächst Abbildung 14-9. Sie zeigt, dass bei Einhaltung unserer Sperrungslogik eine Transaktion A keine Chance hat, eine Änderung eines Datensatzes, die von einer anderen Transaktion B durchgeführt wurde, in den Zugriff zu bekommen, bevor die Änderung in der Transaktion B durch ein COMMIT bestätigt und verewigt wurde oder aber durch ein ROLLBACK wieder rückgängig gemacht wurde.

Transaktion A	Zeit	Transaktion B
------		------
------		------
------		Es findet ein UPDATE von *recordx*
------	t_1	statt Dazu wird eine exklusive Sperrung dieses Datensatzes durchgeführt.

------		------
recordx soll gelesen werden. Dazu wird		------
ein S-Lock dieses Datensatzes verlangt.	t_2	------
warten		------
warten		COMMIT / ROLLBACK
warten	t_3	Die exklusive Sperrung von *recordx*
warten		wird aufgehoben.
recordx wird jetzt gelesen. Der S-Lock	t_4	
dieses Datensatzes wird durchgeführt.		

Bild 14-9 Transaktion A kann keine Änderung des Datensatzes *recordx* sehen, die von Transaktion B durchgeführt wurde, ehe dort der COMMIT-Befehl passiert wurde.

Betrachten Sie nun die Abbildung 14-10. Sie zeigt, dass wieder bei Einhaltung unserer Sperrungslogik die Transaktion A erst recht keine Chance hat, eine Änderung eines Datensatzes, die von einer anderen Transaktion B durchgeführt wurde, noch weiter verändernd zu bearbeiten, bevor der UPDATE der Transaktion B durch ein COMMIT bestätigt und verewigt wurde oder aber durch ein ROLLBACK wieder rückgängig gemacht wurde.

Transaktion A	Zeit	Transaktion B
------ ------ ------ ------ ------		------ ------
	t_1	Es findet ein UPDATE von *recordx* statt. Dazu wird eine exklusive Sperrung dieses Datensatzes durchgeführt.
------		------
Es soll ein UPDATE von *recordx* stattfinden. Dazu wird ein X-Lock dieses Datensatzes verlangt.	t_2	------ ------ ------
warten *warten*		------ COMMIT / ROLLBACK
warten *warten*	t_3	Die exklusive Sperrung von *recordx* wird aufgehoben.
Der UPDATE von *recordx* kann jetzt stattfinden. Der X-Lock dieses Datensatzes wird durchgeführt. ------	t_4	------

Bild 14-10 Transaktion A kann keine Änderung des Datensatzes *recordx* weiter verarbeiten, die von Transaktion B durchgeführt wurde, ehe dort der COMMIT-Befehl passiert wurde

Diese Problemsorte ist also durch das Sperrprotokoll vollständig gelöst.

3.   Das Problem der unkorrekten Analyse

Betrachten Sie schließlich Abbildung 14-11, in der unsere Beispielsituation für das Problem der unkorrekten Analyse dargestellt wird. Im Unterschied zu unserer ersten Diskussion in der Abbildung 14-5 nehmen wir jetzt wieder an, dass die Regeln des Sperrprotokolls eingehalten wird. Wir enden dabei wieder bei einem **Deadlock**. Denn Transaktion B verlangt zum Zeitpunkt t_6 eine **exklusive** Sperrung des ARTIKEL-Satzes mit der *Id* = 7. Dieser Satz ist aber bereits seit dem Zeitpunkt t_2 von der Transaktion A mit einem S-Lock gesperrt worden. Also muss Transaktion B ab dem Zeitpunkt t_6 in den Wartezustand eintreten. Transaktion B hat aber auch keine Chance, dass Transaktion A diesen Satz mal wieder freigibt, sodass die Transaktion B weitermachen kann. Denn Transaktion A muss zu dem Zeitpunkt t_7 eine Sperrung des ARTIKEL-Satzes mit der *Id* = 11 durchführen. Dieser Satz wiederum ist aber seit dem Zeitpunkt t_4 von der Transaktion B mit einem exklusiven Lock gesperrt worden. Das bedeutet: Ab dem Zeitpunkt t_7 wartet Transaktion A ebenfalls.

ARTIKEL.*Bezeichnung*	*Id*	*Bestandsmenge*
Steinway Flügel	4	7
Altsaxophon	7	98
Fake Book	11	920
--	------	---

Transaktion A	Zeit	Transaktion B
------ *nBestandsmengenSumme* = 0 Lies den ARTIKEL-Satz mit der *Id* = 4 *nBestandsmengenSumme* = 7 S-Lock für *Id* = 4 ------	t_1	------ ------ ------ ------ ------ ------
Lies den ARTIKEL-Satz mit der *Id* = 7 *nBestandsmengenSumme* = 105 S-Lock für *Id* = 7 ------	t_2	------ ------ ------ ------
------ ------ ------	t_3	Lies den ARTIKEL-Satz mit der *Id* = 11 S-Lock für *Id* = 11 ------
------ ------ ------ ------	t_4	UDATE dieses Satzes, dabei setze man die *Bestandsmenge* **von 920 auf 910** X-Lock für *Id* = 11 ------
------ ------ ------	t_5	Lies den ARTIKEL-Satz mit der *Id* = 7 S-Lock für *Id* = 7 ------
------ ------ ------ ------	t_6	UDATE dieses Satzes, man will die *Bestandsmenge* **von 98 auf 108** setzen Das verlangt ein X-Lock für *Id* = 7 *warten*
Lies den ARTIKEL-Satz mit der *Id* 11 Das verlangt ein S-Lock für *Id* = 11 *warten* *warten*	t_7	*warten* *warten* *warten* *warten* *warten*

Bild 14-11 Es findet zwar keine unkorrekte Analyse mehr statt, dafür tritt ein **Deadlock** auf

Es wird Zeit, dass wir uns mit diesem Deadlock genauer beschäftigen.

14.4 Der Deadlock

Wir haben mehrere Beispiele für einen Deadlock gesehen. Jetzt wollen wir ihn definieren:

Definition:

> Ein **Deadlock** ist eine Situation, in der sich zwei oder mehr Transaktionen im Wartezustand befinden, wobei jede dieser Transaktionen darauf wartet, dass eine der anderen Transaktionen eine gesperrte Ressource wieder freigibt.

Falls ein Deadlock auftritt, sollte ein überwachendes System – das kann beispielsweise das Datenbankmanagement sein oder das Betriebssystem selber – in der Lage sein, diesen Deadlock zu entdecken und aufzulösen, d.h. die Blockade zu durchbrechen.

Das Vorgehen dabei sieht immer so aus, dass eine der blockierten Transaktionen als **Opfer** ausgewählt wird und für diese Transaktion ein ROLLBACK durchgeführt wird. Dadurch werden alle Sperrungen dieser Transaktion aufgehoben und die anderen Transaktionen können in ihrer Verarbeitung fortfahren. Dabei gibt es für das System zwei Möglichkeiten, mit den Konsequenzen dieser ROLLBACK umzugehen. Versetzen Sie sich für einen Augenblick in die Rolle eines Software-Entwicklers, der eine Datenbank-Gestützte Applikation geschrieben hat, beim Kunden vorstellt und beim Einführungstest feststellt, dass eine Verarbeitung von ihm gelegentlich nicht durchgeführt wird sondern mit einem ROLLBACK abbricht. Was noch schlimmer ist: solche Abbrüche sind nicht durch gezielte Testabläufe herstellbar sondern sie treten manchmal auf, manchmal aber auch nicht.

Nach dem vorher besprochenen ist uns klar, dass solche Situationen durch ROLLBACK-Verarbeitungen entstehen können, die das System mit Transaktionen durchführt, die sich in einem Deadlock befinden. Dabei sind die einzelnen Transaktionen durchaus korrekt programmiert. Sie wollen natürlich, dass das System Sie als Programmierer nicht vor solche Rätsel stellt. Sie wollen noch viel weniger, dass der Anwender von dieser Problematik irgendetwas mitbekommt. Um das zu erreichen, gibt es zwei Möglichkeiten der Reaktion:

- **Die komfortable Lösung**: Die vom System zwangsweise mit einem ROLLBACK abgebrochene Transaktion wird auch vom System wieder automatisch neu gestartet.
- **Die einfache Lösung**: Das System sendet einen Fehlercode an die Transaktion, den der Programmierer abfragen kann und auf den er durch seine Programmierung reagieren kann.

Wir wollen jetzt das **strikte Zweiphasen-Sperrprotokoll** genauer untersuchen. Der zentrale Begriff ist dabei der Begriff der Serialisierbarkeit.

14.5 Serialisierbarkeit

Lassen Sie mich mit Ihnen zuerst die Bedeutung des Wortes **Serialisierbarkeit** besprechen. Beachten Sie bitte die folgenden Punkte:

- Eine **Serie** ist eine Folge oder eine Abfolge von Dingen, Prozessen oder ähnlichem.

- Wenn Prozesse **seriell** ablaufen heißt das: Diese Prozesse laufen in einer Folge ab.

- Wenn ich in meiner Vorlesung sage: „Gibt es zu diesem Punkt noch Fragen?" und meine Zuhörerrinnen und Zuhörer fragen alle gleichzeitig oder durcheinander, dann kann ich diesen Prozess **serialisieren**, wenn es mir gelingt, sie dazu zu bringen, einer nach dem anderen zu fragen. Man nennt diesen Prozess dann **serialisierbar**.

Jetzt können Sie die folgende Definition verstehen:

Definition:

- Zwei Prozesse heißen **äquivalent**, wenn sie stets das gleiche Resultat liefern.

- Eine gegebene Ausführung von Transaktionen ist **serialisierbar** genau dann, wenn sie äquivalent ist zu einer seriellen Ausführung derselben Transaktionen.

- Man definiert verschachtelte oder gleichzeitig stattfindende Transaktionsausführungen genau dann als **korrekt**, wenn sie zu einer seriellen Ausführung grundsätzlich äquivalent sind, wenn sie also serialisierbar sind.

Bitte beachten Sie: Alle Beispiele aus dem Abschnitt 14.1 waren **nicht** serialisierbar. Wir hätten in allen drei Problemfällen andere Ergebnisse erhalten, wenn wir erst Transaktion A und dann Transaktion B (oder umgekehrt) hätten ablaufen lassen.

Das Sperrprotokoll sorgt für die Serialisierbarkeit der Abläufe. Sowohl der Transaktionsablauf in der Abbildung 14-9 als auch der Ablauf in der Abbildung 14-10 ist äquivalent zu dem Ablauf: Erst Transaktion A, dann Transaktion B. In den anderen Beispielen, in denen ein Deadlock auftritt, wird diejenige Transaktion, welche durch ein ROLLBACK abgebrochen wird, später, d.h. äquivalenterweise nach der anderen Transaktion ausgeführt.

Hier nun die versprochenen Definitionen des Zweiphasen-Protokolls in seiner allgemeinen und in der strikten Form:

Definition:

Das **Zweiphasen-Sperrprotokoll** ist durch die folgenden Vorschriften definiert:

- Bevor in einer Transaktion mit einem Objekt, beispielsweise einem Datensatz gearbeitet wird, muss dieses Objekt gesperrt werden.

- Nachdem in einer Transaktion eine (beliebige) Sperrung wieder freigegeben wurde, darf in dieser Transaktion keinerlei weitere Sperrung vorgenommen werden.

Das **Zweiphasen-Sperrprotokoll** heißt **strikt**, wenn **alle** Freigaben der Sperrungen erst am Ende beim COMMIT- bzw. ROLLBACK-Befehl erfolgen.

Jetzt erklärt sich der Name „Zweiphasen", denn dieses Protokoll unterteilt eine Transaktion stets in zwei Phasen:

- eine „**Wachstumsphase**", in der nach und nach immer mehr Sperrungen vorgenommen werden und

- eine „**Abmagerungsphase**", in der diese Sperrungen alle wieder zurückgenommen werden. Beim strikten Zweiphasen-Sperrmodell ist diese Abmagerungsphase auf einen einzigen Befehl komprimiert: auf den COMMIT- bzw. ROLLBACK-Befehl.

Bereits 1976 gelang es K. P. Eswaran, J. N. Gray, R. A. Lorie und I. L. Traiger den folgenden wichtigen **Satz** zu beweisen: (vgl. [Eswa])

Alle Prozessabläufe mit Transaktionen, die dem Zweiphasen-Sperrprotokoll genügen, sind serialisierbar.

Umgekehrt gilt:

> Falls eine Transaktion A nicht dem Zweiphasen-Protokoll unterliegt, kann man **immer** eine Transaktion B konstruieren, die man derart mit der Transaktion A verschachteln kann, sodass der gesamte Ablauf **nicht** mehr serialisierbar ist. Solch ein Ablauf hat stets das Gefahrenpotential in sich, falsche Ergebnisse zu produzieren. Wir haben dafür mehrere Beispiele gesehen.

Diese beiden Tatsachen sollten Ihnen die Wichtigkeit des Zweiphasen-Protokolls klarmachen. Wir haben jedoch noch keine Rechtfertigung für das **strikte** Zweiphasen-Protokoll gegeben. Damit werden wir uns im nächsten Abschnitt beschäftigen.

Wenn Sie Prozessabläufe auf Serialisierbarkeit hin überprüfen wollen, gibt es ein gutes Kriterium:

> Gegeben zwei Transaktionen A und B, die parallel ablaufen. Dieser Ablauf ist serialisierbar, wenn gilt:
>
> **Entweder** sieht Transaktion A die (vollständigen) Ergebnisse der Transaktion B **oder** Transaktion B sieht die (vollständigen) Ergebnisse der Transaktion A

Zu guter Letzt möchte ich mich mit Ihnen noch einmal mit dem Begriff der Wiederherstellung, der Recovery beschäftigen. Sie erinnern sich: das war das Thema des vorhergehenden Kapitels.

14.6 Noch einmal: Recovery

Inkonsistente Datenbankzustände, die durch Transaktionen aus serialisierbaren Ablaufschemata erzeugt wurden, können wieder auf konsistente Zustände hin zurückgeführt werden. Hier ist Recovery stets möglich und zwar mit den Techniken, die wir im 13. Kapitel besprochen haben. Das ist leider anders bei Transaktionsabläufen, die nicht serialisierbar sind. Beispielsweise kann es in unserem Beispielproblem, das auftrat, wenn in der Transaktion A Datensätze weiterverarbeitet wurden, die von der Transaktion B verändert wurden, ohne dass diese Änderung jemals durch ein COMMIT bestätigt und festgeschrieben wurde, zu Recovery-Schwierigkeiten kommen.

Um dieses Beispiel genauer zu untersuchen, müssen wir für einen Moment annehmen, dass kein Locking Protokoll eingeschaltet ist und die Transaktionen nicht warten müssen, um eine Sperrung zu veranlassen. (Sonst wäre wieder alles serialisierbar und für unsere Zwecke nicht tauglich)

Man betrachte nun Abbildung 14.12:

Wenn hier zum Zeitpunkt t_4 in der Transaktion B ein ROLLBACK durchgeführt werden sollte – mit der Konsequenz, dass **alle** Änderungen der Transaktion B ungeschehen gemacht werden sollen – dann müsste auch für die Verarbeitung von Transaktion A ein ROLLBACK durchgeführt werden, denn schließlich hat Transaktion A mit den Änderungen von B bereits gearbeitet. Das ist aber unmöglich, denn Transaktion A hat bereits den COMMIT-Befehl durchgeführt. **Daher ist bei diesem Transaktionsablauf keine Recovery möglich.**

Transaktion A	Zeit	Transaktion B
------		------
------		------
------	t_1	Es findet ein UPDATE von *recordx* statt
------		------
recordx wird gelesen	t_2	------
------		------
COMMIT	t_3	------
		------
	t_4	ROLLBACK

Bild 14-12 Ein Transaktionsablauf, bei dem keine Recovery möglich ist

Für einen Transaktionsablauf mit zwei Transaktionen A und B ist die folgende Anforderung eine hinreichende Bedingung für die stets mögliche Wiederherstellbarkeit von konsistenten Zuständen:

Falls A irgendwelche Updates von B sieht, dann darf A nicht seinen COMMIT-Befehl abgeben, bevor die Transaktion B beendet ist.

Noch einmal: Unser Zweiphasen-Sperrprotokoll sichert sowieso die Serialisierbarkeit und damit die Recovery-Fähigkeit der Transaktionsabläufe, die sich an dieses Protokoll halten.

Aber: Nehmen Sie nun an, die **nicht strikte** Form des Zweiphasen-Sperrprotokolls sei aktiv, d.h. es können Sperrungen freigegeben werden, bevor die Transaktion terminiert.

Betrachten Sie dazu Abbildung 14.13:

Unsere hinreichende Bedingung (A setzt keinen COMMIT-Befehl ab, bevor die Transaktion B nicht beendet ist) für Recovery-Fähigkeit ist erfüllt, jedoch: Transaktion B gibt seine exklusive Sperrung von *recordx* „früh", d.h. vor der Beendigung von B, auf. Transaktion A kann jetzt mit diesem Satz weiterarbeiten, obwohl Transaktion B noch gar nicht beendet ist. Zum Zeitpunkt t_5 erfolgt jetzt ein ROLLBACK in der Transaktion B, damit **muss** auch für die Verarbeitung der Transaktion A ein ROLLBACK erfolgen. Das ist möglich, denn Transaktion A hatte noch nicht sein COMMIT ausgeführt. Das ist aber andererseits problematisch, denn ein ROLLBACK, das ein oder mehrere weitere ROLLBACK-Verarbeitungen nach sich zieht, ist in seiner Komplexität und Verarbeitungstiefe nur sehr schwer zu kontrollieren. Man nennt solche Ablaufstrukturen **Kaskadenketten** von ROLLBACK-Verarbeitungen. Solche Kaskadenketten will man unbedingt vermeiden. Ein Ablauf, bei dem solche Kaskadenketten grundsätzlich nicht auftreten können, heißt **kaskadenfrei**.

Transaktion A	Zeit	Transaktion B
------		------
------		------
------	t_1	Es findet ein UPDATE von *recordx* statt
------		X-Lock auf *recordx*
------		------
recordx soll gelesen werden, dazu wird	t_2	------
ein S-Lock auf *recordx* angemeldet		------
warten		------
warten		------
warten	t_3	Die exklusive Sperrung von *recordx*
warten		wird freigegeben
warten		------
Jetzt wird *recordx* gelesen und mit ei-	t_4	-------
nem S-Lock gesperrt		------
------		------
erzwungenes ROLLBACK	t_5	ROLLBACK

Bild 14-13 Ein Transaktionsablauf mit einer Kaskadenkette von ROLLBACK-Abläufen

Die folgende Anforderung ist eine hinreichende Bedingung für die Kaskadenfreiheit eines Ablaufs von zwei Transaktionen A und B:

Falls A irgendwelche Updates von B sieht, dann darf das nicht vor dem Ende der Transaktion B der Fall sein.

Ganz offensichtlich ist diese Anforderung bei einem **strikten Zweiphasen-Sperrprotokoll** erfüllt und deshalb ist dieses Protokoll auch mit Abstand am weitesten verbreitet.

Wie stets ist auch in diesem Fall der große Gegner der Sicherheit von konsistenten Datenbankzuständen ein möglichst günstiges Laufzeitverhalten der verschiedenen Datenbank-Applikationen. Deshalb gibt es auch die verschiedensten Weiterentwicklungen der hier dargestellten Grundlagen, deren einziges Ziel es ist, ein bisschen weniger Strenge des Protokolls möglich zu machen und ein bisschen mehr Schnelligkeit und weniger Wartezustände beim parallelen Ablauf von Transaktionen zu erreichen. Ich verweise Sie dabei auf die einschlägige Literatur [Date1] – dort finden Sie auch weitere Literaturangaben.

14.7 Zusammenfassung

Transaktionen sind das entscheidende Mittel, um die Schwierigkeiten bewältigen zu können, die bei konkurrierenden Zugriffen auf die Datenbank und bei gleichzeitig ablaufenden Transaktionen auftreten können.

- Zunächst haben wir drei Standardprobleme untersucht, die bei konkurrierenden Zugriffen auftreten können. (Abschnitt 14.1)

- Im Abschnitt 14.2 haben wir dann das Mittel der Sperrung von Datensätzen (englisch Locking) besprochen, das uns bei der Bewältigung dieser Probleme helfen soll. Es wurden die Begriffe „exklusive Sperrung" (X-Lock) und „gemeinsame Sperrung" (S-Lock) eingeführt. Wir forderten, dass Transaktionen einem sogenannten Sperrprotokoll zu unterliegen haben und nannten als ein Beispiel für solch ein Sperrprotokoll das strikte Zweiphasen-Sperrprotokoll, ohne diese besondere Art genau zu definieren.

- Eine Untersuchung des Verhaltens der Transaktionsabläufe in unseren Beispielen aus Abschnitt 14.1 unter den Bedingungen des Sperrprotokolls zeigte, dass die ursprünglichen Probleme zwar nicht mehr auftauchten, dass wir dafür aber ein neues Problem bekommen haben: den Deadlock. (Abschnitt 14.3)

- Diesen Deadlock und Strategien zur Beseitigung eines Deadlocks betrachteten wir dann in Abschnitt 14.4.

- Im Abschnitt 14.5 über die Serialisierbarkeit definierten wir dann das strikte Zweiphasen-Sperrprotokoll und machten uns klar, dass nur bei Einhaltung dieses Zweiphasen-Sperrprotokolls (strikt oder nicht strikt) eine Serialisierbarkeit der Prozessabläufe gewährleistet ist. Dabei ist die Serialisierbarkeit eines Prozesses gleichbedeutend mit seiner Korrektheit.

- Nur die Einhaltung des **strikten** Zweiphasen-Sperrprotokolls garantiert eine Recovery-Fähigkeit zur Beseitigung von unkorrekten Datenzuständen, ohne dass Kaskadenketten von ROLLBACK-Prozeduren auftreten. (Abschnitt 14.6)

Übungsaufgaben

1. Beschreiben Sie jedes der drei Konkurrenz-Probleme aus dem Abschnitt 14.1 mit eigenen Worten und erfinden Sie Szenarios mit Transaktionen, die auf unsere Datenbank Allerhand zugreifen, bei denen diese Probleme auftreten.

2. (Fortsetzung von Aufgabe 1) Bei Ihren Szenarios aus Aufgabe 1 durfte kein Sperrprotokoll aktiv sein. Betrachten Sie jetzt Ihre Szenarios unter den Bedingungen eines Sperrprotokolls und analysieren Sie, wo überall ein Deadlock auftritt.

3. Beschreiben Sie genau, was ein Deadlock ist. (Ohne dass Sie dabei auf Beispiele verweisen)

4. Beschreiben Sie das Konzept der Serialisierbarkeit mit eigenen Worten.

5. Konstruieren Sie ein Szenario von 2 konkurrenten Transaktionen, die einem Sperrprotokoll unterliegen. Dieses Sperrprotokoll erfülle jedoch nicht die Regeln des Zweiphasen-Sperrprotokolls. Das von Ihnen konstruierte Szenario soll jetzt die Eigenschaft haben, dass es **nicht** serialisierbar ist. Beweisen Sie die Nicht-Serialisierbarkeit Ihres Szenarios. Denken Sie daran: Für solch einen Beweis müssen Sie „nur" die Nicht-Erfüllung einer *notwendigen* Bedingung darlegen.

6. Was unterscheidet das Zweiphasen-Protokoll vom **strikten** Zweiphasen-Protokoll? Welches Phänomen will man durch diese Art des Protokolls vermeiden?

7. Ist es möglich, ein Szenario von Transaktionen zu konstruieren, dass unter den Bedingungen des strikten Zweiphasen-Sperrprotokolls korrekte Ergebnisse, jedoch unter den lockereren Bedingungen des **nicht** strikten Zweiphasen-Sperrprotokolls unkorrekte Ergebnisse liefert? Falls ja, geben Sie ein Beispiel. Argumentieren Sie in jedem Falle sehr genau.

8. Geben Sie ein Beispiel für ein Szenario von Transaktionen, das unter den lockereren Bedingungen des **nicht** strikten Zweiphasen-Sperrprotokolls ein ungewünschtes Verhalten zeigt. Legen Sie dar, warum dieses ungewünschte Verhalten unter den Bedingungen des strikten Zweiphasen-Sperrprotokolls nicht auftritt.

9. Geben Sie Gründe dafür an, die einen Entwickler dazu veranlassen könnten, auf die Einhaltung eines strikten Zweiphasen-Sperrprotokolls zu verzichten oder dieses Protokoll „aufzuweichen".

Literatur- und Linkverzeichnis

[Aigner]   Aigner, Martin: Diskrete Mathematik, Friedr. Vieweg & Sohn Verlag, Wiesbaden, 2006

[Balzert] Balzert, Helmut: SQL, W3L GmbH, Herdecke, 2003

[Bayer]   Bayer, Rudolf; McCreight, Edward: Organization and Maintenance of Large Ordered Indexes, Acta Informatica 1, No. 3 (1972)

[Chen]   Chen, Peter Pi-Shan: The Entity-Relationship Model: Towards a Unified View of Data, ACM Transaktions on Database System, Vol 1, No. 1 March 1976

[Codd]   Codd, Edgar Frank: A Relational Model for Large Shared Data Banks, Communications of the ACM, Vol 13, No. 6, June 1970

[Date1]   Date, Chris J.: An Introduction to Database Systems, Addison-Wesley, 2004

[Date2]   Date, Chris J.: Appendix D (Storage Structures and Access Methods) zu [Date1] kann heruntergeladen werden von:

           ftp://ftp.aw.com/cseng/authors/date/eight/AppD

[Eirund]   Eirund, Helmut; Kohl, Ullrich: Datenbanken – leicht gemacht, B. G. Teubner Verlag, Wiesbaden, 2003

[Eswa]   Eswaran, K.P.; Gray, J.N.; Lorie, R.A.; Traiger, I.L.: The Notions of Consistency and Predicate Locks in a Data Base System, Communinations of the ACM (Association for Computing Machinery) 19, No 11 (November 1976)

[Heit]   Heitsiek, Stefan: Oracle 8 – die Objektdatenbank, BHV Verlags GmbH, Kaarst-Büttgen, 1998

[Heuer]   Heuer, Andreas; Saake, Gunter: Datenbanken: Konzepte und Sprachen, mitp-Verlag, Bonn, 2000

[Hohen]   Hohenstein, Uwe; Lauffer, Regina; Schmatz, Klaus-Dieter; Weikert, Petra: Objektorientierte Datenbanksysteme, Friedr. Vieweg & Sohn Verlag, Wiesbaden, 1997

[Fritze]   Fritze, Jörg; Marsch, Jürgen: Erfolgreiche Datenbankanwendung mit SQL3, Friedr. Vieweg & Sohn Verlag, Wiesbaden, 2002

[Jaros]   Jarosch, Helmut: Grundkurs Datenbankentwurf, Friedr. Vieweg & Sohn Verlag, Wiesbaden, 2003

[Meier]   Meier, Andreas: Relationale Datenbanken, Springer-Verlag, Berlin Heidelberg New York, 2004

[Ott]   Ottmann, Thomas; Widmayer, Peter: Algorithmen und Datenstrukturen, Spektrum Akademischer Verlag, Heidelberg Berlin Oxford, 1996

[Sauer]   Sauer, Hermann: Relationale Datenbanken, Addison-Wesley, Deutschland, 1998

[Sedge]   Sedgewick, Robert: Algorithmen in C++, Addison-Wesley, Deutschland, 1992

[Steine]   Steiner, René: Theorie und Praxis relationaler Datenbanken, Friedr. Vieweg & Sohn Verlag, Wiesbaden, 2003

Index

Printed in the United States
By Bookmasters